beck'sche reihe

bsr

Die Beiträge dieses Lesebuchs geben aus den unterschiedlichsten Perspektiven einen umfassenden Einblick in die Glaubens- und Lebenswelt des Islam. Ausgehend von Mohammed, dem «Verkünder des Islam», zeigt der Band, wie die islamischen Gesellschaften des Vorderen Orients, Afrikas und Asiens aus der Verschmelzung lokaler Traditionen mit der neuen Religion entstanden sind. Bis heute wird von den Muslimen nostalgisch die glanzvolle arabisch-islamische Kultur des frühen Mittelalters beschworen. Sie lebte in einem spannungsreichen Verhältnis zum Abendland, wobei Phasen fruchtbaren Austauschs und kriegerischer Konfrontation ineinander übergingen. Das «Feindbild Islam» hat eine lange Tradition, wie Texte aus der Zeit der Kreuzzüge und der Türkenkriege belegen. Europa entpuppte sich mehr und mehr als konkrete Bedrohung der eigenen Unabhängigkeit und der in der islamischen Tradition verwurzelten Identität – Ursache für die bis heute anhaltenden Auseinandersetzungen zwischen den beiden Kulturen.

Maria Haarmann, Dr. phil., studierte Islamwissenschaft und Judaistik in Freiburg, Berlin und Kairo. Seit 1993 arbeitet sie als Beraterin im Migrationssozialdienst der Arbeiterwohlfahrt in Norderstedt/Schleswig-Holstein.

Der Islam

Ein Lesebuch

Herausgegeben von
Maria Haarmann

Verlag C. H. Beck

Mit 10 Abbildungen im Text

1. Auflage 1992
2. Auflage 1994

Die Deutsche Bibliothek – CIP-Einheitsaufnahme

Ein Titeldatensatz für diese Publikation ist bei
Der Deutschen Bibliothek erhältlich

3., überarbeitete und aktualisierte Auflage. 2002
Originalausgabe

Satz: Presse-Druck und Verlags-GmbH, Augsburg
Druck und Bindung: Druckerei C. H. Beck, Nördlingen
Umschlagentwurf: +malsy, Bremen
Printed in Germany
ISBN 3 406 47640 6

www.beck.de

Inhalt

4. Wirtschaft und Gesellschaft

5. Wissenschaft und Kunst

6. Alltag und Lebenszyklus

7. Begegnung mit den Ungläubigen

8. Kreuzzüge, Reconquista, Türkenkriege

9. Das Orientbild des Westens

10. Der Einbruch der Moderne

11. Krisen der Gegenwart

Vorwort zur dritten Auflage

Was glaubt ein Muslim, was bewegt ihn, wie sieht sein Alltag aus? Bildet der Islam vorwiegend die Grundlage persönlicher, «privater» Spiritualität – eine uns vertraute Definition von Religion –, oder wohnt ihm von Beginn an der Anspruch inne, auch den öffentlichen Raum und das politische Handeln zu gestalten und zu bestimmen? Angesichts der Vielfalt islamischer Lebensformen in Gegenwart und Geschichte können die Texte dieses Lesebuches nur einige mögliche Antworten geben. «Den» Islam nämlich, als unveränderlich starres System, gibt es nicht und hat es nie gegeben.

Zwischen dem skrupulösen Bagdader Rechtsgelehrten des elften Jahrhunderts (S. 48 ff.) und den wenig gesetzesstrengen Dorfbewohnern aus dem heutigen Pakistan (S. 66 f.) – beide sind in diesem Band vorgestellt – liegen nicht nur geographische und historische Welten. Dennoch würden sie alle sich als gläubige Muslime verstehen. Eckpfeiler dieses Glaubens sind die Offenbarung und die unauflösliche Einheit von Bekenntnis und rechtem, gottgefälligem Tun. Hier wird der Leser manche Gemeinsamkeit, aber auch Unterschiede zu Christentum und Judentum entdecken.

Die islamischen Gesellschaften des Vorderen Orients, Afrikas und Asiens entstanden aus der Verschmelzung lokaler Tradition mit der neuen Religion. Bis heute wird von den Muslimen nostalgisch die glanzvolle arabisch-islamische Kultur des frühen Mittelalters beschworen. Sie lebte in einem spannungsreichen Verhältnis zum christlichen Abendland, wobei Phasen fruchtbaren Austauschs und kriegerischer Konfrontation ineinander übergingen. Das «Feindbild Islam» hat eine lange Tradition, wie Texte aus der Zeit der Kreuzzüge (S. 192 ff.) und der Türkenkriege (S. 206 ff.) belegen.

1798, das Jahr der napoleonischen Militärexpedition nach Ägypten, markiert als durchaus nicht unumstrittenes Stichdatum den endgültigen Abschluß des islamischen Mittelalters und den Beginn der bis heute anhaltenden Auseinandersetzung mit Europa, mit dem Westen. Dieser Westen präsentierte sich in seiner politischen, wirtschaftlichen und militärischen Übermacht als Bedrohung der eigenen Existenz und der in der islamischen Tradition wurzelnden Identität. Gleichzeitig wurde die westliche Welt aufgrund ihrer wissenschaftlich-technologischen Überlegenheit zum bewunderten und nachzuahmenden Vorbild. Die Versuche der letzten hundert Jahre, mit Hilfe importierter westlicher Modelle wie Liberalismus, Nationalismus und Sozialismus nach der politischen auch die wirtschaftliche Abhängigkeit vom Westen aufzubrechen, waren nur wenig erfolgreich. Hier liegen die Wurzeln der seit drei Jahrzehnten erstarkten Bewegungen, die im politischen Islam die alleinige – weil einzig authentische – Lösung für die Probleme der Gegenwart sehen und durchzusetzen suchen.

Bei der Aktualisierung des Lesebuchs anläßlich der Neuauflage erhielt deshalb die Darstellung der unterschiedlichen Erscheinungsformen des politischen Islam besonderes Gewicht. Das Kapitel «Krisen der Gegenwart» wurde mit Textbeiträgen aus neuesten Publikationen völlig umgestaltet.

Die Texte entstammen einerseits dem renommierten Islam-Programm des Verlags C.H. Beck, andererseits den zahlreichen Publikationen des Verlags zur europäischen Kultur- und Sozialgeschichte. Auch daraus wird deutlich, daß «Orient und Okzident nicht mehr zu trennen» (Goethe, *West-Östlicher Diwan*) sind.

Maria Haarmann

Editorischer Hinweis:
Anmerkungen und Quellenhinweise der Originaltexte wurden für diese Ausgabe gestrichen. Textkürzungen der Herausgeberin sind durch drei Punkte in eckigen Klammern gekennzeichnet. Die bei den einzelnen Autoren unterschiedliche Schreibweise islamischer Namen und Ausdrücke wurde nicht vereinheitlicht.

1. Der Prophet und die Offenbarung

Heribert Busse

Der Schauplatz

Der Islam entstand auf der Arabischen Halbinsel in den ersten Jahrzehnten des 7. Jahrhunderts, zu einer Zeit, da sich auf der Bühne der Weltgeschichte entscheidende Veränderungen vollzogen. In Europa waren aus der Unruhe der Völkerwanderung die Reiche der Westgoten und der Franken hervorgegangen, und das römische Reich war durch Justinian kraftvoll erneuert worden. Als Nachfolger des oströmischen Reiches mußte Byzanz sich nach zwei Seiten hin verteidigen, im Osten gegen seinen Erbfeind Persien, im Westen gegen die auf den Balkan drängenden Steppenvölker. Byzanz übernahm die politischen Traditionen Roms, führte die griechisch-hellenistische Kultur fort und verband sie mit dem Christentum, das zur tragenden Idee von Staat und Gesellschaft wurde. In Persien herrschten die Sassaniden, die politisch an das achämenidische Großreich anknüpften und sich als Bewahrer und Erneuerer des zur Staatsreligion erhobenen Zoroastrismus verstanden. Im Norden stand Persien nun in direktem Kontakt mit China, das nach der Einigung unter der Tang-Dynastie seine Macht über ganz Turkestan ausgedehnt hatte. In Südarabien war das überkommene politische System kulturell bedeutsamer Kleinstaaten in der Mitte des 6. Jahrhunderts zusammengebrochen; die Nachfolge trat zunächst Äthiopien an, das die willkommene Gelegenheit benutzte, auf der Arabischen Halbinsel Fuß zu fassen, und auch den Versuch unternahm, seinen Einfluß bis nach Mekka auszudehnen. Dann aber trat Persien auf den Plan und etablierte sich in Südarabien, das als Drehscheibe des Handelsverkehrs mit Indien und Afrika eine wichtige Rolle spielte.

Mekka war ein bedeutender Umschlagplatz an der Handelsstraße, die von Südarabien zum «Fruchtbaren Halbmond» führte und in Gaza das Mittelmeer erreichte. Die Stadt wurde von den Quraiš beherrscht, mekkanische Kaufleute vermittelten den Handel mit dem angrenzenden Kulturland. Im Koran heißt es darüber: «Daß die Quraiš die [Karawanen-]Reise des Winters und des Sommers zusammenbringen, [zum Dank dafür] sollen sie dem Herrn dieses Hauses [d.h. der Kaaba] dienen, [dem Herrn,] der ihnen zu essen gegeben hat, so daß sie nicht zu hungern, und der ihnen Sicherheit gewährt hat, so daß sie sich nicht zu fürchten brauchen» (Sure 106 «Die Quraiš»).

Den Lebensunterhalt bezog die Wüstenstadt Mekka aus dem Fernhandel, Sicherheit gewährte die Kaaba, das zentrale Heiligtum des heidnischen Arabien, Ziel einer jährlichen Pilgerfahrt mit einem gleichzeitig abgehaltenen, vielbesuchten Markt. Das Christentum hatte in Arabien noch kaum Fuß gefaßt. Südlich von Mekka, an der Grenze des heutigen Jemen, lag Nadschran (Najrān), wo es eine große, ethnisch bunt gemischte christliche Gemeinde gab. Christliche Anachoreten hatten sich in der Wüste niedergelassen, vereinzelt lebten Christen auch in den wenigen Städten, und sicherlich besuchten christliche Kaufleute den jährlichen Markt in Mekka. Eine planmäßige Missionierung hatte auf der Arabischen Halbinsel, außerhalb der Grenzen des byzantinischen Reiches, noch nicht stattgefunden. Nur im Norden, in direktem Kontakt mit dem Kulturland, saßen christliche Araberstämme mit einer eigenen kirchlichen Hierarchie. Im arabischen Christentum spiegelten sich die unterschiedlichen Konfessionen der christlichen Kerngebiete, wobei das orientalische Christentum in seinen beiden Hauptformen, dem monophysitischen und nestorianischen Bekenntnis, sicherlich die Oberhand hatte.

Stärker als das Christentum war in Arabien seit Jahrhunderten das Judentum vertreten. Geschlossene jüdische Gemeinden saßen in Jathrib (Medina), etwa 300 km nördlich von Mekka, ferner in der Oase Chaibar (Khaibar), etwa 150 km nördlich von Medina. Über dieses Judentum wissen wir nur wenig; es war stark arabisiert und hatte sich den Lebensgewohnheiten seiner Umwelt, soweit dies religiös zulässig war, weitgehend angeglichen. Ob es ein talmudisches Judentum war, läßt sich nicht mit Sicherheit sagen. Seine Präsenz in Arabien hat jedenfalls bei der Entstehung des Islams eine kaum zu überschätzende

Rolle gespielt. Das gleiche gilt vom Christentum mit seinen unterschiedlichen Denominationen. Muḥammad hat aus beiden Quellen geschöpft, wobei er das Judentum naturgemäß auch durch die christliche Brille zu sehen gelernt hat. Wenn auch über den Anteil des jeweiligen Bekenntnisses an der Entstehung und Ausbildung des Islams unterschiedliche Meinungen vertreten werden, kann man doch ohne Einschränkung sagen, daß der Islam ohne die von beiden Religionen auf der Arabischen Halbinsel geleistete Vorarbeit nicht denkbar wäre. Der Zoroastrismus, die Staatsreligion Persiens, war Muḥammad wenigstens dem Namen nach bekannt. Einfluß hat er auf den entstehenden Islam kaum ausgeübt, was auch vom Manichäismus und den im südlichen Zweistromland blühenden Täufersekten gilt.

Sa'di

Lobgedicht auf Muḥammad

Der Mond verblaßt vor der Schönheit Muḥammads,
Auch hat die Zypresse nicht die Anmut Muḥammads.
Das Himmelsgewölbe hat weder Rang noch Vollkommenheit,
bemißt man sein Maß mit dem Maße Muḥammads.
Ja, Adam, Noah und Abraham, Moses und Jesus
Erschienen und gingen alle im Schatten Muḥammads.
Gleichwie die Erde, so möchte der Himmel hinknien,
um froh zu küssen die beiden Sandalen Muḥammads.
O Sa'di, magst du auch jung und verliebt sein,
Die Liebe zu Ihm ist genug und zur Sippe Muḥammads!

Gerhard Endreß

Muḥammad – der Verkünder des Islams

Die Lebensgeschichte Muḥammads ist die Geschichte eines Mannes, der Gott sucht und im Erlebnis der Berufung findet; dann die Geschichte des Propheten von Mekka, der eine Gemeinde von Gläubigen um sich sammelt; schließlich die Geschichte des Politikers von Medina, der die islamische Theokratie begründet. Die Geschichte eines Triumphes, aber vor den Jahren der Erfüllung lag ein langer Weg von Konflikten, Rückschlägen und Kämpfen. Die Führer der Quraiš, des in Mekka seßhaft gewordenen und die Stadt beherrschenden Beduinenstammes, aus dem auch Muḥammad selbst stammte, widersetzten sich seinem Ruf, verteidigten ihre Lebensform mit zunehmender Oppression. Auf die glückliche Emigration nach Medina folgte eine lange Reihe von kriegerischen Auseinandersetzungen, folgte die bittere Enttäuschung über die Weigerung der jüdischen Stämme, ihn als Sprecher ihres eigenen Gottes anzuerkennen. Der Koran ist nicht nur Theophanie und Gesetz; er ist auch ein getreulicher Spiegel dieses Weges, der Anfechtungen eines Menschen, der sucht, irrt und verzagt, der mit Gott hadert und von Gott zurechtgewiesen und getröstet wird, der sich korrigiert und rechtfertigt. Die großen Themen des Korans lassen sich als Reflexe dieses Weges verfolgen. […]

In den Offenbarungstexten des Anfangs zeigt sich Gott als der allmächtige Herr, als gütiger Schöpfer und strenger Richter. […]

«Wenn die Erde von ihrem Beben erschüttert wird und ihre Lasten (an Toten) von sich gibt und der Mensch sagt: Was ist mit ihr? – an jenem Tag wird sie aussagen, was sie zu berichten hat, da ihr Herr es ihr eingegeben hat. An jenem Tag werden Menschen getrennt hervorkommen, um ihre Werke zu sehen. Wenn dann einer das Gewicht eines Stäubchens an Gutem getan hat, wird er es zu sehen bekommen, und wenn einer das

Gewicht eines Stäubchens an Bösem getan hat, wird er es zu sehen bekommen.» (Sure 99.)

Nicht nur die Warnung vor dem Gericht, sondern auch Gottes Wohltaten sind Mahnung zu Barmherzigkeit und Fürsorge für den Nächsten.

«Beim Morgen und bei der Nacht, wenn sie still ist! Dein Herr hat dir nicht den Abschied gegeben und verabscheut dich nicht. Das Jenseits ist besser für dich als das Diesseits. Dein Herr wird dir geben, auf daß du zufrieden sein wirst. Hat er dich nicht als Waise gefunden und dich rechtgeleitet, dich bedürftig gefunden und reich gemacht? Gegen die Waise sollst du deshalb nicht gewalttätig sein, und den Bettler sollst du nicht anfahren. Von der Gnade deines Herrn erzähle!» (Sure 93, Vers 1–11.)

Auch die Forderung, Almosen zu geben – später zur Institution der Almosensteuer *(zakat)* erhoben –, ist ältester Bestand der Verkündigung.

Selbstbesinnung, genauere Kenntnis der großen Schriftreligionen und die Auseinandersetzung mit dem Unglauben und den Angriffen der heidnischen Mekkaner führen Muḥammad nach seinem öffentlichen Auftreten in Mekka zu einem erhöhten Selbstverständnis seiner Sendung. Er wird seiner Stellung im göttlichen Heilsplan inne, er nimmt Bezug auf die Offenbarungsreligionen und erläutert den monotheistischen Gottesglauben. In der Überzeugung, daß sein Gott identisch sei mit dem der Juden und Christen, proklamiert er den «arabischen Koran», das «deutliche Buch» seiner Offenbarung als Gegenstück zu den Offenbarungsbüchern der anderen «Schriftbesitzer» *(ahl al-kitab)*. Zugleich bezieht er die religiösen Überlieferungen seiner Umgebung (im weitesten Sinne) in seine Predigt ein: die biblischen Geschichten von Noah, Abraham, Joseph und Mose, von Jesus die Geburts- und Kindheitsgeschichte, nachbiblische – rabbinische und christliche – Stoffe (wie die Geschichte der Siebenschläfer von Ephesus und Motive aus dem Alexander-Roman) und religiöse Vorstellungen

(Gottes Geist und Wort, Engel und Teufel), ja auch in Arabien populäre Spruchweisheit (unter dem Namen des Weisen Luqman). [...]

Der Konflikt mit den Qurais verschärft sich. Es kommt zu sozialen und wirtschaftlichen Repressalien gegen Muḥammads Clan, die Banu Hašim. Der Rückgriff auf die Heilsgeschichte erhält nun eine neue Dimension: Die biblischen Gestalten, dazu auch altarabische Propheten, stehen im Mittelpunkt exemplarischer Straflegenden, in denen Unglaube und Frevel schrecklich geahndet werden. Zugleich führt der Konflikt zur theologischen Auseinandersetzung mit dem Polytheismus. Die Vorstellung von Allah, dem allmächtigen Schöpfergott, schloß die Existenz anderer Gottheiten zunächst nicht aus; jetzt erst wendet sich der Prophet entschieden und schroff gegen den Kult der (weiblichen) Gottheiten von Mekka und formuliert das Bekenntnis zu dem einen Gott, der keinen «Teilhaber» *(šarik)* hat, der keinen Fürsprecher zuläßt. Schließlich führen Gleichgültigkeit und Weigerung der Mekkaner zu dem Schluß, daß Gott selbst es sei, der ihre Augen und Herzen verschließe vor den Zeichen seiner Schöpfung und dem Wunder seiner Offenbarung: «Er läßt irren, wen er will, und leitet recht, wen er will» (Sure 16, Vers 93). [...]

Die Emigration Muḥammads von Mekka nach Medina, die Hiğra des Jahres 622, war keine Flucht; die Muslime verließen den Stammesverband der Qurais und wurden von den Aus und Hazrağ in den ihren aufgenommen. Zwang und Gunst der Umstände wirkten zusammen, daß aus «Emigranten» *(muhağirun)* und «Helfern» (*ansar,* den Gläubigen in Medina) die Keimzelle des islamischen Staates wachsen konnte. Mit der Befriedung der von Blutfehden erschütterten Oasensiedlung stellte Muḥammad zum ersten Mal sein politisches Genie unter Beweis; sodann als militärischer Führer in den langen Kämpfen gegen die Wirtschaftsmacht Mekka in wohlüberlegter Provokation, in den Erfolgen und in den Rückschlägen, schließlich in meisterhafter, klug zurückhaltender Diplomatie, die gut sieben Jahre nach der Hiğra zur unblutigen Eroberung Mekkas führte. Auch von diesen Ereignissen zeugt der Koran, von der inneren Einstellung der Menschen zum politischen Geschehen, von der Art und Weise, wie die menschlichen Schicksale auf Gott bezogen werden. […]

In Medina erhalten die religiösen Institutionen des Islams die Form, welche sie – in den Grundsätzen – bis heute bewahrt haben. Bestimmend für die Entwicklung ist zunächst die Annäherung an das Judentum. Muḥammad kam nach Medina in der Überzeugung, daß die an ihn ergangene Offenbarung identisch sei mit der früher zu den Juden und Christen gekommenen; er erwartete daher, daß ihn die jüdischen Stämme als Gesandten Gottes akzeptieren müßten. Diese Erwartung wurde enttäuscht; aber dem endlichen Bruch voraus geht der Versuch der Versöhnung durch Anpassung: Zum Morgen- und Abendgebet, die bereits in Mekka verrichtet worden waren, tritt ein Mittagsgebet, und der gemeinsame Freitagsgottesdienst mag in Anlehnung an den Sabbat eingerichtet worden sein. Es ergeht die Weisung, beim Gebet das Gesicht nach Jerusalem zu richten, und der Fastentag des jüdischen Versöhnungstages wird auch den Muslimen verbindlich gemacht (das Ašura-Fasten).

Die Weigerung, Muḥammad zu folgen – sie mag ebensowohl politische wie religiöse Gründe gehabt haben –, führt nicht nur zur Vertreibung und Vernichtung der Juden von Medina (und später derer von Haibar). Sie führt auch zu einer Neuorientierung der koranischen Geschichtstheologie. Schon in den älteren Suren erschien Abraham als Vertreter der wahren Religion und Ahnherr der Mekkaner. Muḥammad kommt nun zu dem Schluß, daß die Juden sich von der Religion Abrahams *(millat Ibrahim)* entfernt haben müßten, daß sie ihren Bund mit Gott gebrochen hätten. Auf der anderen Seite wird Abraham der wichtigste Vorläufer des arabischen Propheten: Er habe zusammen mit seinem Sohne Ismael die Kaʿba in Mekka als Heiligtum Allahs und Zentrum der Pilgerfahrt erbaut. Vor Mose und Jesus, vor Judentum und Christentum gestiftet, erhält der Islam Vorrang vor den Religionen der anderen «Schriftbesitzer», welche inzwischen die Offenbarung verfälscht hätten.

So erhält die Kaʿba als Ziel der islamischen Wallfahrt ihren ursprünglichen Sinn zurück. Auch die Gebetsrichtung (die *qibla)* wird nun nach Mekka orientiert, die Zahl der Gebete später auf fünf erweitert. Das Fasten während der Tageszeit wird für die Dauer des Monats Ramadan geboten.

Ob wir Muḥammad als Gesandten Gottes erkennen oder ob wir im Koran den Ausdruck seiner Persönlichkeit sehen – die Schaffung des islamischen Staates und die Einigung Arabiens unter dem Islam sind sein Werk. Das erste bedeutende Zeugnis dieses Wirkens ist ein Dokument, das die Historiker überliefert haben – allem Anschein nach in authentischer Form: die Gemeindeordnung oder Konstitution von Medina. Sie regelte bald nach der Hiǧra das Verhältnis der Stämme, der mekkanischen Emigranten und der medinensischen «Helfer», untereinander und faßte sie in eine neue, größere Gemeinschaft zusammen, die nicht auf Verwandtschaft, sondern auf die Religion gegründet war. Über den Stämmen stand hinfort die *umma,* die Gemeinde der Gläubigen unter Gottes Herrschaft und Schutz und unter Muḥammads Führung.

Die letzten Jahre des Propheten waren der Ausbreitung des Islams nach außen und der Rechtsordnung der *umma* im Innern gewidmet. In der Moschee (*masǧid* «Ort der Niederwerfung» vor Gott) erhielt sie einen Mittelpunkt: Ort des gemeinsamen Gebets, zugleich soziales Zentrum. Die Solidarität der Gläubigen gab dem Gemeinwesen Bestand. Festgesetzte und freiwillige Abgaben (die als Steuer erhobene *zakat* und das fromme Werk der *sadaqa)* sicherten seine finanzielle Grundlage. Die gemeinsame «Anstrengung auf dem Wege Gottes» *(ǧihad),* der Krieg gegen die Ungläubigen, diente der Verteidigung und der Ausbreitung des Islams.

Das Sicherheitssystem blieb auf das Prinzip der Blutrache begründet; aber die koranische Reform ersetzte die Sanktion der Stammesehre durch das göttliche Gebot und den Richterspruch des Propheten. Das Prinzip der Verhältnismäßigkeit der Vergeltung und das Verbot, dem Rächer aufs neue eine Blutschuld anzulasten, verhütete die verheerenden Blutfehden der Vergangenheit; die Empfehlung, statt der Vergeltung ein Blutgeld anzunehmen, bahnte einer humaneren Praxis den Weg. Der Zeugenbeweis wurde zur Grundlage des Vertrags- und Prozeßrechts erhoben.

Das soziale System benutzte die individualistischen Tendenzen, welche vorher die Auflösung der alten Ordnung gefördert hatten, zum Aufbau einer neuen Ordnung von Ehe, Familie und Erbgang; eine Ordnung, die auch die Frau als Individuum behandelte und ihr wie den Nachkommen soziale Sicherheit garantierte. Die gesetzlich geregelte Polygamie war ein bedeutender Fortschritt gegenüber den verschiedenen losen Verbindungen, die vordem möglich und üblich waren; erst damit (sanktioniert durch die harte Ahndung des Ehebruchs) wurde die Familie, die Zelle der seßhaften Gesellschaft, konstituiert.

Die großen Verwandtschaftsgruppen des Beduinentums, Stämme und Clans, spielten noch lange eine bedeutende Rolle in der islamischen Gemeinschaft. Aber so wie die Religion des Islams Anbetung Gottes durch den einzelnen ist, so regeln das soziale System und die Ethik des Islams das Zusammenleben von Individuen; jeder einzelne wird dereinst für seine Werke zur Verantwortung gezogen werden. Nicht der Bestand des Kollektivs gibt dem Leben des Menschen Sinn, sondern die Bewährung für das ewige Heil. Der Staat kann daher nur Mittel zu diesem Zweck sein; er ist religiöse Institution mit der Obliegenheit, den Gottesdienst, die Rechtspflege und die Verbreitung des Glaubens unter seine Obhut zu nehmen.

Von der Parteien Gunst und Haß verwirrt, ist das Bild Muḥammads in der Geschichte nicht leicht zu erkennen. Vorbild und Weisung des Propheten wurden in der muslimischen Tradition von der Legende überhöht, in frommer und unfrommer Absicht gefälscht, im Streit um die Nachfolge und Vormacht im islamischen Staat mißbraucht. So sagen uns die Kommentare des Korans und die Biographien des Propheten oft mehr über die Ausleger und Tradenten als über den ursprünglichen Sinn und Hergang. Auf der anderen Seite hat die europäische Kritik allzuoft Begriffe und Maßstäbe an die Persönlichkeit Muḥammads gelegt, die seiner Zeit und seinem Milieu nicht angemessen sind. Allzu lange auch ist der Prophet dem Politiker Muḥammad gegenübergestellt worden, als ob es zwei Personen seien; ist doch eine Trennung zwischen religiösem und politischem Handeln weder im Alten Orient noch über die Dauer der islamischen Geschichte zu erkennen. Indem er den Menschen seiner Zeit und Umgebung mit einer neuen Religion auch eine neue Ordnung des Zusammenlebens brachte, schuf er die Voraussetzung, daß der Islam zur Weltreligion und zur Ordnung eines Weltreichs wachsen konnte.

Albrecht Noth

Die Hiğra als Zeitenwende

Als der Kalif ʿUmar, das zweite politische Oberhaupt der Muslime nach dem Tode des Propheten Muḥammad (634–644), die Notwendigkeit gegeben sah, für seine Korrespondenz eine spezifisch muslimische Datierung einzuführen, entschied er sich – nach Beratung mit seiner Umgebung – für die Übersiedlung Muḥammads von Mekka nach Medina *(hiğra)* als Epochendatum. Diese Festlegung scheint seinerzeit kaum kontrovers gewesen zu sein; ein Alternativvorschlag war noch die «Aussendung» Muḥammads (durch Gott). Die offenbar überzeugende Festlegung auf die Hiğra Muḥammads (622) ist so begründet worden: Muḥammad habe damals «das Territorium des Polytheismus *(širk)* hinter sich gelassen», oder auch: «seine Auswanderung habe die (endgültige) Scheidung von (im weitesten Sinne) Richtig *(ḥaqq)* und Falsch *(bāṭil)* bedeutet»; beide Begründungen, die nicht zeitgenössisch sein müssen, besagen, daß mit der Hiğra etwas grundlegend Neues begann, ein Epochendatum im wahrsten Sinne des Wortes. Die Muslime haben diesen entscheidenden Einschnitt in ihrer Geschichte denn auch auf die Offenbarungen Gottes an ihren Propheten übertragen: Bei den Bemühungen, die Suren des Koran historisch einzuordnen, ist die Unterscheidung nach Suren aus der Zeit *vor* der Hiğra («mekkanisch») und aus der Periode *nach* der Hiğra («medinensisch») ein grundlegendes Kriterium gewesen. Die vom Kalifen ʿUmar nur wenige Jahre nach dem Tode des Propheten institutionalisierte Hiğra-Datierung ist dann für die Zukunft unangefochten verbindlich geblieben und wird bekanntlich auch heute noch – neuerdings wieder zunehmend demonstrativ – verwendet.

Die Tatsache, daß die Muslime selbst der Umsiedlung Muḥammads und seiner Anhänger von Mekka nach Medina bereits in frühester Zeit eine derart hohe und grundlegende Bedeutung beimaßen, daß sie ihre Zeitrechnung damit begannen, könnte allein schon Grund genug sein, eine Geschichte der islamischen Araber mit der Hiǧra zu beginnen. Doch es lassen sich noch weitere Gründe ins Feld führen, von denen der wichtigste vielleicht so formuliert werden könnte: Bis zur Auswanderung nach Medina waren Muḥammad und seine Anhänger *Objekt* – aus muslimischer Sicht auch: Opfer – eines historischen Kontextes gewesen, den sie zwar verändern wollten, aber nicht konnten, mit der Hiǧra begannen sie zum bestimmenden *Subjekt* in historischen Entwicklungen zu werden, die zunächst in ihrer näheren und weiteren Umgebung gänzlich neue Maßstäbe setzten und schließlich welthistorische Dimensionen annehmen sollten. Nehmen wir also die Hiǧra als Wendepunkt, als «Krisis», und versuchen wir rückblickend und vorschauend die wesentlichen Komponenten in Umrissen zu charakterisieren, die die Hiǧra in ihrer Bedeutung verständlich machen, ebenso aber auch in der weiteren Entwicklung der Anhängerschaft Muḥammads bestimmende Faktoren darstellen sollten. Die Hiǧra läßt hier als «Bruchstelle», wie sich vielleicht zeigen wird, diese Komponenten als solche und in ihrer Beziehung zueinander besonders deutlich sichtbar werden.

Tilman Nagel

Der Koran – das Wort Gottes

Sure 96, Vers 1 bis 5: 1 Rezitiere: Im Namen deines Herrn, der geschaffen hat, 2 geschaffen hat den Menschen aus einem Blutklumpen! 3 Rezitiere: Dein Herr ist der edelmütigste, 4 der durch das Schreibrohr gelehrt hat, 5 den Menschen gelehrt hat, was er nicht wußte!

Muḥammad erhält in diesen Versen die Aufforderung, das ihm übermittelte göttliche Wissen herzusagen und seinen Mitmenschen kundzugeben: Der Schöpfer weist den Propheten auf die Kreatürlichkeit des Menschen hin, und dies ist das Kernthema der göttlichen Botschaft, deren Urschrift nach islamischer Vorstellung auf einer «wohlverwahrten Tafel» (Sure 85, Vers 22) im Himmel aufgezeichnet ist. Der Koran gilt darum als das ewig gültige, noch vor der Schaffung der Welt aufgeschriebene Gotteswort, das durch die Rezitation stets aufs neue den Menschen ins Gedächtnis gerufen werden soll. Denn nur so werden sie des heilswichtigen Wissens inne, das in diesem Gotteswort liegt.

Die Sprache des Korans ist das Hocharabische, die Lingua franca des damaligen Arabien. Er weicht nur in einigen grammatischen und stilistischen Eigentümlichkeiten, die man gemeinhin als Einsprengsel der hedschasischen Heimatmundart Muḥammads deutet, von diesem Idiom ab. Das Hocharabische ist uns in der altarabischen Poesie reichlich bezeugt. Während der Pilgerfeste und Markttage, die im Laufe des Jahres an bestimmten Orten der Arabischen Halbinsel veranstaltet und von vielen Stämmen besucht wurden, pflegten Dichter aufzutreten. Die Verse, die bei derartigen Zusammenkünften vorgetragen wurden, mußten gemeinverständlich sein. «Arabisch», das heißt eigentlich «Sprache der nomadisierenden Steppenbewohner (al-ʿarab)», nannte man damals jene überregionale Sprachform. Zur Kennzeichnung der Sprache der Offenbarung kommt das Adjektiv «arabisch» auch im Koran vor (z.B. in Sure 12, Vers 2). Erst etwas später wird dieses Adjektiv auch für die Benennung eines Angehörigen des Volkes der Halbinsel verwendet, das sich in der Zeit, als der Islam entstand, zu einer aus Stämmen zusammengefügten Einheit zu formen beginnt. Das Bewußtsein, daß die arabische Hochsprache das wichtigste Merkmal sei, welches die «Araber» eine, ist bis auf den heutigen Tag lebendig geblieben. Im Koran ist darüber hinaus mit dem Hinweis auf den arabischen Charakter der Offenbarung eine ganz bestimmte religionsgeschichtliche Vorstellung verbunden, wie in anderem Zusammenhang darzulegen ist.

In der heute gebräuchlichen Form ist das heilige Buch des Islams in 114 Abschnitte von sehr unterschiedlicher Länge eingeteilt. Diese Abschnitte heißen «Suren». Die Suren ihrerseits gliedern sich in Verse, im Arabischen «ājāt» genannt, d.h. «Wunderzeichen». Diese Verse bestehen aus unterschiedlich vielen Wörtern und sind in bewegten, visionären Teilen des Korans meist sehr kurz, in den lehrhaften, erzählenden oder gesetzliche Bestimmungen darlegenden Abschnitten dagegen länger und mitunter unübersichtlich. Die Verseinteilung der Suren ergibt sich in der Regel ohne Schwierigkeiten aus den Reimen, die je eine Einheit von Wörtern – den Vers – abschließen.

Denn der ganze Koran ist in Reimprosa abgefaßt: Mehrere Verse enden auf einen bestimmten Reim, sie sind jedoch nicht nach metrischen Schemata aufgebaut, wie sie etwa in der altarabischen Poesie benutzt werden. So ist die koranische Reimprosa eine Art von Dichtung, die in stark rhythmisierter Sprache vorzutragen ist. Die Zahl der Silben eines Verses oder auch die Anzahl der rhythmischen Hervorhebungen ist nicht festgelegt. Dagegen treten Wort- und Satzakzent stark in den Vordergrund. Beim Vortrag der Reimprosa werden manche Wörter oder Silben sehr in die Länge gezogen. Der Zwang, jeden Vers mit einem Endreim abzuschließen, hat im Satzbau und in der Wortwahl zu einigen Abweichungen von der Norm geführt, die nicht immer eindeutig geklärt werden können. Es finden sich meist Folgen von mehr als zwei Versen, die auf den gleichen Reim ausgehen. Um dem deutschen Leser einen ungefähren Eindruck von der koranischen Reimprosa zu geben, sei hier ein Teil der 53. Sure in der Übertragung von Friedrich Rückert zitiert, dessen Nachdichtungen die Form des Originals wiederzugeben beabsichtigen:

1 Beim Stern, der flirrt! 2 Nicht euer Genosse tört noch irrt,
3 spricht nicht aus eigner Begierd', 4 es ist, was offenbar ihm
wird. 5 Ihn lehrte ein hochstrebender 6 gewaltiger, stätschwebender,
7 am Himmel hoch sich hebender, 8 dann naht er
sich und kam hernieder, 9 und war zwei Ellen weit und min-

der, 10 und offenbarte seinem Knecht, was er ihm offenbar-
te; 11 nicht log das Herz, was das Auge gewahrte. 12 Wollet
ihr abstreiten ihm, was er gewahrte? 13 Dann sah er ihn das
andremal 14 beim Sidrabaum am Grenzepfahl, 15 wo der
Wohngarten sich erstreckt; 16 da hat den Sidrabaum bedeckt,
was ihn bedeckt. 17 Es wankte nicht und irrte nicht sein
Blick erschreckt. 18 Von Zeichen seines Herrn sah er das
große.

Alle 114 Suren des Korans tragen eine oder mehrere Überschriften, die häufig auf die Kernthemen hinweisen, die in der jeweiligen Sure behandelt werden. So hat die 12. Sure den Titel «Josef», weil sie ausführlich von dessen Schicksal erzählt. [...]

Die Einteilung des Muḥammad geoffenbarten Gotteswortes in Suren und die Verszählung, die Reihenfolge der Suren und deren Benennung, all dies ist das Ergebnis einer umfangreichen redaktionellen Tätigkeit, die schon bald nach Muḥammads Tod einsetzte.

Hartmut Bobzin

Der koranische Monotheismus

Das beherrschende Thema des Korans ist der strikte Monotheismus, der Glaube an den Einen Gott; das kommt am prägnantesten in Sure 112, dem Bekenntnis zur Einheit Gottes *(tauḥīd)*, zum Ausdruck (Übersetzung Rückert):

[1]	Sprich: Gott ist Einer,	*qul huwa llāhu aḥad*
[2]	Ein ewig reiner,	*allāhu ṣ-ṣamad*
[3]	Hat nicht gezeugt	*lam yalid*
	und ihn gezeugt hat keiner,	*wa-lam yūlad*
[4]	Und nicht ihm gleich ist einer.	*wa-lam yakun lahū kufuwan aḥad*

Die überragende Bedeutung, die der knappe Text von Sure 112 als Bekenntnis schon für die früheste Gemeinde hatte, läßt sich daran erkennen, daß er auf den ersten einsprachig arabisch beschrifteten Münzen erscheint, die der omaijadische Kalif

ʿAbdalmalik (reg. 685–705) einführte, und zwar in längerer Form (Vers 1–4) auf der Rückseite der Silbermünze, dem Dirham, und in kürzerer Form (Vers 1–3) auf derjenigen der Goldmünze, dem Dinar. [...]

Daß Gott *(Allāh)* Einer ist, wird im Koran immer wieder hervorgehoben. Und daß Gott keinen Teilhaber *(šarīk)* hat, ist im wörtlichen Sinne die «Kehrseite der Medaille», denn auf dem oben erwähnten omaijadischen Dirham steht auf der Vorderseite die Formel:

> Es gibt keinen Gott außer Gott allein *(lā ilāha illā llāhu waḥdahū)*
> Er hat keinen Teilhaber *(lā šarīka lahū)*

Diese zweigliedrige Formel, die auf koranische Formulierungen zurückgeht (vgl. 37, 35; 47, 19; 6, 163), gibt einen ganz wesentlichen Gedanken des Korans genau wieder: Die besondere Betonung des Monotheismus geht nämlich stets einher mit der Ablehnung jeglicher «Teilhaberschaft» *(širk)* an der alleinigen Herrschaft *(mulk)* Gottes (vgl. 17, 111; 25, 2). Das Problem besteht dann darin, was genau unter «Teilhaberschaft» zu verstehen ist, vor allem aber, wer im Koran als «Teilhaber» (*šarīk*, Pl. *šurakā'*) an Gottes Herrschaft genannt bzw. bestritten wird.

In der abendländischen Sicht des Islam wurde Sure 112 ganz überwiegend als Kampfansage gegen die Christen und ihren Glauben an die Gottessohnschaft Jesu verstanden. Gegen diesen Glauben wird ja im Koran in Versen anderer Suren (vgl. 4, 171; 5, 73) deutlich Stellung bezogen. [...]

Aber es ist keineswegs ausgemacht, daß die Betonung des Monotheismus im Koran ausschließlich als Abgrenzung vom Christentum zu verstehen ist. Vielmehr richtet sich der koranische Monotheismus zunächst gegen die in Mekka praktizierte Religion der Vielgötterei. Aus dem, was der Koran darüber an verschiedenen Stellen sagt, läßt sich ein ausreichend deutliches Bild gewinnen. In einigen Suren nennen die Gegner Mohammeds nämlich ihre Einwände gegen seine Botschaft. So heißt es aus ihrem Munde (38, 5 f.):

> [5] Macht er etwa die Götter zu nur einem Gott?
> Wahrlich das ist ein wundersames Ding!

[6] Und die Vornehmen von ihnen gingen weg [und sagten]:
Geht und haltet standhaft aus bei euren Göttern!
Das ist es, was von euch erwartet wird!

Wenn hier – in diesem Abschnitt – von einem Gott und von Göttern die Rede ist, wird dafür das arabische Wort *ilāh* (Pl. *āliha*) gebraucht. *Ilāh* ist ein Gattungsbegriff und kann somit zur Bezeichnung eines beliebigen Gottes verwendet werden. [...]

Von der Sprachform her ist es unumstritten, daß das arabische Wort *allāh* als Zusammenziehung von *al-ilāh*, «der Gott», zu verstehen ist. Und dieser «Allāh», als der Gott schlechthin, war im vorislamischen Arabien bereits bekannt. Den eben zitierten Koranvers 38, 5 kann man also dahingehend deuten, daß Mohammed statt der vielen Götter nur noch «einen einzigen Gott» *(ilāh wāḥid)* gelten lassen will, so wie es an anderen Stellen noch deutlicher zum Ausdruck kommt. [...]

Dabei wird die Existenz anderer Götter zunächst nicht geleugnet. Aber sie haben «Allāh» gegenüber nur eine untergeordnete Rolle. So heißt es in Sure 10, 18 von den Mekkanern:

> Sie verehren neben Gott (Allāh), was ihnen nicht schadet und was ihnen nicht nützt; sie sagen: «Das sind unsere Fürsprecher bei Gott (Allāh)». Sprich: Wollt ihr Gott (Allāh) etwas mitteilen, was er weder im Himmel noch auf Erden weiß? Gepriesen sei er und erhaben über das, was ihr ihm an die Seite stellt!

Die Mekkaner betrachten ihre Götter also als Fürsprecher *(šafīʿ*, Pl. *šufaʿāʾ)* bei «Allāh» und erkennen dadurch implizit seine Überlegenheit an; ja, mehr noch (Sure 29, 61 + 63; vgl. 31, 25; 39, 38; 43, 9):

[61] Wenn du sie fragst:
Wer schuf die Himmel und die Erde?
Wer nötigte zum Dienst die Sonne und den Mond?
So sprechen sie: Allāh! ...
[63] Wenn du sie fragst:
Wer ließ herab vom Himmel Wasser fließen,
Daß er damit die Erd' belebe, nachdem sie abgestorben?
So sprechen sie: Allāh! ...

Mohammed kann also in seiner Predigt daran anknüpfen, daß «Allāh» als «Hochgott», als Schöpfer und Erhalter des Universums im Arabien seiner Zeit anerkannt wird. Aus der Fortsetzung der eben zitierten Verse kann man noch eine weitere wichtige Erkenntnis gewinnen: «Allāh» galt nämlich offenbar auch als der letzte Rettungsanker, wenn man in äußerste Not geriet (29, 65):

> Wenn sie ein Schiff besteigen, so rufen sie: Allāh!
> Im Glauben ihm allein sich anvertrauend.
> Doch hat er sie an Land gerettet:
> Sieh da, sie dienen wieder andern neben ihm.

Der von Mohammed gegen seine Landsleute erhobene Vorwurf lautet also, daß sie trotz ihrer Anerkennung der besonderen Rolle «Allāhs» als Schöpfer- und Rettergott weiterhin andere Gottheiten als «Zwischeninstanzen» anerkennen. [...]

Es spricht also einiges dafür, die Wurzeln des strikten Monotheismus, wie ihn der Koran lehrt, in den religiösen Verhältnissen des altarabischen Heidentums zu suchen. Wohl waren auch Christentum und Judentum zu Mohammeds Zeit in Arabien verbreitet, und Einflüsse beider Religionen sind im Koran erkennbar. Aber es waren gewiß weder Juden noch Christen, die die Idee des Monotheismus nach Arabien brachten. Vielmehr konnten sie an das altarabische Konzept des «Hochgottes» anknüpfen und den für diesen gebrauchten arabischen Namen – «Allāh» – auch für den biblischen Gott verwenden. Daher gebrauchen bis heute arabische Christen wie arabische Juden das arabische Wort *allāh* für Gott. Es ist daher eigentlich falsch zu sagen, der Gott der Muslime heiße «Allāh». Gewiß heißt er so auf Arabisch. Aber es ist von der Sache her geboten, diesen Namen im Deutschen mit dem Wort «Gott» wiederzugeben, ähnlich wie die Perser neben «Allāh» ihr eigenes Wort für Gott – *ḫodā* – benutzen. Schließlich geht der Koran selbst davon aus, daß der Gott Abrahams, Isaaks und Jakobs, der Gott von Mose und von Jesus der gleiche, «eineinige» Gott «Allāh» ist. Daher wird in diesem Buch arabisch «Allāh» stets mit «Gott» wiedergegeben.

Entscheidend neue Akzente haben göttliche Vorschriften ferner in dem so wesentlichen Lebensbereich des gegenseitigen Verhältnisses von Mann und Frau gesetzt, obgleich auch hier wiederum vorislamische Grundmuster nicht «abgeschafft» und durch ein gänzlich neues Konzept ersetzt wurden. Unangetastet blieb vor allem die weit überlegene Rechtsstellung des Mannes, etwa sein Initiativrecht auf Anbahnung und Auflösung eines Eheverhältnisses, seine – auch finanzielle – Dominanz innerhalb der Ehe, sein Recht auf mehrere Frauen, sei es im Rahmen einer Ehe, sei es – auch gleichzeitig – im Rahmen des (legalen) Konkubinats (mit Sklavinnen). Immerhin wird einem Mißbrauch dieser unbestrittenen Herrschaft des öfteren empfehlend und warnend Einhalt geboten, die Herrschaft damit eher in die Nähe von Verantwortlichkeit gerückt.

Eine wesentliche «atmosphärische» Veränderung im Verhältnis der Geschlechter zueinander bedeutete es zudem, daß Mann und Frau in ihrer Eigenschaft als Gläubige als prinzipiell absolut gleichberechtigt angesehen wurden; eine Ebene, auf der ein solcher grundsätzlicher Ausgleich des Gefälles zwischen den Geschlechtern hätte stattfinden können, war bis dahin nicht existent, ihre Schaffung kann man mit gewissem Recht als revolutionär bezeichnen. Einmal davon abgesehen, daß Musliminnen auf dieser Basis ganz allgemein unter günstigeren Rahmenbedingungen leben konnten als ihre «heidnischen» Geschlechtsgenossinnen, hatte diese religiöse Gleichberechtigung zur Folge, daß sich Frauen in einem wichtigen Lebensbereich die gleichen Verdienste wie Männer erwerben konnten, so etwa auch später als Trägerinnen religiösen Wissens eine nicht unbedeutende Rolle im spezifisch islamischen Wissenschaftsbetrieb zu spielen vermochten.

Über diese grundsätzliche Aufwertung des Frauenbildes hinaus und gewiß davon ausgehend kam es dann durch koranische Offenbarungen auch zu sehr konkreten Einschränkungen der traditionellen männlichen Dominanz. Dies geschah – entscheidend – vor allem über finanzielle Regulative. So wird die Brautgabe des Mannes nach Vollzug der Ehe Eigentum der Frau (nicht mehr Eigentum ihrer Familie, genauer: des männlichen Teils dieser Familie), wie sie auch allgemein in der Ehe Vermögen erwerben und über dieses – bei strikter Gütertrennung! – verfügen kann. Wenn auch mit geringerem Anteil als die männlichen Berechtigten, so kann sie doch überhaupt (das ist das Entscheidende!) Verwandte, auch ihren Mann, beerben. Als Geschiedene oder Witwe ist sie zudem – ihre neue finanzielle Eigenständigkeit gab dazu überhaupt erst die Möglichkeit – jeder männlichen Verfügungsgewalt entzogen: Weder ihre noch die Verwandten ihres Mannes haben gegen ihren Willen Zugang zu ihrem Vermögen oder das Recht, sie wieder zu verheiraten.

Ebenfalls eindeutig zugunsten des weiblichen Bestandteils der muslimischen *umma* regeln göttliche Offenbarungen die traditionelle Erscheinungsform der Polygamie. Gewiß nicht der Gesichtspunkt einer Erweiterung der Möglichkeiten des sexuellen Genusses, sondern eindeutig der Aspekt der – gerade auch finanziellen – Fürsorgepflicht des Mannes steht bestimmend im Vordergrund: Allenfalls vier Frauen sind gleichzeitig gestattet, und dann nur, wenn der Mann in der Lage ist, auf der Basis der Gleichheit seiner Frauen die materielle Versorgung und die emotionale Zuwendung zu gewährleisten; die entsprechenden Offenbarungen scheinen im übrigen gewiß nicht den Charakter einer Ermunterung zur Polygamie zu haben, sie erwecken eher den Eindruck einer Warnung vor den damit verbundenen Belastungen und Risiken, geben eher Verhaltensratschläge für den Fall ihrer Unvermeidbarkeit.

Gewiß ist das Bild, welches sich aus all diesen koranischen Vorschriften und Regeln für das Verhältnis der Geschlechter zueinander ergibt, von einer «Gleichberechtigung» im Sinne heutiger Vorstellungen und Forderungen meilenweit entfernt. Der einzig zulässige Vergleich, nämlich derjenige mit der Situation auf der Arabischen Halbinsel zur Zeit Muḥammads, muß jedoch zu dem Urteil führen, daß hier grundlegend neue

Akzentsetzungen vorgenommen worden sind, die sich vielleicht so zusammenfassen lassen: Innerhalb einer eindeutig von Männern dominierten Gesellschaft verliert die Muslimin den nahezu ausschließlichen Objekt-Charakter ihrer heidnischen Geschlechtsgenossin, ihr werden vergleichsweise bedeutsame Möglichkeiten – sowohl in materieller als auch in ideeller Hinsicht – eröffnet, auch als handelndes Subjekt aufzutreten.

2. Glaube und Recht

Johann Wolfgang von Goethe

Islam

Närrisch, daß jeder in seinem Falle
Seine besondere Meinung preist!
Wenn *Islam* Gott ergeben heißt,
Im Islam leben und sterben wir alle.

Stefano Bianca

Die Kaaba als Mittelpunkt des Universums

Das zentrale und in gewissem Sinne einzige islamische Heiligtum ist die Kaaba in Mekka, ein einfacher gemauerter ‹Würfel›, wie der Name ganz nüchtern sagt, in dessen eine Kante ein Meteorit, der verehrte schwarze Stein, eingeschlossen ist, der, vom Himmel gefallen, die Sünden der Welt auf sich genommen haben soll. Seit dem 3. islamischen Jahrhundert, wahrscheinlich aber schon früher, wurde der Würfel mit einem Umhang (Kiswa) versehen, der jährlich erneuert wird, doch sonst hat der Bau seinen archaischen Charakter erhalten, der der urtümlichen Symbolik des Ortes entspricht. Seine sakrale Macht beruht darauf, daß er die kosmische Geometrie, die das geistige Kraftfeld der islamischen Welt beherrscht, unmittelbar zum Ausdruck bringt. Er ist gleichsam die unbewegliche Mitte, um die sich das Rad der Gläubigen dreht: Auf ihn richten sich die Gebete aller Muslime von jedem geographischen Standort aus, und von ihm geht die spirituelle Energie aus, die jeden Platz der Welt durch bloße Ausrichtung darauf mittelbar zu einem geheiligten Ort macht.

Die Kaaba, auf arabisch auch Haus Gottes (‹Bait Allah›) genannt, bezeichnet nicht nur den Mittelpunkt des Erdkreises, sondern ebenso seinen Schnittpunkt mit der vertikalen Achse,

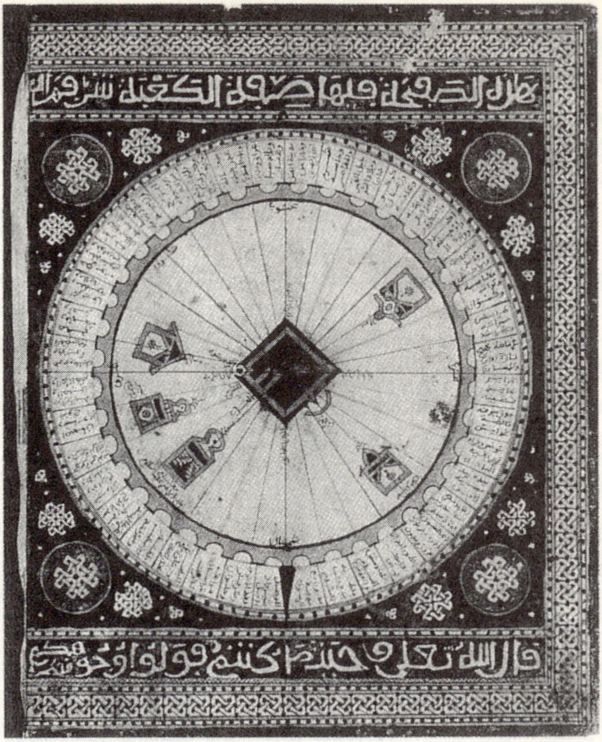

Abb. 1. Die Kaaba in Mekka als kosmischer und geographischer Mittelpunkt der islamischen Welt (aus einem tunesischen Manuskript des 11. Jahrhunderts).

welche die sichtbare und die unsichtbare Welt verbindet und um die nach der Legende die Heerscharen der Engel kreisen, überragt vom Thron des Allmächtigen. Dieses kosmische Bild wird gestisch erfüllt durch den islamischen Ritus des ‹Tawâf›, die siebenmalige Umkreisung der Kaaba, die der Pilger beim Eintritt in das Heiligtum vollzieht, nach dem Vorbild des Propheten auf seiner letzten Wallfahrt nach Mekka.

Untrennbar mit der räumlich-geometrischen Symbolik der Kaaba verbunden ist das islamische Gebetsritual, das einen vom Propheten genau vorgezeichneten körperlichen Bewegungsablauf umfaßt, bei dem Suren aus dem Koran rezitiert werden. Wo immer das Gebet ausgeführt wird, muß der Gläubige in Richtung der Kaaba blicken. Dadurch wird es zu einem Ritual, das mehrmals täglich die dem Islam eigentümliche Zentrierung des geistigen Kosmos wiederholt und bekräftigt. Die Ausrichtung nach der ‹Qibla› (der Richtung nach Mekka) ist also das Haupterfordernis für einen islamischen Gebetsplatz. [...]

Mit der geographischen Ausdehnung des Islam in alle Weltrichtungen hat das Kraftfeld Kaaba eine gewaltige Dimension angenommen, was das Erlebnis seiner geometrischen Symbolik noch verstärkt hat: Ein aus der Ferne Betender erlebt die Ausrichtung auf die Kaaba vorerst nur in seiner Vorstellung, als symbolisches Bild, und die konvergierenden Qibla-Linien müssen ihm an seinem entfernten Wohnort als Parallelen erscheinen. Auf der Wallfahrt aber durchschreitet er dieses in Gedanken durchmessene Kraftfeld in körperlicher Annäherung an die Mitte, was in früheren Zeiten eine monate-, oft jahrelange Unternehmung war. Am Ursprung angelangt, wo sich alle Speichen des kosmischen Rades treffen, erlebt er plötzlich körperlich die Konvergenz der Strahlen als eine Ballung der spirituellen Energien, die sich in der kreisförmigen Anordnung der die Kaaba umringenden und anbetenden Gläubigen ausdrückt. Damit ist seine volle Integration in den islamischen Kosmos vollzogen.

Es hat einen tieferen Sinn, daß die Kaaba kein ‹Monument› im architektonischen Sinn ist, denn dies würde ihre archetypische Qualität und damit ihre zeitlose Ausstrahlungskraft durch zeitgebundene Ausdrucksformen mindern.

Im Islam ist die Erscheinung des Göttlichen nicht an bestimmte architektonische Formen gekettet. Nach einem Wort des Propheten hat Gott den Menschen das Antlitz der Erde als Gotteshaus gegeben. Die Welt als Ganzes ist also ein potentielles Heiligtum, und das Sakrale kann durch Hinwendung zum Zentrum überall vergegenwärtigt werden, sei es im Haus, in der Moschee oder in freier Landschaft.

Heinz Halm

Glaubensbekenntnis und Ritualgebet

Das Glaubensbekenntnis

Die fünf Grundpflichten des Islam werden als seine «Säulen» (*arkān*, Sing. *rukn*) bezeichnet. Die erste davon ist das Glaubensbekenntnis, das «Zeugnis» *(šahāda):* «Ich bezeuge, daß es keine Gottheit außer Gott gibt und daß Mohammed der Gesandte Gottes ist». Mit dieser zweiteiligen Formel bekennt sich der Muslim zum absoluten Monotheismus und zur prophetischen Sendung Mohammeds; damit wird zugleich der von Mohammed hinterlassene Koran als offenbartes Wort Gottes anerkannt.

Gott heißt arabisch *Allāh* (kontrahiert aus *al-ilāh,* «die Gottheit»). Es handelt sich also nicht um einen Eigennamen (wie Zeus oder Shiva), sondern um ein Appellativ (wie Deus/Dieu) und ist daher mit *Gott* zu übersetzen. Der absolute Monotheismus ist im Koran verankert; als schwere Sünde erscheint dort jeder Versuch, Gott jemanden an die Seite zu stellen; das «Beigesellen» *(širk)* ist die Sünde schlechthin; der «Beigeseller» *(mušrik),* also der Polytheist, der schlimmste Sünder. Das Manifest des Monotheismus ist die Sure 112:

> Im Namen des barmherzigen und gnädigen Gottes! Sag: Er ist Gott, ein Einziger, Gott durch und durch. Er hat weder gezeugt, noch ist er gezeugt worden. Und keiner ist ihm ebenbürtig.

Die Sure hat eine deutlich gegen das Christentum gerichtete Spitze: Gott hat keinen Sohn, und er ist auch kein Sohn. Das christliche Trinitätsdogma ist für den Muslim unannehmbar; Jesus ist ein von Gott gesandter Prophet, aber nicht Gottes Sohn.

Die prophetische Sendung Mohammeds, die der zweite Teil des Glaubensbekenntnisses bezeugt, gilt dem Muslim als die letzte und endgültige Offenbarung Gottes; danach kommt nur noch das Jüngste Gericht, dessen Stunde im Koran in zahlreichen Passagen beschworen wird. Mohammed heißt daher auch «das Siegel der Propheten» *(ḫātam an-nabīyīn)*: Seine Sendung schließt die Reihe der von Gott gesandten Propheten ab, die von Adam über Noah und Abraham und die Erzväter, Moses, zahlreiche alttestamentliche Gestalten, darunter David und Salomon, bis zu Jesus reicht. Die früheren Gottgesandten genießen große Verehrung; Abraham etwa gilt als Erbauer der Kaʿba in Mekka, und sein Grab in Hebron wird auch von den Muslimen verehrt.

Der Übertritt zum Islam ist ein formloser Akt; das Aussprechen des Glaubensbekenntnisses in ehrlicher Absicht *(niyya)* genügt. Als Muslim gilt, wer sich wie ein Muslim verhält. Allerdings gilt der Abfall *(irtidād)* vom Islam zu einer anderen Religion als nicht zulässig. Nach dem traditionellen religiösen Recht ist der Abtrünnige *(murtadd)*, wenn er Ermahnungen zur Rückkehr gegenüber unzugänglich bleibt, dem Tod verfallen. Diese traditionelle Vorstellung kollidiert mit dem modernen Grundsatz der Religionsfreiheit, der in vielen nahöstlichen Staaten in die Verfassung aufgenommen wurde. Die Forderung nach Wiedereinführung der Todesstrafe für Renegaten ist daher ein wesentlicher Programmpunkt aller islamistischen (fundamentalistischen) Bestrebungen, ist aber nur in wenigen Ländern (z.B. Iran, Sudan oder Pakistan) realisiert worden.

Das Ritualgebet und die Moschee

Das islamische Ritualgebet *(ṣalāt)* besteht nicht aus einem gesprochenen (oder gedachten) Text, sondern aus einer Abfolge von Körperhaltungen: Aufrechtstehen, Rumpfbeugung, Knien mit zweimaligem Berühren des Bodens mit der Stirn. Eine solche Abfolge heißt *rakʿa* (Beugung); bei jedem der täglichen fünf Gebete wird eine wechselnde Anzahl solcher Beugungen vollzogen. Das Gebet schließt mit einer Kopfwendung nach rechts und dann nach links.

Beim Gebet hat sich der Beter nach der Kaʿba in Mekka zu orientieren. In Sure 2, 144 heißt es:

> Wende dich mit dem Gesicht in Richtung der heiligen Kultstätte! Und wo immer ihr seid, da wendet euch mit dem Gesicht in diese Richtung!

Fast wörtlich gleich lauten die Verse 2, 149 und 2, 150. Wie oft das Gebet zu halten ist, sagt der Koran nicht; die übliche Zahl von fünf Gebeten am Tag ist «Sunna», sie geht auf die Praxis des Propheten zurück. Nach den Tageszeiten heißen die fünf Gebete *faǧr* (Morgengrauen), *ẓuhr* (Mittag), *ʿaṣr* (Nachmittag), *maġrib* (Sonnenuntergang) und *ʿišāʾ* (Abend).

Vor dem Gebet hat der Beter die rituelle Waschung *(wuḍūʾ)* zu vollziehen, nach Koran 5, 6:

> Ihr Gläubigen! Wenn ihr euch zum Gebet aufstellt, dann wascht euch das Gesicht und die Hände bis zu den Ellenbogen und streicht euch über den Kopf und die Füße bis zu den Knöcheln!

Es handelt sich nicht um eine hygienische Vorschrift, wie eine moderne, rationalisierende Deutung wissen will, sondern um den symbolischen Akt der Reinigung des Menschen, der vor Gott tritt. Fehlt es an Wasser, etwa bei einer Reise in der Wüste, so kann die «Waschung» auch mit Erde oder Sand vollzogen werden, den man an einer hochgelegenen – also nicht verunreinigten – Stelle aufgelesen hat (Koran 5, 6).

Im Prinzip kann der Muslim seiner Pflicht zum Gebet überall nachkommen, wo er sich gerade befindet. Er sollte allerdings darauf achten, daß der Boden an der Stelle, an der er beten will, nicht verunreinigt ist; dazu kann ein mitgeführter kleiner Teppich *(saǧǧāda)* dienen. Wo mehrere Muslime beisammen sind, sollen sie gemeinsam beten. Die Örtlichkeit, an der sie sich zusammenfinden können, ist die Moschee. Das arabische Wort *masǧid* bedeutet «Stätte des Niederwerfens» (vom Verbum *saǧada*) und deutet bereits an, daß das Ritualgebet die eigentliche Bestimmung dieser Örtlichkeit ist. Über das spanische *mezquita* und das französische *mosquée* ist das Wort ins Deutsche übernommen worden [...]

Die Moschee ist kein besonders geweihter Ort; zwischen den Gebetszeiten kann man sie für Ruhepausen und Mittagsschlaf, als Treffpunkt und Unterrichtshalle benutzen. Allerdings muß der Boden für die Gebete kultisch rein bleiben; daher die Vorschrift, vor dem Betreten des Gebetssaals die Schuhe auszuziehen. Im allgemeinen ist das Betreten von

Moscheen für Nichtmuslime erlaubt; in einigen Ländern ist der Zutritt allerdings aus praktischen Gründen – etwa um die Überflutung durch Touristenscharen zu verhindern – eingeschränkt. Islamistische Eiferer suchen gelegentlich, Nichtmuslime am Betreten von Moscheen zu hindern.

Annemarie Schimmel

Der Fastenmonat Ramadan

Für den Muslim ist der Ramadan «Gottes Monat» – «eine einzige Rose in zwölf Monaten», wie ein türkisches Rätsel sagt. In ihm hat in einer der letzten ungeraden Nächte – meist wird der 27. angenommen – die erste Offenbarung des Korans stattgefunden, und diese sogenannte *lailat al-qadr*, die «Nacht der Macht» (Sure 97), bedeutet den Einbruch des göttlichen Wortes in die Welt.

Sie wird von dem Licht der göttlichen Offenbarung durchstrahlt. Manche Frommen hoffen, durch den Anblick dieses Lichtes gesegnet zu werden. Die Legende erzählt von dem frommen Schiraser Asketen Ibn Chafif (gest. 982 als Hundertjähriger), daß er sich den schwersten asketischen und gottesdienstlichen Übungen unterzogen habe, in der Hoffnung, dieses Licht zu erblicken. Doch nicht er wurde damit gesegnet, sondern seine alte fromme Mutter. ...

Das Fasten ist ein schwieriges Unterfangen; es bedeutet nämlich, sich vom Morgen bis zur Vollendung des Sonnenuntergangs nicht nur aller Speise und allen Trankes zu enthalten, sondern auch noch eine ganze Menge anderer Beschränkungen auf sich zu nehmen. Nicht zu Unrecht wird der Ramadan in Afrika manchmal «Durst-Monat» genannt.

Sobald in der Morgendämmerung ein schwarzer von einem weißen Faden unterschieden werden kann, formuliert der Muslim seine Absicht, *niyya*, an diesem Tag zu fasten. Deshalb mag ein Türke auf die Frage, ob er faste, antworten «*niyyetliyim* –

ich habe die Absicht formuliert», d.h., ich tue es. Fasten aber bedeutet nicht nur Enthaltung von Speise und Trank und Geschlechtsverkehr. Nach Meinung einiger Juristen macht selbst ein Kuß das Fasten ungültig, und daß man nicht rauchen darf, ist selbstverständlich. Man soll auch nicht an einer Blume riechen und, wenn man kann, seinen Speichel nicht bewußt oder willentlich herunterschlucken.

Das Fasten dauert, bis die Sonne völlig gesunken ist; dann wird es mit einem Schluck Wasser oder Scherbet und – vorzugsweise – in paar Datteln gebrochen, worauf man das Abendgebet verrichtet; erst dann darf man zu Tische gehen.

Das sogenannte *ifṭār*, das Mahl des Fastenbrechens, wird im allgemeinen mit reichlichen, ja überreichlichen Speisen beschickt, die die – natürlich auch fastende – Hausfrau am Nachmittag bereitet und vor dem Fastenbrechen auf den Tisch bringt. In der Türkei sagt man, solange die Speisen vor dem Abendgebet auf dem Tisch stehen, loben und preisen sie Gott. Einladungen zum *ifṭār* sind in allen muslimischen Ländern üblich. In Istanbul war es unter Verwandten und Freunden geradezu ein Zeichen der Höflichkeit, auch uneingeladen zum *ifṭār* zu kommen. Manch einer meiner Freunde klagt, daß man bei den leckeren *ifṭār*-Speisen so viel esse, daß man am Monatsende eher zu- als abgenommen habe, obgleich doch ein Aspekt des Ramadan ist, Mitgefühl mit den Hungernden zu vermitteln.

Hartmut Bobzin

Sunna und Ḥadīṯ

Eines ist jedenfalls klar und war für alle Muslime im Prinzip auch niemals umstritten: Das Beispiel des Propheten, seine Lebensgewohnheiten, seine Worte sowie sein gesamtes Tun und Lassen, wurde neben dem Koran als dem unveränderlichen Gotteswort zur Richtschnur aller Muslime, der Herrscher ebenso wie der Untertanen. Diese Lebenspraxis Mohammeds bezeichnet man mit dem arabischen Wort *sunna* («Gewohnheit, Brauch»), das im folgenden der Einfachheit halber als Fachwort benutzt wird. Wie wichtig die Sunna für den Islam wurde, ist unter anderem daraus ersichtlich, daß der bedeutende Rechtsgelehrte aš-Šāfiʿī (st. 820), der erstmals die theoretischen Grundlagen (pl. *'uṣūl*) des islamischen Rechts beschrieb, die Sunna dem Koran als zweite Rechtsquelle an die Seite stellte; dies ist bis heute die im Islam allgemein akzeptierte Auffassung.

Aber wie erfuhr man nun von der «Gewohnheit» des Propheten, der Sunna? Sie ist gleichsam Text geworden in Tausenden von zunächst mündlich weitergegebenen Geschichten, die später auch schriftlich fixiert und schließlich in großen Sammlungen zusammengefaßt wurden. Eine einzelne solche aus dem Leben des Propheten überlieferte Geschichte nennt man einen Ḥadīth *(ḥadīṯ;* türk. Aussprache: *hadîs*). Mit diesem Wort bezeichnete man zunächst ganz allgemein eine Mitteilung oder eine Erzählung. So ist z.B. im Koran in Sure 20,9 vom *ḥadīṯ Mūsā* die Rede, und damit ist die «Erzählung von Mose» gemeint. In der Folgezeit hat das Wort Ḥadīth die spezielle Bedeutung «Erzählung von einem Ereignis im Leben Mohammeds» bzw. «Bericht über einen Ausspruch Mohammeds» gewonnen. In einem weiteren Sinne wird das Wort Ḥadīth auch für die Gesamtheit aller einzelnen Ḥadīthe verwendet.

Rein äußerlich können Ḥadīthe von ganz unterschiedlicher Länge sein, also z.B. aus einem ganz kurzen Ausspruch bestehen oder aber auch eine längere Geschichte zum Inhalt haben. Von großer Wichtigkeit ist jedoch auch die formale Eigenheit der Ḥadīthe, die immer zwei Teile enthalten: zum einen den eigentlichen Text *(matn)*, zum anderen die diesem Text vorangestellte Überliefererkette (*'isnād* oder *sanad*). Ein typischer Ḥadīth, den ich hier aus der großen Ḥadīth-Sammlung von al-Buḫārī aus dem Kapitel über die hervorragenden Eigenschaften *(manāqib)* des Propheten entnehme, hat also folgendes Aussehen:

I. *'isnād* (Überliefererkette)	Es überlieferte uns ʿAbdallāh Ibn Yūsuf daß uns al-Laiṯ von ʿUqail von Ibn Šihāb von ʿUrwa Ibn az-Zubair von Aischa (Gott habe Wohlgefallen an ihr!) überlieferte:
II. *matn* (Inhalt)	Daß der Prophet (Gott segne ihn und spende ihm Heil!) im Alter von dreiundsechzig Jahren gestorben ist.

Der Lesbarkeit halber werde ich im folgenden bei der Zitierung von Ḥadīthen den *'isnād* entweder ganz weglassen oder aber im *'isnād* nur die Namen der Überlieferer nennen, wie es aus dem nächsten, nun etwas längeren Ḥadīth aus der Sammlung von al-Buḫārī, «Buch über den Beginn der Offenbarung *(bad' al-waḥy)*», zu ersehen ist:

I. *'isnād* (Überliefererkette)	ʿAbdallāh Ibn Yūsuf – Mālik – Hišām Ibn ʿUrwa sein Vater [= ʿUrwa] – Aischa, die «Mutter der Gläubigen»
II. *matn* (Inhalt)	Al-Ḥāriṯ Ibn Hišām (Gott habe Wohlgefallen an ihm!) fragte den Propheten: Gesandter Gottes! Wie kommt die Offenbarung zu dir? Der Gesandte Gottes entgegnete: Manchmal kommt sie zu mir wie das Geläute von Glocken, und das ist für mich am stärksten; sie läßt von mir ab, wenn ich aufgenommen habe, was sie besagt; und manchmal steht der Engel als Mann vor mir, spricht mich an, und ich nehme auf, was er sagt. Aischa sagte: Ich sah ihn, wie an einem sehr kalten Tag die Offenbarung auf ihn herabkam und dann von ihm abließ: Da war seine Stirn schweißüberströmt.

Beiden Ḥadīthen ist gemeinsam, daß ihr «letztes Glied» in der Kette der Überlieferer Aischa (ʿĀ'iša) ist, nach allgemeiner Auffassung die Lieblingsfrau Mohammeds, die den Ehrennamen «Mutter der Gläubigen» *('umm al-mu'minīn)* trägt und für die stets die feststehende Segensformel «Gott habe Wohlgefallen an ihr!» gebraucht wird. Im allgemeinen endet der Überlieferungsweg eines Ḥadīth in der größtmöglichen Nähe zum Propheten, wie hier bei einer der Frauen Mohammeds oder bei einem der Prophetengefährten.

Bernd Radtke

Islamische Rechtsquellen

Durch das Wirken des Shāfiʿī (gest. 820) setzte sich eine Normierung der Rechtsquellen durch. Die von Shāfiʿī entwickelte Lehre von den *uṣūl al-fiqh,* den Wurzeln oder Grundlagen des Rechts, intendierte eine Zurückdrängung der persönlichen Entscheidung, des *ra'y,* zugunsten «objektiver» Kriterien. Die vier von Shāfiʿī geforderten Wurzeln des Rechts waren 1. der Koran, 2. die *sunna,* 3. der *«consensus doctorum»* (arab. *ijmāʿ*) und 4. der Analogieschluß (arab. *qiyās*). Die persönliche Meinung, der *ra'y,* hatte in diesem System also keinen Platz mehr. Zudem erhielt der Begriff *sunna* durch Shāfiʿī eine neue Bedeutung. Hatte man bis zu Shāfiʿī als *sunna* den Rechtsbrauch bzw. die Rechtstradition der lokalen Rechtsschule verstanden, so erhob dieser nun die Forderung, daß jede *sunna* nur dann anzuerkennen sei, wenn sie als gesichert tradierte *sunna* des Propheten zu belegen sei. Durch und nach Shāfiʿī wurde die *sunna* einer Stadt bzw. lokalen Rechtsschule zur *sunna* des Propheten, die jetzt auch als göttlich inspiriert galt. Die *sunna* des Propheten erhielt den Charakter der ewigen, zeitlosen Norm, während z.B. im 8. Jahrhundert noch Rechtsentscheidungen getroffen wurden, die bewußt im Widerspruch zu Entscheidungen der *sunna* des Propheten standen.

Eine *sunna* des Propheten galt als normativ, wenn sie durch eine gesicherte Kette von Gewährsmännern, die bis zum Propheten zurückreichen mußte, tradiert wurde. Eine Handlungen, Ansprüche oder Lehren des Propheten wiedergebende Tradition heißt *ḥadīth.* Ein Hadith muß aus zwei Teilen bestehen: dem *isnād,* der bis zum Propheten zurückreichenden Gewährsmännerkette, und dem *matn,* der berichteten *sunna* des Propheten. Echtheitskriterium ist nicht der Inhalt, der *matn* des Hadith, sondern der *isnād,* der nur unbescholtene Gewährsmänner enthalten durfte und ohne chronologische Widersprüche sein mußte. Aus der *isnād*-Literatur entwickelte sich die sehr umfangreiche biographische Literatur arabischer Sprache.

Die als echt angesehenen Traditionen über Lehren und Handeln des Propheten wurden im 9. Jahrhundert in sechs als kanonisch geltenden Sammlungen zusammengefaßt. Die beiden wichtigsten sind die des Bukhārī (gest. 870) und des Muslim (gest. 875). Das den westlichen Forscher interessierende Problem der historischen Echtheit der kanonischen Sammlungen – handelt es sich bei den Hadithen nur um Projektionen des 9. Jahrhunderts auf Muḥammad, oder haben wir wirklich authentische Berichte, zumindest teilweise, über Muḥammad vor uns? – ist eines der schwierigsten der Islamwissenschaft und bisher nicht entschieden.

Die Forderung nach einem lückenlosen *isnād* bis auf den Propheten bedingte ein Weiteres: die Anerkennung aller Prophetengenossen *(ṣaḥāba)* als Autoritäten, was wiederum die Anerkennung aller ersten vier Kalifen, Abū Bakr, ʿUmar, ʿUthmān und ʿAlī, als rechtgeleitet *(rāshidūn)* nach sich zog. Ihr Rang untereinander wurde nach ihrem zeitlichen Auftreten bewertet. Beide Anschauungen bildeten und bilden noch immer einen scharfen Gegensatz zur schiitischen Lehre. Unannehmbar für die Schia ist, alle Prophetengenossen als Übermittler der auch von den Schiiten als heilig angesehenen *sunna* zu akzeptieren, da sich viele Prophetengenossen in den Augen der Schiiten durch ihre Hintansetzung ʿAlīs schwer vergangen und versündigt haben; unannehmbar für die Schia ist auch die Voranstellung von Abū Bakr vor ʿAlī. Beide Fakten, die Anerkennung aller Prophetengenossen und die Anerkennung der vier ersten Kalifen als rechtgeleitet, begegnen in den Glaubensbekenntnissen der Gemäßigten des 9. Jahrhunderts als wesentliche Punkte. […]

Es hieße die islamische Wirklichkeit gründlich mißverstehen, wenn unerwähnt bliebe, daß das islamische Recht, die *sharīʿa,* um den gebräuchlichen Terminus zu benutzen, zu keiner Zeit absolute Anwendung gefunden hat. Die Spannung zwischen idealtypischer *sharīʿa* und materieller Rechtswirklichkeit ist eines der Hauptprobleme islamischer Geschichte. Die Schwäche der *sharīʿa* bei der Bewältigung der Rechtswirklichkeit ist nicht zuletzt in der Erstarrung der Formen der Rechtsfindung im 9. Jahrhundert begründet, als die Sammlung der Rechtsquellen für abgeschlossen erklärt und ihrem Inhalt sakrosankter Charakter zugesprochen wurde. Die Schwäche der *sharīʿa* resultiert jedoch auch aus der angreifbaren Stellung ihrer Träger in der Öffentlichkeit, die immer der Willkür der Machthaber ausgeliefert, oft auch nur allzu schnell bereit waren, den Forderungen der Machthaber nachzukommen. Ausnahmen wie Aḥmad ibn Ḥanbal und Ibn Taimīya waren selten.

Tilman Nagel

Ein gesetzesstrenges Elternhaus

ʿAbdallāh b. Jūsufs Lebensführung war mustergültig für einen Muslim, der sich sein ganzes Dasein, bis in die kleinste Kleinigkeit, einzig und allein unter dem Eindruck des drohenden Endgerichts formte. Da bewohnte er in Nischapur ein Haus, das, wie im Orient üblich, die Seitenwände mit den Anwesen der Nachbarn zur Rechten und zur Linken gemeinsam hatte: ʿAbdallāh b. Jūsuf wagte es nicht, sich gegen diese Seitenwände zu lehnen oder in sie einen Nagel einzuschlagen – er hätte sich damit ja irgendwie einen Vorteil aus einer Sache verschaffen können, die ihm nicht allein gehörte, und das wäre unrechtmäßig erworbenes Gut gewesen, und das wiederum ist, wie der Koran an vielen Stellen einschärft, eines der sichersten Mittel, in die Hölle zu kommen! Die jedem Muslim auferlegte jährliche Zakāt-Abgabe entrichtete ʿAbdallāh b. Jūsuf aus Vorsicht zweimal – sie könnte doch jemandem zufallen, der nach der Scharia keinen Anspruch auf sie hat –, oder er, ʿAbdallāh b. Jūsuf, hatte sie womöglich gezahlt, ohne zuvor ganz bewußt eine Absichtserklärung zu formulieren, und ohne die wäre doch die Erfüllung der Pflicht nicht auf das Register der guten Taten anrechenbar!

Dies ist das Milieu, in das ʿAbd al-Malik al-Ǧuwainī am 17. Februar 1028 hineingeboren wurde. Noch als seine Mutter mit ihm schwanger war, hatte sein Vater für sie nur Speisen gekauft, für die er das Geld «mit der Arbeit seiner Hände», wie die Quellen sagen, verdient hatte. Die Nahrung sollte gänzlich und gewiß frei sein von jedem Hauch des Verdachts, auf unerlaubte Weise erworben zu sein. Und seine Einkünfte aus Lehr- und Gutachtertätigkeit waren zwar ohne Frage beachtlich, aber sie waren auch bedenklich. Einst, zur Zeit des Propheten, hatten einige arme Leute von jemandem die heilige Offenbarung und den liturgischen Vortrag des Korans gelernt und schenkten ihrem Lehrer zum Dank, da sie nichts anderes hatten, einen Bogen. «Dies ist ja kein Geld», dachte sich der Mann, «ich will ihn benutzen, um für die Sache Gottes zu kämpfen. Erst aber will ich zum Gottesgesandten gehen und ihn fragen!» «Nur wenn du willst, daß man dir dereinst einen Reifen von Feuer um den Hals legt, dann nimm ihn an!» warnte der Prophet. – «Nie hat jemand eine bessere Speise genossen als die, die er durch seiner Hände Arbeit erwarb! Schon der Prophet David hat sich von der Arbeit seiner Hände ernährt.» Auch dies ist ein Wort Muḥammads. – Einmal widerfuhr es al-Ǧuwainī, daß er während einer Disputation zu stammeln begann. Besorgt fragte man ihn, ob ihm etwas fehle, da man dergleichen bei ihm noch nie bemerkt hatte. «Dies sind bestimmt die Folgen des Restes von jenem Schlückchen!» antwortete er und erklärte: «Ich war noch ein Säugling; da war meine Mutter eines Tages dabei, meinem Vater Essen zuzubereiten. Nun fing ich an zu weinen. Es war eine Magd zugegen, die bei unseren Nachbarn als Amme diente. Sie ließ mich ein oder zwei Schlückchen von ihrer Milch trinken. Da trat mein Vater ein und mißbilligte das, denn jene Magd war nicht unser Eigentum, konnte nicht über ihre Muttermilch frei verfügen, und ihre Herren hatten ihr dies nicht erlaubt. Und der Vater drehte mich kopfüber und ließ mich erbrechen, bis ich meinen ganzen Mageninhalt von mir gegeben hatte.» Das Stammeln sei auf die geringen in ihm verbliebenen Reste jener nach der Scharia unrechtmäßig erworbenen Nahrung zurückzuführen. «Betrachte diesen merkwürdigen Vorfall und diesen erstaunlichen Mann: Er rechtet mit sich selber wegen einer Winzigkeit, die ihm im Säuglingsalter unterlief, in dem es noch gar keine ‹Belastung› mit der Scharia gibt!» mahnt al-Ǧuwainīs Biograph den Leser.

Es wird uns nicht mehr wundern, wenn wir lesen, daß al-Ǧuwainīs Vater jeglichem Scherz gänzlich abgeneigt war. Ständig verbreitete er um sich eine Atmosphäre des Ernstes und redete allein über das heilbringende Wissen von Gottes Scharia und von der Theologie, über die Kunst der Askese und über die Notwendigkeit des Studiums.

Christian Szyska

Menschenrechte im Islam

Schon früh wurden in islam. Philosophie, Theologie und im Recht die Rechte des Individuums im Unterschied zu den Rechten der Herrscher festgestellt. Mit dem zunehmenden Kontakt zu Europa verbreiteten sich dann die Konzepte der Aufklärung und Vorstellungen der Französ. Revolution. Zur gleichen Zeit drängten bürgerliche Eliten im Osman. Reich angesichts von Zentralisierungsbestrebungen der Regierungen auf Verfassungen, die die Rechte von Individuen verbriefen. Das *Hatt-i şerif* («Großherrscherliches Handschreiben») von 1839 und die *Hatt-i hümayun* («Erlaß des Sultans») von 1856 z.B. garantierten dem Individuum die Sicherheit von Leben, Ehre, Eigentum und einen fairen Prozeß. Im *Hatt-i hümayun* wurde Diskriminierung aufgrund von Rasse und Sprache verboten. In der allerdings bald ausgesetzten und erst 1908 wiederbelebten Osman. Verfassung von 1876 wurden im Abschnitt *Huquq-i umumiye* («Allgemeine Rechte») allgemeine Freiheiten garantiert, darunter auch das Recht der uneingeschränkten Religionsausübung. Als Mitgründer der Vereinten Nationen schlossen sich die meisten muslim. Staaten der Allgemeinen Erklärung der Menschenrechte vom 10.12.1948 an. Große Unterschiede gibt es bei der Unterzeichnung verschiedener Menschenrechtsdeklarationen. Durch die gegenwärtig zunehmende Bedeutung von islam. Rechtssystemen als Identitätsmerkmal muslim. Staaten kommt es zu Konflikten zwischen naturrechtlichen Herleitungen der Rechte und der Unverletzlichkeit des Individuums einerseits sowie den auf dem Prinzip der Souveränität Gottes aufbauenden Rechtskonzepten andererseits. Von der Organisation der Islam. Konferenz wurde 1990 die «Kairoer Deklaration für Menschenrechte im Islam» verabschiedet, die jedoch von dem folgenden Gipfeltreffen der Staatsoberhäupter nicht ratifiziert wurde. Diese wie auch andere Erklärungen zeigen, daß Muslime Menschenrechte als normativ anerkennen und es Bemühungen zur Angleichung gibt. In der Erklärung werden viele Konzepte und Termini der Menschenrechtserklärung der Vereinten Nationen übernommen, jedoch gibt sie im Konfliktfall Vorschriften der Scharia den Vorrang. Das Recht auf Leben und die Menschenwürde werden koran. legitimiert (Suren 6:151,17:70, 33:72). Einschränkungen gegenüber den allgemeinen Menschenrechten bedeuten folgende Punkte: Die Gleichheit von Frauen und Männern wird in bezug auf ihre «Würde», nicht aber in ihren Rechten festgestellt (Artikel 6). Aufgrund des Apostasieverbotes wird religiöse Freiheit so verstanden, daß lediglich Nichtmuslime ihre Religion wechseln können. Der Abfall vom Islam steht hingegen unter Strafe. Auch die Freiheit des Wortes wird unter dem Vorbehalt eines Blasphemieverbotes gestellt. Menschenrechtsbewegungen in muslim. Ländern sind zahlreich. 1933 wurde eine der ersten im spanischen Protektorat in Marokko gegründet. Die meisten Bewegungen entstanden in den 1980er Jahren, oft gegen den Widerstand der Regierungen, in Iran z.B. das «Iran. Komitee für die Verteidigung von Menschenrechten», in der arab. Welt ist die vielleicht wichtigste Organisation die «Arab. Organisation für Menschenrechte».

Heinrich und Marie Simon

Göttliche Allmacht und menschliche Freiheit

Vom 8. Jahrhundert an entwickelten sich innerhalb des Islams Bestrebungen, die bis dahin weitgehend unreflektierten religiösen Vorstellungen geistig zu durchdringen. Diese Tendenzen werden insgesamt als Kalam (Gespräch) bezeichnet, und es wird darunter die verstandesmäßige Diskussion von Glaubenssätzen gefaßt. Im Mittelpunkt dieser Erörterungen stehen zwei Fragen, die der Einheit Gottes und die seiner Gerechtigkeit. Diejenigen Gelehrten, die diese Behauptung der göttlichen Einheit und Gerechtigkeit zum Kern ihrer Ansichten machten, werden als Mutaziliten (sich Absondernde) bezeichnet. Später bedienten sich auch ihre Gegner der gleichen Methoden, um den traditionellen Standpunkt aufrechtzuerhalten, so daß sowohl die rationalistische islamische Theologie als auch die Argumentation der Traditionalisten als Kalam bezeichnet wird. Diese Problematik, die mit einem großen Aufwand an Scharfsinn und Spitzfindigkeit diskutiert wurde, ist keineswegs so fern von gesellschaftlichen Bezügen, wie das auf den ersten Blick zu sein scheint. Sicher ging es den islamischen Gelehrten, die diese Diskussion initiierten, auch darum, einer von Anthropomorphismen gereinigten Gottesvorstellung Geltung zu verschaffen, und zwar gegenüber einer Orthodoxie, die die Lehren des Korans völlig wörtlich nahm. Jedoch sind die behandelten Fragen hinsichtlich ihres Entstehens und auch in bezug auf ihre Konsequenzen eng mit der gesellschaftlichen Situation verknüpft. Die Behauptung der absoluten Gerechtigkeit Gottes führt zur Beschränkung göttlicher Allmacht. Gott kann nicht anders als gerecht handeln, seine Handlungen zielen notwendig auf das Heil des Menschen, auf die Belohnung des Guten und auf die Bestrafung des Bösen ab. Demgegenüber wird die Freiheit des menschlichen Willens betont, denn nur unter der Voraussetzung, daß der Mensch frei über seine Handlungen entscheiden kann, entspricht der göttliche Lohn bzw. die göttliche Strafe, die der Mensch erfährt, den Anforderungen der Gerechtigkeit. Wäre alles vorherbestimmt, dann dürfte Gott den Menschen nicht für seine Taten verantwortlich machen. Bereits vor dem Aufkommen des Kalam hat die Frage der Prädestination bzw. der menschlichen Eigenverantwortlichkeit innerhalb des Islams eine Rolle gespielt, als die Herrschaft der Omaijaden ihrem Ende entgegenging und der Staat sich in seiner Struktur änderte, indem er von einem arabischen zu einem islamischen Reich wurde, in dem die Bekenner des Islams, unabhängig von ihrer völkischen Zugehörigkeit, die führende Position einnahmen und den bis dahin herrschenden arabischen Blutadel ablösten. Die omaijadischen Kalifen sahen ihren Herrschaftsanspruch als durch die göttliche Vorherbestimmung legitimiert; dieser von Gott sanktionierten politischen Ordnung sollten sich die Untertanen zu fügen haben. Es entbehrte daher nicht der politischen Brisanz, wenn in der ausgehenden Omaijadenzeit Theologen auftraten, die gegenüber der Prädestination die Verantwortung des Menschen für sein Handeln, die «Schöpfung der Taten» betonten.

Werner Ende

Die Ursprünge der Zwölferschia

Etwa 10 bis 15% der muslimischen Weltbevölkerung der Gegenwart gehören zur schiitischen Konfessionsgemeinschaft des Islams. Deren zahlenmäßig bei weitem bedeutendste Gruppe ist die der Zwölferschia (arab. *ithnā ʿasharīya*). Ihre Hochburgen hat sie seit Jahrhunderten im Süd-Irak, in Iran und in einigen Regionen des indo-pakistanischen Subkontinents (z.B. Lucknow). Bedeutende, religiös-politisch z.T. recht aktive zwölferschiitische Minderheiten gibt es in Afghanistan, im Libanon, im ehemals sowjetischen Zentralasien, in der Türkei, auf Bahrain und in den Küstenregionen der arabischen Golfländer. [...]

Ausgangspunkt der Entstehung der schiitischen Konfession

im Islam ist der Streit in der frühislamischen Gemeinde nach dem Tode Muḥammads – der selbst keine ihn überlebenden Söhne hatte – um die Leitung der Gemeinde. Es scheint, daß Muḥammad keine eindeutige Verfügung hinsichtlich dieser Frage getroffen hatte. Jedenfalls ist dies bis heute die Ansicht der Sunniten. In Abwesenheit ʿAlīs, der sich der Überlieferung zufolge um die Vorbereitung der Beerdigung des Propheten kümmerte, einigte man sich auf Abū Bakr, einen der frühesten Anhänger Muḥammads. Die tatsächlichen Ereignisse jener Zeit sind für die heutige historisch-kritische Forschung schwer festzustellen. Es geht im folgenden im wesentlichen darum darzulegen, was die Zwölferschiiten für die historische Wahrheit halten.

Das schiitische Geschichtsbild

Die Zwölferschia ist mit den anderen (z.T. untergegangenen) schiitischen Strömungen und Schulen durch die Überzeugung verbunden, daß ʿAlī ibn Abī Ṭālib nach dem Willen Gottes der erste Nachfolger (Kalif, von arab. *khalīfa*, vgl. z.B. Koran 2:30 und 38:26) des Propheten in der Leitung der Gemeinde (d.h. aus späterer Sicht: des Staates) hätte sein sollen. Besonders wichtig für die schiitische Argumentation in dieser Sache sind Äußerungen, die Muḥammad auf dem Wege nach Medina, bei der Rückkehr von seiner letzten Wallfahrt nach Mekka, im März 632 n.Chr. am Teich von Khumm (arab. *ghadīr Khumm*) mit Bezug auf ʿAlī getan haben soll. Es geht hier vor allem um den Satz: «Der, dessen Herr [arab. *maulā*] ich bin, dessen Herr ist auch ʿAlī.» Zur Erinnerung an dieses für das schiitische Geschichtsverständnis äußerst wichtige Ereignis wird bei den Zwölferschiiten alljährlich das Ghadir-Fest *(ʿīd alghadīr)* – in Iran seit Jahrhunderten als offizieller Feiertag – begangen. Neben denen vom *ghadīr Khumm* kennt die schiitische Überlieferung noch zahlreiche andere Aussprüche des Propheten (Hadithe), in denen ʿAlī und die späteren Imame als Leiter der Gemeinde und höchste Autoritäten der islamischen Glaubenslehre nach Muḥammad bezeichnet werden, z.B. «Oh ihr

Menschen! Ich hinterlasse euch zwei Kleinodien; an sie haltet euch, dann werdet ihr nach meinem Tode nicht irregehen: das Buch Gottes und meine Nachkommenschaft, die Familie des Hauses [arab. *ahl al-bait*].» Daß mit der «Familie des Hauses» ʿAlī und seine Nachkommen gemeint sind, ergibt sich nach schiitischer Überzeugung eindeutig aus einer Reihe von Koranversen, so besonders 33:33 und 42:23. Die daran anschließende historisch-theologische Rechtfertigung ist das Ergebnis späterer, jahrhundertelanger Entwicklung.

Die Sunniten geben den von den Schiiten als Beweise herangezogenen Koranversen und den entsprechenden Hadithen (soweit sie sie, wie die vom *ghadīr Khumm*, als authentisch anerkennen) eine andere, den Anspruch der Schia negierende Auslegung. Sowohl unter Abū Bakr (reg. 632–634) als auch unter ʿUmar (reg. 634–644 n. Chr.) scheint ʿAlī weder militärische noch (mit einer Ausnahme unter ʿUmar) zivile Posten übernommen zu haben. Die Zahl seiner Anhänger hinsichtlich des Kalifatsanspruchs war – auch und gerade nach schiitischer Überzeugung – sehr klein. Von der arabischen Bezeichnung für diese Parteigänger ʿAlīs, *shīʿat ʿAlī* (Partei ʿAlīs), sind die Termini Schia, Schiit etc. abgeleitet. Auch hier hat die spätere schiitische Lehre es verstanden, den Koran zur Rechtfertigung ihres Standpunktes bzw. ihres Geschichtsverständnisses heranzuziehen: Der Koranvers 37:83, in dem das Wort *shīʿa* vorkommt («Von seiner [d.h. im Zusammenhang: Noahs] Art [od. Partei, *shīʿa*] war auch Abraham») wird als Beweis für den besonderen Platz dieser, der wahren Gemeinde des Islams in der göttlichen Vorsehung, ja als Beweis für ihre Existenz vor dem Auftreten Muḥammads und für ihre Beziehung zu den Patriarchen (nach muslimischer Auffassung: Propheten) des Alten Testaments gewertet.

Ein typisches Beispiel dafür ist z. B. die Deutung, die einem Koranvers gegeben wird, der dem strengen Monotheismus des Islams zu widersprechen scheint und daher die Theologen immer wieder beschäftigt hat: In Koran 2:34 heißt es, Gott habe den Engeln befohlen, sich vor Adam niederzuwerfen. Dieser Vers erhält in der schiitischen Überlieferung dadurch einen tieferen, alle Zweifel auflösenden Sinn, daß er mit

Hadithen über die Prä-Existenz Muḥammads, ʿAlīs, Fāṭimas, Ḥasans und Ḥusains, d.h. ihre Erschaffung lange Zeit vor Adam, in Verbindung gebracht wird: Als Gott Adam schuf, setzte er diese fünf in dessen Lenden. Der Befehl an die Engel, sich vor Adam niederzuwerfen, war also eine Prüfung ihres Gehorsams gegenüber Gott und zugleich ein Zeichen ihrer Ehrerbietung vor Muḥammad, Fāṭima und den drei ersten Imamen.

Einer der bekanntesten schiitischen Hadithe ist der, wonach ʿAlī bei Muḥammad den gleichen Rang habe wie Aaron bei seinem Bruder Moses (vgl. Koran 25:35 und 2. Mose 4, 14–16).

Hinsichtlich der Frage, welchen Nachkommen ʿAlīs nach ihm die Leitung der Gemeinde hätte zufallen sollen bzw. tatsächlich zugefallen ist, welche besonderen, mehr oder weniger übermenschlichen Eigenschaften diese Leiter und theologischen Autoritäten besaßen, gingen die Meinungen im innerschiitischen Milieu sehr bald auseinander. Gemeinsam ist allen schiitischen Gruppen die Überzeugung, daß Gott selbst entschieden und durch Muḥammad der frühen Gemeinde verkündet hat, wer erster Nachfolger des Propheten in der Leitung der Gemeinde sein sollte – nämlich ʿAlī. Die Wahl Abū Bakrs ist somit nichtig; der bei sunnitischen Theoretikern in der Gegenwart beliebte Hinweis auf den demokratischen Charakter der Herrscher-Findung im frühen Islam, nämlich durch Beratung (arab. *shūrā*), ist, sofern er auf die Imamats-Würde ʿAlīs bezogen wird, aus schiitischer Sicht absurd.

Da die Mehrzahl der Prophetengefährten ʿAlīs Anspruch nicht unterstützt, also Gottes Willen mißachtet hat, hat sie sich nach schiitischer Auffassung schwer versündigt. Schriften über die Missetaten dieser Prophetengefährten einschließlich einiger Gattinnen des Propheten bilden einen nicht unbedeutenden Teil der schiitischen Literatur. In späteren Jahrhunderten wurde es üblich, auf die schriftliche oder mündliche Nennung ihrer Namen eine Fluchformel folgen zu lassen. Dieser Brauch ist durch schiitische Dynastien als demagogisches Mittel im Kampf gegen sunnitische Gemeinschaften bzw. Staaten bewußt gefördert (bzw. initiiert) worden, so etwa von den Safawiden in ihrer Auseinandersetzung mit den Osmanen. Desgleichen wurde – entgegen der Praxis in den ersten Jahrhunderten des Islams – vermieden, schiitischen Kindern die Namen dieser «abtrünnigen» Prophetengefährten zu geben, also Mädchen z. B. den Namen ʿĀʾisha (die Witwe des Propheten, die diesen Namen trug, war im «ersten Bürgerkrieg» des Islams gegen ʿAlī in den Krieg gezogen) und Jungen die Namen Abū Bakr, ʿUmar, ʿUthmān etc. Während schiitische Modernisten heute die Verwendung jener Fluchformeln im allgemeinen vermeiden bzw. sich eindeutig gegen diesen Brauch aussprechen, kommen die Namen der «abtrünnigen» Prophetengefährten bei Schiiten auch in der Gegenwart nicht vor.

Zu den wenigen Prophetengefährten, die nach schiitischer Überzeugung ʿAlī – und damit dem wahren Islam – die Treue gehalten haben, gehören Abū Dharr al-Ghifārī, ʿAmmār ibn Yāsir, Salmān al-Fārisī und Miqdād ibn ʿAmr. Besonders die drei Erstgenannten spielen im Bewußtsein der Masse der schiitischen Gläubigen bis heute eine erhebliche Rolle: Abū Dharr gilt als tapferer Vorkämpfer des Prinzips der sozialen Gerechtigkeit, ʿAmmār wird als historischer Zeuge für die Rechtfertigung der *taqīya* genannt, und Salmān al-Fārisī, ein Mann aus Iran, der als Sklave nach Medina und in das Haus des Propheten gekommen sein soll und Muslim wurde, gilt insbesondere frommen Persern als Beweis für die frühe Verbindung ihrer Nation mit dem Islam.

Die Sunniten akzeptieren den schiitischen Vorwurf gegen die Mehrheit der Prophetengefährten nicht. Sie sehen in ʿAlī einen der verdienstvollsten Mitstreiter Muḥammads und den vierten und letzten der von ihnen hoch verehrten «rechtgeleiteten» Kalifen, nach dessen Tod mit der erblichen Herrschaft der Omaiyaden auch nach sunnitischer Mehrheitsmeinung ein in religiöser Hinsicht kritikwürdiges (wenn auch nicht, wie die Schiiten behaupten, weitgehend unislamisches) Regime einsetzt.

Historisch gesehen ist die Gleichstellung ʿAlīs mit den drei ersten Kalifen das Ergebnis einer gewissen «Schiitisierung» des sunnitischen Geschichtsbildes. Freilich können die Sunniten keinesfalls die zwölferschiitische Auffassung akzeptieren, ʿAlīs drei Vorgänger seien letztlich Usurpatoren gewesen. Schiiten und Sunniten haben ein unterschiedliches Bild von der frühislamischen Geschichte und deren religiöser Bedeutung. Völlige Übereinstimmung wird sich ungeachtet aller Bemühungen um Annäherung nicht herstellen lassen.

Der Streit um die religiös-politische Leitung der Gemeinde, der der konfessionellen Trennung zwischen Schiiten und Sunniten zugrunde liegt, hat in der Folgezeit zu mehr oder weniger unterschiedlichen Entwicklungen ihres jeweiligen Rechtssystems (bes. im Ehe- und Erbrecht) und zu unterschiedlichen Ausprägungen ihres Glaubenslebens geführt. Aber auch innerhalb der religiös-politischen Strömung, die die Leitung der islamischen Gesamtgemeinde *(umma)* bei der Familie des Prophetenhauses sehen wollte, hat es schon bald nach dem Tode ʿAlīs (661 n. Chr.) Spaltungen gegeben. Diese haben ihrerseits zu weiteren Sonderentwicklungen im religiösen Recht und im Glaubensleben geführt. Ausgangspunkt jener innerschiitischen Spaltungen war zunächst die Frage, wer zu den Angehörigen des Prophetenhauses *(ahl al-bait)* zu zählen sei. Ursprünglich scheint die Ansicht weit verbreitet gewesen zu sein, daß potentiell jeder Abkömmling ʿAlīs einen Anspruch auf das Imamat erheben konnte. Die Abstammung aus der Ehe mit Fāṭima (nach deren Tod ʿAlī aus seiner Verbindung mit einer Frau vom Stamme der Banū Ḥanīfa einen Sohn hatte, der nach dem Tode Ḥusains vielen Gläubigen als rechtmäßiger Imam galt) war keineswegs so bedeutsam, wie sie im nachhinein (aus zwölferschiitischer Sicht) erscheint.

Werner Ende

Volksfrömmigkeit bei den Schiiten

Im zwölferschiitischen Volksglauben und in der entsprechenden Literatur spielt die Verehrung für Fāṭima eine Rolle, die in mancher Hinsicht an die Marien-Verehrung im christlich-katholischen Bereich erinnert. Nicht selten wird sie direkt mit Maryam (Maria), der Mutter Jesu, verglichen. In den Passionsspielen im Monat *Muḥarram*, in denen die Leidensgeschichte der Imame (auch hier wieder besonders Kampf und Tod Ḥusain ibn ʿAlīs bei Kerbela) und der anderen Märtyrer der Schia theatralisch dargestellt wird, spielt Fāṭima eine wesentliche Rolle.

Diese Passionsspiele enthalten eine große Zahl von Legenden und phantastischen Ausschmückungen, einschließlich frei erfundener Hadithe. Viele der orthodoxen Theologen der Zwölferschia beurteilen die Passionsspiele und die ihnen vorangehenden bzw. folgenden Prozessionen mit Skepsis oder gar eindeutiger Ablehnung. Sie haben es aber nicht vermocht (und auch nicht entschieden versucht), diese Spiele zu unterbinden oder im Sinne der orthodoxen Lehre zu reformieren. Dies gilt auch für ihre ambivalente Haltung gegenüber den Selbstgeißelungen und Selbstverletzungen mit Ketten bzw. Schwertern (als Zeichen der Trauer um die Märtyrer-Imame), die seit Jahrhunderten einen festen Bestandteil der *Muḥarram*-Feierlichkeiten darstellen. Die religiöse Erregung, in die alljährlich in den Trauer-Veranstaltungen des *Muḥarram (taʿziya)* Hunderttausende schiitischer Gläubiger geraten, hat sich als äußerst wirksames Mittel erwiesen, schiitische Vorstellungen in der Masse des Volkes zu verbreiten bzw. wachzuhalten und diese Menschen gegen angebliche oder tatsächliche Feinde des schiitischen Islams zu mobilisieren. In der iranischen Revolution von 1978–79 hat sich dies eindrucksvoll erwiesen. Freilich kann diese Erregung der Frommen überall dort, wo die *taʿziya*-Veranstaltungen in der Nachbarschaft von Sunniten stattfinden, auch zu Zwischenfällen führen, die den *ʿulamāʾ* in der Regel unerwünscht sind. So gibt es z.B. in Indien und Pakistan immer wieder einmal inter-konfessionelle Zusammenstöße, wenn Sunniten sich durch die bei den *Muḥarram*-Prozessionen da und dort allzu laut werdende Verfluchung von Prophetengefährten herausgefordert fühlen.

Nach zwölferschiitischer Lehre ist nur der ein wahrer Gläubiger, der den Imam seiner Zeit (seit 874 n.Chr. also den zwölften, verborgenen) kennt und anerkennt. Die Imame können bei Gott für die Mitglieder ihrer Gemeinde Fürsprache einlegen. Der Besuch ihrer Gräber ist ein verdienstvolles, segenverheißendes Werk. Die Ablehnung des Gräberkults (bis hin zur Zerstörung von Grabkuppeln), die in weiten Bereichen der sunnitischen Welt unter dem Einfluß der *Salafīya*-Bewegungen Anhänger gewonnen hat, ist für die Zwölferschiiten unannehmbar. Die Zerstörung der Kuppeln über den Gräbern der Imame in Medina durch die Wahhabiten im Jahre 1926 (wie bereits schon einmal 1806) ist bis in die Gegenwart in der schiitischen Welt unvergessen und immer wieder einmal Anlaß für schiitische Würdenträger, bei der saudi-arabischen Regierung für eine zumindest partielle Restaurierung zu plädieren. Ein Besuch *(ziyāra)* bei den Gräbern der Imame (z.B. bei ʿAlī ar-Riḍā in Meschhed, dem einzigen Imam der Zwölfer, der auf dem Boden Irans begraben liegt) enthebt nach orthodox-zwölferschiitischer Auffassung nicht von der Pflicht zur Pilgerfahrt *(ḥajj)* nach Mekka, gilt aber dem Bewußtsein der frommen Masse als etwas zumindest Vergleichbares. Auch die Gräber der zahllosen Abkömmlinge der Imame (pers. *imāmzādah*) sind Gegenstand der Verehrung. Im Iran sind dies vor allem die folgenden: das Grab der Schwester des achten Imams ʿAlī ar-Riḍā, Fāṭima, genannt Ḥaḍrat-i Maʿṣūma (etwa: die Sündlose), in Qum (einem frühen Zentrum der Schia in Iran); Ḥaḍrat-i ʿAbd al-ʿAẓīm bei Teheran; Shāh Čirāgh in Schiras und Shāh Niʿmatullāh Walī bei Kerman.

Die meisten schiitischen Mekka-Pilger schließen an ihre Pilgerfahrt einen Besuch auf dem Friedhof Baqīʿ al-Gharqad in Medina an, um die Gräber der dort bestatteten vier Imame und anderer Angehöriger des Hauses des Propheten zu besuchen. Vor allem die Pilger aus Iran verbinden ihre Hin- oder Rückreise nach Möglichkeit auch mit einer *ziyāra* zu den Imam-Gräbern im Irak. Um die Gräber der dort bestatteten Imame sind bedeutende Wallfahrtsorte entstanden. Besonders Kerbela und Nadschaf sind von weitläufigen Friedhöfen umgeben: Seit Jahrhunderten sind die Leichname frommer Schiiten, die im Tode ʿAlī und Ḥusain nahe sein wollten, dorthin überführt worden. Außerdem geschieht es häufig, daß Schiiten sich in höherem Alter in einem der Wallfahrtsorte niederlassen, um die letzten Jahre ihres Lebens in der «Nachbarschaft» *(mujāwara)* eines Imams zu verbringen und dort beerdigt zu werden.

Gerhard Endreß

Askese und Mystik

Wie im Judentum und im Christentum, so hat auch im Islam die Furcht vor dem gerechten Gott Menschen in Askese, Weltflucht und quälende Gewissensnot geführt. Und auch hier haben einzelne in einsamer Meditation Erleuchtung von Gott und Begegnung, ja spirituelle Vereinigung mit Gott gesucht. Die Frömmigkeit der Sufis baut nicht auf die Garantien der kollektiven Religionsgemeinschaft, der öffentlichen Religion – ein so charakteristisches, ja konstituierendes Moment des offiziellen Islams –, sondern sucht in Abkehr und Widerspruch persönliche Heilsgewißheit. Aber auch das Vorbild des Propheten ließ sich für den Weg der Sufis geltend machen: Auch er war als Einsamer, in asketischem Rückzug vor den Weltmenschen und nach inbrünstiger Gottsuche der Theophanie teilhaftig geworden; die Schrecken des Gerichts und die Mahnung zur Umkehr hatten zum ersten und eindringlichsten Inhalt seiner Botschaft gehört.

Als Nachfolge des Propheten lassen sich die Frömmigkeit und die Warnpredigt der frühen Asketen begreifen, beispielhaft im überlieferten Werk des Hasan von Basra (gest. 728). In der skrupulösen Gewissensbefragung des Muhasibi (gest. 857) geht die Absage an Besitz und Streben der Welt einher mit der subtilen Dialektik des Kalam. Sein Zeitgenosse Ǧunaid (gest. 910) schließlich gehörte zu den Wegbereitern der eigentlichen Mystik im Streben nach liebegetragener Gottesvereinigung. [...] Im Paradigma der Liebe, der Selbstidentifikation des Liebenden mit dem geliebten Gegenstand – «Ich bin du», ein Grundmotiv sufischer Dichtung – überwinden die Mystiker die Entfremdung zwischen der Religion des Gesetzes, der rationalen Erkenntnis *(ilm)* und der Religion der intuitiven Gnosis *(maʿrifa)*.

Von dorther öffneten sich verschiedene Wege mystischen Denkens und Tuns, nüchterne Praxis der selbstverneinenden Askese und rauschhafte Steigerung der Kontemplation. In der «trunkenen» Mystik des Abu Yazid al-Bistami (gest. 874?) und des Hallağ (hingerichtet 922) erhielt die Unio Mystica den Anschein der Blasphemie: Das ekstatische «Ich bin Gott» des Hallağ brachte ihn ans Kreuz. Seine Nachfolger haben mit den Metaphern gnostischer Philosophie (schon Plotin ist unter ihren Lehrern) das Skandalon der Selbstvergottung vermieden. Aber auch Suhrawardi, der Verkünder mystischer Illumination, wurde als Ketzer hingerichtet (1191), und Ibn Arabi (1165–1240), der große Theoretiker des sufischen Monismus und Pantheismus – Liebender, Geliebter und Liebe, Gott, Mensch und Welt fallen in eins zusammen –, blieb auch unter denen umstritten, die sich von der Tiefe und Aufrichtigkeit seines Denkens angezogen fühlten. Umstritten, der Häresie verdächtig waren viele Mystiker auch deshalb, weil die Auflehnung des Gottseligen gegen die beschränkende Pflichtenlehre des Gesetzes zum Leitbild antiautoritärer Volksbewegungen wurde.

Die Sufiya wurde das geistige Band neuer Formen religiöser Gemeinschaft, von esoterischen Zirkeln bis hinunter zum proletarischen Vagantentum im Asketengewand des «Armen» (arab. *faqir*, pers. *darwiš*); Kreise, die in neuen Formen ritualisierten Gottesdienstes, in gemeinsamer Rezitation (*dikr*, die unaufhörliche «Nennung» des Gottesnamens) und in Oratoriengesang, Musik und Reigentanz (*sama*, das «Anhören» solcher Darbietungen) Inspiration beim Aufstieg zu den Stationen *(maqamat)* des mystischen Weges, zur Entwerdung *(fana)* und zum Einswerden mit der Gottheit suchten. Die Sufiya beeinflußte das Gemeinschaftsleben in den Grenzfesten der Glaubenskämpfer *(gazi)* am Rande der islamischen Welt ebenso wie die städtischen Solidaritätsbünde der Futuwa. Bruderschaften, organisierte Orden entstehen. Die Adepten *(murid)* sammeln sich um einen Meister (arab. *šaih*, pers. *pir*) des mystischen Pfades, erhalten von ihm in Riten der Initiation die Kutte *(hirqa)* der Eingeweihten. Mit der Entstehung der

Orden, seit dem Ende des 10. Jahrhunderts, erhält die sufische Bewegung ihre höchste soziale und politische Bedeutung. In ihnen wird der Individualismus der Mystiker gemeinschaftsbildend.

Roy Mottahedeh

«Du wirst das Licht sehen»

Nicht lange nach dem Frühgebet mit Maraschi fragte Ali seinen Vater, ob er bei einem «Führer» – so heißen die Lehrer der Mystik – Unterricht in der Mystik nehmen könne. Sein Vater empfahl einen Lehrer, der die vorgeschriebenen Texte unterrichtete, bei dem Ali aber noch keinen Unterricht gehabt hatte. Am Freitag, dem Tag der Ruhe, ging Ali zu der vom Vater empfohlenen Stunde zum Haus dieses Lehrers. [...] Er stellte Ali einfache Fragen: Wie sehen Sie die Menschen? Wie sehen Sie die Imame? Was denken Sie über Gott? Ali fühlte sich zum Reden ermutigt, und der Lehrer schien ihm durch gelegentliches Kopfnicken und eingestreute Worte zu verstehen zu geben, daß er gerne zuhörte. [...]

Der Lehrer steckte den Koran in eine Innentasche seines Mantels und begann zu sprechen. «Grundlegend für *ʿerfān* ist, daß du in jedem Menschen ein Zeichen Gottes siehst. Verrichte deine nächtlichen Gebete. Immer wenn du dich beim Gebet niederwirfst, verharre so, bis du Gott um die geistigen Eigenschaften gebeten hast, die du dir wünschst. Schlafe Donnerstag abends nicht mehr nach Mitternacht; erst nach dem Frühgebet darfst du wieder schlafen. Sprich jetzt vierzig Tage lang unaufhörlich zu dir selbst: ‹Es gibt keine Macht noch Kraft außer in Gott.› Alles, wirklich alles, was du gesehen hast oder noch sehen wirst, ist leer, unbeschrieben und aller Eigenschaften ledig außer der einen: daß es da ist; und Dasein ist Gott. Wenn du dahin gelangst, daß du alles als reines Dasein siehst, dann wirst du alles Dasein achten, wie du Gott achtest, und schließlich alles Dasein lieben, wie du Gott liebst. Sei ganz aufmerksam und halte Ausschau nach Gott! Halte Ausschau! Halte Ausschau!»

Ali wußte, daß er nun gehen sollte. Er stand auf, verbeugte sich ehrerbietig, die Hand auf der Brust, und nahm seine Schuhe, die neben der Tür standen. Er hielt sich an das, was er gehört hatte. In jedem wachen Augenblick sagte er: «Es gibt keine Macht noch Kraft außer in Gott»; Ausnahmen waren nur die Zeiten, wenn er seine Stunden vorbereitete oder sich an einem öffentlichen Ort aufhielt – ja, er merkte, daß er diesen Satz auch beim Studieren zwischen seine Gedanken einschieben konnte, ohne sich abzulenken. [...]

Als er am nächsten Freitag wieder seinen Lehrer der Mystik aufsuchte, begann dieser, ihm mystische Dichtung vorzulesen. An manchen Stellen erläuterte der Lehrer die Bedeutung; dann wieder las er einfach weiter und wiederholte nach einer Weile ein Wort oder eine Zeile. An diesem und allen folgenden Freitagen trug er gegen Ende der Stunde die berühmten Verse des Moulana vor:

> Ich starb als Mineral und wurde zur Pflanze,
> ich starb als Pflanze und erhob mich als Tier,
> ich starb als Tier und bin nun Mensch.
> Was fürchte ich? Hab ich beim Sterben je verloren?
> Doch werde als Mensch ich wieder sterben,
> um mit den seligen Engeln aufzufahren;
> doch auch aus der Schar der Engel muß ich weiterziehn:
> «Alles vergeht außer Gottes Angesicht.»
> Wenn ich die engelhafte Seele hingegeben,
> dann werd' ich, was kein Geist noch je erdachte.
> O laß mich nicht mehr sein! Denn horch: Das
> Nicht-Sein verheißt in Orgeltönen: «Zu Ihm gehn wir zurück.»

Nach jedem Vortrag wiederholte der Lehrer mehrmals die beiden Koranzitate des Gedichts und verharrte dann einige Minuten in Stille. Ali fühlte dann jedes Mal ein starkes Bedürfnis, zu sprechen; zum wenigsten diese Sätze selbst zu wiederholen oder laut den Satz zu sagen, den er nach Anleitung des Lehrers zu sich selbst gesprochen hatte. Nach einer Stille sprach der Lehrer selbst dreimal langsam Alis Satz; ganz erleichtert fiel Ali ein und murmelte den Satz zusammen mit dem Lehrer. Diesmal beendete der Lehrer die Sitzung mit den Worten: «Gib acht! Gib acht! Du wirst das Licht sehen.»

Ali wußte, daß das Schauen des Lichts ein wichtiger Bestandteil im Einüben von *'erfān* war. Er wußte auch, daß er bisher wohl schon eine Menge gefühlt, aber noch nichts gesehen hatte. Bei der letzten Sitzung vor Ablauf der vierzig Tage sagte der Lehrer: «Während der nächsten vierzig Tage wirst du dir fortwährend vorsprechen: ‹O Er, o er ist Er, o er ist nichts als Er!›» Ali begriff die Aussage, die dieser Satz betonte: daß jede Person, ja jedes Einzelwesen letztlich Er – Gott – war. Doch war er auf dem Heimweg etwas entmutigt; denn was er gehört hatte, erinnerte ihn zu sehr an die singende, tanzende Sufi-Mystik der Derwische, die seine Mullah-Lehrer so verachteten. Er war so sehr entmutigt, daß er fast einen halben Tag nicht daran dachte, den alten Satz über die Macht Gottes zu sagen.

Am einundvierzigsten Tag wachte er zwei Stunden vor der Morgendämmerung auf. Er vollzog seine Waschungen zu Hause in dem Teich im Mittelpunkt des Gartens und verrichtete dann das Nachtgebet unter einem niedrigen Maulbeerbaum. Er spürte in sich ein neues Interesse an dem, was er tat, denn er wußte, daß er sich von jetzt an den neuen Satz «O Er, o er ist Er, o er ist nichts als Er!» vergegenwärtigen würde. Ali fing an, den Satz zu sprechen, da geschah es: Er sah das Licht. Es war kein langsam zunehmendes Licht wie das Tageslicht; es war auch kein isoliertes Licht wie beim Mond oder bei einem Scheinwerfer; es war überall, es war tatsächlich alles. Der Teich strahlte im Licht, die Gartenbeete strahlten, der Himmel strahlte, ja die Mauern und Bögen um den Innenhof waren aus Licht. Er schaute zum Maulbeerbaum auf: Der Stamm, die Äste, Zweige, Blätter und Blüten waren aus Licht. Da die Gegenstände selbst aus Licht waren, ließen sich die Abstände zwischen ihnen nicht durch Abstufungen oder Schattierungen bestimmen – das erkannte er gleich: Jeder Gegenstand erstrahlte in gleicher Deutlichkeit. Und dann merkte er, daß das Licht auch in ihm selbst war und er seinen eigenen Abstand zu den Gegenständen nicht mehr bestimmen konnte.

Eine rötlich-gelbe Morgendämmerung ließ das strahlende Licht langsam in eine gewohntere Beleuchtung übergehen, die den Dingen Schatten und Abstände gab und allmählich auch das Licht in Ali selbst ablöste. Aber die Erfahrung des Lichtes blieb als leises Summen, als leichtes Vibrieren bestehen, das für den Rest des Tages alle Teile seines Körpers durchzitterte.

Oskar Weggel

Dorfislam in Pakistan

Zia, der sich als «Soldat des Islam» auszuweisen suchte, verkündete am 10. Februar 1979 die «Einführung des Islamischen Systems». Mit sofortiger Wirkung sollten die in der Shariah vorgesehenen Strafen für Alkoholgenuß, Diebstahl und Ehebruch in Kraft gesetzt werden. Ferner wurde die Einführung des Zakkat (Armensteuer), des Ushr (Zehnten), des zinsfreien Banksystems und eines Bundes-Shariah-Gerichts angekündigt, welch letzteres für die Entscheidung über Beschwerden gegen die Unvereinbarkeit staatlicher Maßnahmen mit islamischen Gesetzen zuständig sein sollte. [...] Auf den Dörfern freilich kümmerte man sich kaum um das «Islamisierungsgerede», wie der Anthropologe Richard Kurin im 1400-Seelen-Dorf Chakpur (Panjab) aufgrund einer sich über sechs Jahre hin erstrekkenden Feldstudie feststellen konnte. Die meisten Einwohner dieses Dorfes wandten sich entschieden gegen zwei der drei wichtigsten Neuerungen Zias, nämlich gegen das Opiumverbot sowie gegen die Einführung des Zakkat und des Ushr, deren Erträge am Ende ja doch nur in dunklen Kanälen versickerten. Andererseits befolgten sie mit heller Begeisterung die dritte große Anordnung, nämlich den Auf- und Ausbau von Dorfmoscheen – also ein frommes Werk, für das jedermann gern Zeit und Geld opferte und bei dessen Durchführung das Gefühl «brüderlicher» Gemeinschaft aufkam. Ansonsten nahmen es die Dörfler von Chakpur mit islamischen Institutionen und Moralgeboten nicht allzu wörtlich. Beispielsweise zeigten sie wenig Respekt für den «Dorf-Sayyed» (Abkömmling des Propheten), der über den Moscheelautsprecher die Gläubigen zum Gebet aufrief und geistliche Sermone abhielt; auch der Dorflehrer, der den Koranunterricht leitete und, wie es hieß, «für all diesen Allah-Stoff» zuständig war, genoß wenig Respekt. Nur die wenigsten Dörfler auch hielten sich an die fünf Grundgebote des Islam. Nur vier oder fünf Personen beispielsweise hielten die fünf Tagesandachten ein; auch «milde Gaben» (Zakkat) wurden kaum gegeben; sogar die Fastenregeln wurden nur von einer Handvoll von Leuten beachtet. Kein einziger hatte überdies bisher die Pilgerfahrt nach Mekka unternommen – von einer Teilnahme am «Heiligen Krieg» ganz zu schweigen. Kam es zu alltäglichen Konflikten, so konsultierte man keineswegs die heiligen Shariah-Vorschriften, sondern brachte die Angelegenheit vor einen Clanführer oder einen Bruderschaftsvorsitzenden, der eine informelle Entscheidung traf. Auch die meisten «Hadood»-Vorschriften wurden als zu hart und unverträglich mit der «heißen» menschlichen Natur empfunden, vor allem dann, wenn es um sexuelle Verbote ging. Und doch verstanden sich alle als echte und begeisterte Mohammedaner, die an der Legitimität der islamischen Einrichtungen und Glaubenssätze nicht den geringsten Zweifel hegten. Für die Chakpuris ist der Islam ein Symbol des Guten, des Richtigen, des Moralischen und des Rechten. Gilt jemand als guter Mensch, so ist er qua definitionem ein guter Muslim. Der Islam ist mit anderen Worten das einzige Symbol der Moralität, der Gerechtigkeit und der Wahrheit.

3. Das «Haus des Islam» im Mittelalter

Albrecht Noth

Die arabisch-islamische Expansion

Als charakteristisch für die arabisch-islamische Expansion sind immer wieder ihre ungewöhnliche Schnelligkeit ebenso wie ihre anscheinend unaufhaltsame Stetigkeit hervorgehoben worden. […]

Es ist verständlich, daß man sich immer wieder um Erklärungsmodelle für diese frappierend schnellen und weiträumigen Eroberungserfolge der Muslime im ersten islamischen Jahrhundert bemüht hat. Diese Suche nach den Ursachen hat m.E. bisher vor allem zweierlei ergeben: Zum einen sind alle Deutungsversuche wenig überzeugend, die die Rolle des Islam als neue Lebens- und (in weitestem Sinne) politische Ordnungsform dabei minimieren oder als Faktor gar ausklammern wollen, zum anderen wird man sich von eher monokausalen Erklärungen weg auf die Annahme und in vielem noch zu leistende Erforschung einer – alles andere als unkomplizierten – Polykausalität hin zu bewegen haben. […]

Die historischen Voraussetzungen für die ersten – so entscheidenden – Erfolge muslimischer tribaler Gruppen außerhalb der Arabischen Halbinsel waren in den dreißiger Jahren des siebten Jahrhunderts ohne Zweifel äußerst günstig. Im Norden und Nordosten, wo im übrigen geographische Barrieren (zumindest für Araber) nicht vorhanden waren, befanden sich weitestgehend unbefestigte und immer schon durchlässige Randgebiete von entfernten Provinzen der beiden Großreiche (Byzanz, Iran der Sassaniden-Dynastie), die schließlich – ersteres in wesentlichen Teilen, letzteres insgesamt – der muslimischen Eroberung zum Opfer fielen. Diese beiden seit langem konkurrierenden Imperien hatten zudem bis kurz vor dem Erscheinen muslimischer Formationen auf ihrem Territorium im Kampf um die Herrschaft über Syrien erschöpfende Kriege miteinander geführt und waren im hier entscheidenden Zeitraum auch innenpolitisch alles andere als stabil. Ernsthafte – und vor allem schnelle – Reaktionen auf die ersten lokalen

Erfolge der Muslime mögen gerade auch aus diesen Gründen nicht erfolgt sein. Wesentlicher allerdings scheint eine Fehleinschätzung (Unterschätzung) des Gegners gewesen zu sein, die jedoch den seinerzeit Verantwortlichen kaum anzulasten ist: An ephemere Überfälle arabischer tribaler Gruppen auf die jeweiligen Randzonen im Süden (Byzanz) und Osten/Südosten (Iran) war man seit langer Zeit gewöhnt, sie waren lästig, stellten aber keine essentielle Gefahr dar. Die ersten muslimischen Angriffe hatten nun – gerade auch aus der Ferne gesehen – den traditionellen «Razzia»-Charakter; daß sie im Zusammenhang mit einer gänzlich neuen politischen Konzeption standen, war nicht sofort zu erkennen; als die Gefahr dann in ihrem ganzen Ausmaß deutlich wurde und die beiden Großreiche mit massiven Aufgeboten reagierten – die beiden schon kurz erwähnten Schlachten am Yarmūk und bei Qādisiyya (wohl 636) markieren hier den Höhepunkt und aufgrund der muslimischen Siege auch schon den Anfang vom Ende –, war der entscheidende Zeitpunkt für eine erfolgreiche Abwehr bereits verpaßt, zu fest schon hatten sich die Muslime in ihren Zielregionen etablieren können.

Wenn wir die muslimische Seite der ersten *futūḥ*-Erfolge betrachten, so erscheint zunächst als wesentlicher Faktor die Tatsache, daß es im Rahmen und/oder nach Abschluß der *ridda*-Kämpfe offenbar gelang, tribale Gruppen in den Randzonen für eine – zunächst wohl nur als lokal und zeitlich begrenzt gedachte – Zusammenarbeit zu gewinnen, für gemeinsame Aktionen also, deren Ziele nicht genau festgelegt waren, die aber den miteinander Verbündeten aufgrund der wechselseitigen Stärkung erfolgversprechend erschienen (und ja auch erfolgreich waren) und bei denen muslimischerseits das Bekenntnis der Partner zum Islam nicht unbedingt als Voraussetzung für die Zusammenarbeit verlangt wurde [...]

Die Abmachungen zwischen den muslimischen Eroberern, welch letztere man sich – zumindest in den ersten Jahrzehnten – nicht so sehr als geordnete Heere, sondern eher als eine Vielzahl von recht selbständig agierenden tribalen Einheiten vorzustellen hat, und Stammesgruppierungen in den Grenzregionen mit dem Ziel gemeinsamer Unternehmungen, ohne daß von den Muslimen das (sofortige) Bekenntnis der Kooperationswilligen zum Islam eingefordert wurde, lassen bereits in den Anfängen eine Verhaltensweise der Eroberer erkennen, die außerordentlich weitreichende Konsequenzen haben sollte: ihre Bereitschaft (und Fähigkeit) zum Kompromiß und Arrangement. Eine muslimische Ökumene – so läßt sich hier schon generalisierend feststellen – ist wesentlich durch Vereinbarungen und Verträge zustandegekommen und nicht durch eine praktizierte Missionskriegs-Mentalität. Den Muslimen ist anscheinend sehr schnell deutlich geworden, daß die autochthone Bevölkerung in den Regionen ihrer ersten Vorstöße zu großen Teilen wenig Grund und Neigung zur Loyalität gegenüber den Repräsentanten der jeweiligen politischen Ordnungen hatte, in die sie eingebunden war, daher auch keine großen Anstrengungen unternahm, diese ernsthaft zu verteidigen. Der Grund hierfür ist vor allem in bereits seit langer Zeit schwelenden und zum Teil erbittert ausgetragenen Religionskonflikten zwischen Provinzbevölkerung und herrschender Staatsgewalt zu suchen; dies gilt vornehmlich für die byzantinischen Gebiete, trifft aber zum Teil auch auf den sassanidischen Iran zu. Die Christen in Syrien/Palästina und Ägypten (Kopten) gehörten überwiegend monophysitischen Glaubensrichtungen des Christentums an, waren damit im Sinne der «orthodoxen» (chalkedonischen) byzantinischen Staatskirche Häretiker und seit langem erheblichen Pressionen ausgesetzt; im westlichen Iran gab es große Gruppen von (nestorianischen) Christen und von Anhängern anderer Religionsgemeinschaften, die mit dem staatstragenden Zoroastrismus nicht in Einklang standen. Eine politische Neuorientierung, möglicherweise ein Wechsel in der Herrschaft, konnten daher großen Teilen der autochthonen Provinzbevölkerung in Syrien/Palästina und im Irak durchaus als attraktiv erscheinen, falls sie sich unter Voraussetzungen vollzogen, die eine Verbesserung ihrer Lebensumstände versprachen.

In dieser Situation war es nun von höchster Bedeutung, daß die allmählich vordringenden Muslime von der eingesessenen Bevölkerung in den Provinzen der Großreiche durchweg Unterwerfung, nicht aber Konversion zum Islam verlangten; zwar erging muslimischerseits in der Regel eine Aufforderung zur

Islam-Annahme *(daʿwa)*, aber die Konsequenzen einer Ablehnung waren nun eben nicht muslimische Versuche, einen Religionswechsel mit kriegerischen Mitteln zu erzwingen. Man hatte es nämlich während der *futūḥ* vornehmlich mit «Schriftbesitzern» im oben beschriebenen Sinne zu tun. Mit «Schriftbesitzer»-Gruppen auf der Arabischen Halbinsel hatte sich bereits der Prophet verschiedentlich vertraglich geeinigt, und in Sure 9, 29 war offenbart worden, daß diese zu bekämpfen seien, bis sie eine Abgabe *(ǧizya)* entrichten; und diese war in Art und Höhe nicht festgelegt, somit gab es weiten Verhandlungsspielraum. Da nun die Muslime schon sehr bald über die distanzierte bis feindselige Haltung der ihnen begegnenden Provinzbevölkerung gegenüber ihren Staatsgewalten informiert gewesen sein dürften (entsprechende Hinweise scheinen z.T. von Repräsentanten der Bevölkerung selbst gekommen zu sein), bestimmte zunehmend mehr die *ǧizya*-Alternative der koranischen Offenbarung ihr Verhalten, während die dort viel stärker betonte Aufforderung zum Kampf – *ǧizya* eher als «ultima ratio»! – in den Hintergrund rückte. Es entwickelte sich die für die muslimischen Eroberungen so typische und für ihren Erfolg so entscheidende Vertragspraxis der Eroberer, der bei aller Verschiedenheit der Abmachungen das einfache Schema zugrunde lag: Die Muslime erhalten Abgaben (eben: *ǧizya*) – ihre Vertragspartner erhalten Schutz *(ḏimma)*, dies bei wechselseitiger Abhängigkeit der Konditionen. Die ausgehandelten Abgaben – häufig noch ergänzt durch nichtmaterielle Verpflichtungen – variierten anfangs in Qualität und Quantität beträchtlich (hier spielte die jeweilige Verhandlungsposition der Partner eine entscheidende Rolle), später mündeten sie in eine regelrechte Besteuerung ein. Der muslimischerseits gewährte Schutz bezog sich vor allem auf Leben, mobilen und immobilen Besitz, ferner Kultstätten und Religionsausübung der jeweiligen «Schriftbesitzer»; in diesem Sinne zu schützen waren die Vertragspartner nicht nur vor Übergriffen von Muslimen, sondern vor Angriffen jeglicher Art, also auch von seiten potentieller Feinde der Muslime – das umfassende tribalistische Schutz/*ḏimma*-Konzept liegt hier zugrunde.

Die Muslime auf der Basis derartiger Verträge, die wohl fast durchweg schriftlich fixiert worden sind, als neue Oberherren zu akzeptieren, fiel großen Teilen der betroffenen Bevölkerung offensichtlich nicht allzu schwer, zumal nachdem abzusehen war, daß die Muslime Herr der Lage bleiben würden und Sanktionen der möglicherweise zurückkehrenden früheren Staatsgewalten kaum mehr zu befürchten waren: Die ausgehandelten Abgaben dürften des öfteren niedriger als die vordem abzuführenden Steuern gewesen sein, die anfängliche Unerfahrenheit der Muslime in diesen Dingen erwies sich hier als günstig. Wesentlicher aber war die muslimische Schutzgarantie für die freie Religionsausübung, eine Garantie, an die sich die Eroberer fast durchweg strikt hielten, auf Einschränkungen nur dort insistierten, wo die praktische Ausübung des Fremdkultus der eigenen Religionspraxis störend oder belästigend in den Weg trat. Religionsfreiheit hatte aus den eben genannten Gründen für viele der von der muslimischen Eroberung betroffenen Untertanen der beiden zentralistischen Großreiche bis dato nicht bestanden, der Herrschaftswechsel brachte somit in einem wesentlichen Bereich erhebliche Vorteile, ja die muslimischen Eroberer wurden mitunter regelrecht als Befreier begrüßt. Es verwundert daher auch nicht, daß die Muslime in der autochthonen Bevölkerung immer wieder auf Bereitschaft stießen, ihnen bei der Errichtung, Erhaltung und dem Ausbau ihrer Herrschaft behilflich zu sein.

Die muslimische Vertragsbereitschaft und Vertragspraxis, legitimiert durch prophetische Präzedenz und göttliche Offenbarung, darf man wohl als die entscheidende Basis betrachten, auf der die *futūḥ* überhaupt erst möglich wurden. Ohne Unterstützung durch die jeweilige lokale Bevölkerung, zumindest aber ohne deren wohlwollende Neutralität, die nur durch entsprechende Zugeständnisse zu erreichen waren, hätte sich muslimische Herrschaft außerhalb der Arabischen Halbinsel kaum über längere Zeit halten können.

Steven Runciman

Der Patriarch und der Kalif

An einem Februartag im Jahr des Herrn 638 ritt der Kalif Omar auf einem weißen Kamel in Jerusalem ein. Er war in zerschlissene und schmutzstarrende Gewänder gekleidet, und das Heer, das ihm folgte, war grobschlächtig und verwahrlost, aber von untadeliger Disziplin. Ihm zur Seite befand sich der Patriarch Sophronios als Oberhaupt der unterworfenen Stadt. Omar ritt geradewegs zur Stätte des Tempels Salomonis, von wo sein Freund Mohammed zum Himmel aufgestiegen war. Indes er ihn beobachtete, wie er dort stand, gedachte der Patriarch der Worte Christi und murmelte in seine Tränen hinein: «Siehe den Greuel der Verwüstung, davon gesagt ist durch den Propheten Daniel.»

Sodann verlangte der Kalif die geheiligten Stätten der Christen zu sehen. Der Patriarch führte ihn zur Heiligen Grabeskirche und zeigte ihm alles, was dort zu sehen war. Während sie sich in der Kirche befanden, nahte die mohammedanische Gebetsstunde. Der Kalif fragte, wo er seinen Gebetsteppich ausbreiten dürfe. Sophronios bat ihn zu bleiben, wo er sich befand; aber Omar begab sich hinaus, in die Vorhalle des Martyriums, da er befürchtete, wie er sagte, seine eifernden Anhänger würden den Ort, an dem er gebetet, für den Islam in Anspruch nehmen. Und so verhielt es sich in der Tat. Die Vorhalle wurde von den Mohammedanern übernommen, aber die Kirche selbst blieb, was sie gewesen – die heiligste Stätte der Christenheit.

Dies entsprach den Bedingungen zur Übergabe der Stadt. Der Prophet selbst hatte verfügt, daß den Heiden nur die Wahl zwischen Bekehrung und Tod zu lassen sei, daß aber dem Volk des Buches, den Christen und Juden (unter die er aus höflichem Entgegenkommen auch die Zoroastrier einschloß), gestattet sein solle, ihre Andachtsstätten zu behalten und sie unbehindert weiter zu benutzen; freilich durften sie ihre Zahl nicht vermehren, auch keine Waffen tragen oder zu Pferde reiten, und hatten überdies eine besondere Kopfsteuer, die *Dschizia*, zu entrichten. Sophronios kann schwerlich auf bessere Bedingungen gehofft haben, als er unter sicherem Geleit auf seinem Esel hinausritt, um mit dem Kalifen auf dem Ölberg zusammenzutreffen, nachdem er es abgelehnt hatte, seine Stadt irgend jemand von geringerer Machtbefugnis zu überantworten. Jerusalem wurde bereits seit mehr als Jahresfrist belagert; die Araber, die im Belagerungskrieg unerfahren und schlecht für ihn gerüstet waren, hatten gegen die neu instand gesetzten Befestigungen nichts ausrichten können. In der Stadt selbst jedoch waren die Vorräte im Schwinden; und auf Entsatz bestand keine Hoffnung mehr. Das umliegende Land befand sich in den Händen der Araber, und die Städte Syriens und Palästinas hatten sich ihnen eine nach der anderen ergeben.

Rifāʿa al-Ṭahṭāwī

Arabische Tugenden

Und von Anas ibn Mālik – Gott habe Wohlgefallen an ihm – wird überliefert:

Eines Tages kam ein Ägypter zu ʿUmar ibn al-Ḫaṭṭāb und hub an, sich über ʿAmr ibn al-ʿĀṣ zu beschweren. «Beherrscher der Gläubigen», sprach er, «ich bin hier, deinen Schutz zu suchen!» – «Der Schutz ist dir gewährt», erwiderte ʿUmar, «worum handelt es sich?» Da berichtete der Mann: «Ich ritt mit dem Sohn von ʿAmr ibn al-ʿĀṣ um die Wette und schlug ihn im Rennen. Darauf fiel dieser mit einer Peitsche in der Hand über mich her und begann damit auf mich einzuschlagen, wobei er ausrief: ‹Ich bin der Sohn hochedler Eltern!› Der Vorfall kam ʿAmr ibn al-ʿĀṣ zu Ohren, und da dieser fürchtete, ich könnte zu dir gehen und mich über seinen Sohn beklagen, ließ er mich einsperren. Ich aber entkam aus dem Gefängnis, und so siehst du mich hier bei dir.»

Daraufhin schrieb der Kalif einen Brief. ‹ʿUmar ibn al-Ḫaṭṭāb an ʿAmr ibn al-ʿĀṣ. Nach Erhalt dieses meines Schreibens wirst du dich mit deinem Sohne zur Zeit der Pilgerfahrt bei mir einfinden!› Sodann wandte er sich an den Ägypter und sprach: «Geh jetzt und warte, bis dein Gegner hier ist.»

Nachdem ʿAmr ibn al-ʿĀṣ und sein Sohn sich zur Wallfahrt eingestellt hatten, empfing sie ʿUmar ibn al-Ḫaṭṭāb in Audienz, und als sie alle vor ihm Platz genommen hatten, trug der Ägypter seine Klage wie beim ersten Male vor. Hierauf winkte ʿUmar ibn al-Ḫaṭṭāb mit der Hand und befahl dem Ägypter: «Nimm diese Peitsche und verprügle ihn damit!»

Und der Ägypter ging hin zu ʿAmrs Sohn und ließ ihn die Peitsche schmecken.

Weiter heißt es bei Anas:

Und weiß Gott, er schlug ihn! – wir selber hatten das Verlangen, ihn zu verhauen – und schlug und schlug, bis wir wünschten, er würde ihn nicht weiter schlagen, so sehr prügelte er auf ihn ein! Und ʿUmar – Gott habe Wohlgefallen an ihm – ermunterte ihn dieweil: «Gib's dem ‹Sohn hochedler Eltern›!»

Schließlich sagte ʿAmr ibn al-ʿĀṣ: «Nun hast du deine Vergeltung, Beherrscher der Gläubigen.» Doch ʿUmar ibn al-Ḫaṭṭāb sprach zu dem Ägypter: «Nimm ʿAmrs Turban ab und laß die Peitsche auf seiner Glatze tanzen!» Aber davor scheute sich der Ägypter: «Ich habe den geschlagen, der mich geschlagen hat, Beherrscher der Gläubigen. Warum sollte ich den schlagen, der mich nicht geschlagen hat?» Worauf ʿUmar – Gott habe Wohlgefallen an ihm – erwiderte: «Weiß Gott, kein Mensch hätte dich gehindert, wenn du's getan hättest!»

Dann wandte sich ʿUmar an ʿAmr ibn al-ʿĀṣ: «Seit wann machst du Leute zu Knechten, die von ihren Müttern als Freie zur Welt gebracht wurden?»

Daraus ersieht man, daß auch die Freiheitsliebe schon von alters her ein Wesenszug der Araber ist.

Tilman Nagel

Bagdad und die Kultur des Islams

Militärherrschaft, Verfall der Macht und des Ansehens des Kalifen, Zerstörung der wirtschaftlichen Grundlagen, Auflösung des Reiches in regionale Machtzentren mit unklarer Beziehung zum Kalifen, religiöse Zerwürfnisse, die sich nicht selten in Tumulten des Pöbels entluden – man könnte meinen, daß die Ergebnisse von zwei Jahrhunderten abbasidischer Herrschaft nur verhängnisvoll, nur schädlich gewesen seien. Gewiß, auf politischem Gebiet blieb von den hochgemuten Plänen und Unternehmungen eines al-Ma'mūn nichts zurück, und die militärischen Maßnahmen al-Muʿtaṣims führten in ein ungeahntes Chaos. Doch schon für die Muslime des zehnten Jahrhunderts hatte sich jene Zeit, in der Bagdad in Blüte gestanden hatte – jene wenigen Jahrzehnte vor dem schicksalhaften Bürgerkrieg zwischen al-Amīn und al-Ma'mūn – zum Höhepunkt der islamischen Geschichte verklärt. Die Probleme der Chorasan-Politik, der heraufziehende Streit zwischen Rationalismus und sunnitischer Gläubigkeit, ja selbst die Anstrengungen, die schließlich zu großen Siegen gegen Byzanz führten, all dies war im islamischen Geschichtsbewußtsein in den Hintergrund getreten, wenn nicht ganz überdeckt worden. Nicht als Inbegriff militärischer Stärke und politischer Machtentfaltung leuchtete Bagdad in der wehmütigen Erinnerung auf, sondern als die Metropolis der die ganze wahrgenommene Welt einigenden Kultur, als der Mittelpunkt der menschlichen Zivilisation, die auf islamischen Grundwerten ruhte. [...]

Daß das Bagdad der Blütezeit der Brennpunkt des islamischen Geisteslebens war, galt der späteren Überlieferung als unbezweifelbar. Wenn auch das Kalifat nur in begrenztem Maß und nur unter ganz bestimmtem Blickwinkel die Theologie und die Rechtswissenschaft förderte, so bewirkten allein schon diese Anregungen, daß in der Hauptstadt die Verfechter der unterschiedlichsten Lehren zusammenströmten. Ganz anders, als es das Damaskus der Umayyaden je gewesen war, war Bagdad der Kampfplatz der Ideen und Meinungen. Unter al-Mahdī beherrschten die Gefechte gegen die Zindiqen die intellektuelle Szenerie. Mit Zindiqen bezeichnete man die Anhänger der dualistischen Glaubensformen Irans. Doch ging es damals nicht nur um einige religiöse Streitfragen. Die Zindiqen hatten den Islam mit seinem Verständnis vom Wirken eines persönlichen Schöpfergottes zum Ziel ihrer Kritik und ihres Spottes genommen. Was manche Stellen des Korans von diesem Gott aussagten, empfanden sie als lächerlich und peinlich. Und als kleinkariert betrachteten sie das islamische Weinverbot, die Verpönung von Musik und Gesang, kurz, viele Dinge, die dem Leben Heiterkeit verleihen – bis hin zur Frivolität – und die den Menschen einen Augenblick vergessen machen, daß er stets gemäß dem Gesetz seines Schöpfers zu reden und zu handeln hat. Auf der Ebene des Dogmas wurde das Zindiqentum bald bezwungen. Unter Verfolgungen schmolz die Zahl der an iranischen Glaubenstraditionen Festhaltenden schnell dahin. Für die im Entstehen begriffene rationalistische Theologie des Islams war die geistige Auseinandersetzung mit dem dualistischen Gedankengut eine hervorragende Schulung. Ohne sie wäre die Hochblüte der Muʿtazila im frühen neunten Jahrhundert undenkbar. Was aber blieb, war die verfeinerte, bisweilen für den Frömmler anstößige Lebensart, die es mit den islamischen Verboten nicht ganz so genau nahm. Sie prägte den Stil der Hofgesellschaften und der Reichen – und einer großen Zahl von Schmarotzern. Ein solcher Schmarotzer erblickte eines Tages eine Schar von Zindiqen, deren feine äußere Erscheinung darauf hinzudeuten schien, daß sie zu einem Gastmahl unterwegs waren; in Wirklichkeit wurden sie aber zur Hinrichtung gebracht, so heißt es in einem bekannten Schwank. Nichtsahnend schleicht sich der Schmarotzer zwischen sie und bemerkt seinen furchtbaren Irrtum zu spät. Der Scharfrichter schenkt seiner Erklärung keinen Glauben, worauf der Arme fleht, man solle ihm mit dem Schwert nicht den Hals, sondern den Bauch durchtrennen «denn er ist es, der mich in diese Klemme gebracht hat!» Da lachte der Polizeipräfekt, und als er in Erfahrung bringt, daß es sich tatsächlich um einen berüchtigten Nassauer handelt, läßt er ihn des Weges ziehen.

Abū Nuwās (ca. 140/756–195/810) ist der große Poet dieses Lebensgefühls des Schwelgens und der Leichtfertigkeit, des Genusses, ja der Ausschweifung und Obszönität, der Freiheit von Verboten und Tabus bis hin zur Verruchtheit, er ist der Dichter, der selbst mit den geheiligtsten Grundsätzen des islamischen Glaubens und mit der Terminologie der Theologie und Sunna-Wissenschaft seinen Spott treibt. Zusammen mit Hārūn ar-Rašīd und Ǧaʿfar al-Barmakī bildet er das Dreigestirn, das in der Erinnerung den Zenit Bagdads markiert. [...]

Dem weltstädtischen Glanz des gesellschaftlichen und kulturellen Lebens des alten Bagdads trauerte man in der islamischen Literatur lange nach, ohne sich recht bewußt zu werden, wie geschichtsmächtig und prägend das Werk der frühen abbasidischen Kalifen trotz allen politischen Scheiterns war. Denn jenseits jeglicher Idealisierung und literarischen Stilisierung jener Epoche muß man sich vor Augen führen, daß erst im Streit gegen die Zindiqen und in der Auseinandersetzung mit fremdem religiösen Gedankengut von den Muslimen selber richtig erfaßt wurde, was der Kern ihres Glaubens sei, wie er der Vernunft gemäß beschrieben und gegen andere Religionen verteidigt werden könne und in welchem Verhältnis die innerislamischen Glaubensrichtungen zueinander stünden. Erst jetzt, als sich der Blick geweitet hatte, erkannte man das Problem, das in dem Anspruch des Islams lag, die allumfassende gottgewollte Ordnung zu sein, und bemühte sich, sowohl in theoretischer Spekulation als auch in vergleichender Beurteilung der Überlieferung eine tragfähige und auch allgemein anerkannte Grundlage für das islamische Gemeinwesen zu schaffen. Das Ziel des Kalifats, sich auf dogmatischem und juristischem Gebiet als alleinbestimmende Macht durchzusetzen, wurde verfehlt, doch befruchtete dieser Versuch die weitere Entwicklung entscheidend. Um die Wende zum zehnten Jahrhundert gewinnt der sunnitische Islam als die Glaubensform der breiten Masse Gestalt.

Die islamische Kultur gewann in jenen Jahrhunderten ihren kosmopolitischen Charakter. Von Nordafrika bis an die Grenzen Indiens und bis nach Innerasien reichte der islamische Einfluß, und die Handelsbeziehungen erstreckten sich weit nach Schwarzafrika hinein, im Osten bis nach China. Im 4./10. Jahrhundert wurden auch das im Entstehen begriffene russische Reich und das Reich der Chazaren an der Wolga den muslimischen Kaufleuten zugänglich. Bagdad und Alexandrien waren nun die Zentren des Austausches aller begehrten Güter, für die es sich lohnte, die Risiken einer weiten Reise zu Wasser oder zu Lande auf sich zu nehmen. Ibn an-Nadīm, ein Bagdader Buchhändler des zehnten Jahrhunderts, hat uns ein wertvolles Verzeichnis der arabischen Werke hinterlassen, die ihm während seiner Tätigkeit bekannt geworden sind. Dieses Verzeichnis leitet er mit einer Darstellung aller ihm bekannt gewordenen Schriftsysteme ein. Er beschreibt nicht nur die damals noch gebräuchlichen Alphabete semitischer und iranischer Sprachen, nennt ausführlich die griechische Schrift, diejenige der Franken, Langobarden und Sachsen, sondern weiß sogar von den chinesischen Schriftzeichen zu berichten. Im Mittelpunkt der islamischen Welt finden wir natürlich die Völker, die sich diesem Glauben unterworfen haben, die Araber, Perser, Türken, die Berber und die Neger. Sie alle haben nun Anteil an der islamischen Kultur, und man bemüht sich, sie genauer kennenzulernen und ihre Vorzüge gegeneinander abzuwägen.

Johann Christoph Bürgel

Die Mächtigkeit der Frau in der arabisch-islamischen Dichtung

Die tiefgreifendste Auswirkung der Mächtigkeit der Frau zeigt sich, wenn der Mann aus Liebe zu ihr krank wird, dahinsiecht, stirbt. Den oben erwähnten ʿUdhriten wurde nachgesagt, daß es bei ihren Jünglingen gang und gäbe sei, aus Liebe zu sterben. Heinrich Heine erfuhr von dieser Überlieferung und schrieb sein Gedicht *Der Asra,* das in der Zeile gipfelt: «jene Asra, welche sterben, wenn sie lieben». Das hört sich masochistisch-pathologisch an und ist wohl dem ironischen, oft auch zynischen Deutschen so erschienen. Erforscht man aber die überlieferten Biographien der berühmtesten 'Udhriten im großen *Buch der Lieder,* so zeigt sich, daß ihrer «platonisch» bleibenden Liebe in der Regel jeweils ein gesellschaftliches Problem zugrunde lag: Die Familie des Mädchens akzeptierte den in sie verliebten Mann nicht, weil dessen Sippe sozial nicht ebenbürtig, d.h. ärmer als sie selber war. Aus der sozialen Situation erwächst nun die 'udhritische Haltung. Statt nach einer anderen Ausschau zu halten, bleiben die 'Udhriten – vergebens sucht der Vater eines dieser Jünglinge ihn mit dem Argument «Frauen sind ersetzbar!» zur Einsicht zu bringen – der einen Unerreichbaren treu bis in den Tod.

Das führt zu Krankheit, Melancholie, Geistesverwirrung, Auszehrung, Tod. Diese Haltung wirkt ganz und gar unislamisch, wenn wir – neben allem über die koranischen Ehegesetze Gesagten – daran denken, daß Muḥammad das Zölibat offenbar ablehnte mit dem Satz: «Kein Mönchtum im Islam!» und die Mehrehe vorgelebt hat. Darüber hinaus widersprach diese selbstzerstörerische Liebe auch dem im Koran ausgesprochenen Suizid-Verbot. So ermahnt ein anderer Vater seinen liebeskranken Sohn offensichtlich in Anspielung an den erwähnten Koranvers: «Was bezweckst du damit, dich zu töten und (damit) gegen deinen Herrn dich zu versündigen?»

Dennoch bedurfte sichtlich auch die 'udhritische Liebe in ihrer extremen Form, d.h. mit tragischem Ausgang, der Sakralisierung und erhielt sie in dem folgenden Hadith: «Wer liebt und keusch bleibt und stirbt, ist ein Märtyrer!» Es dürfte kaum echt sein; doch seine Unechtheit läßt sich natürlich ebensowenig beweisen.

In den arabischen Handbüchern über Liebe werden im übrigen auch jeweils einige Apophthegmen aus der griechischen Antike zitiert, so etwa ein Ausspruch des Palladius, der lautet: «Die Liebe ist eine Krankheit, die im Gehirn entsteht aus dem Schweifen der Gedanken, dem häufigen Denken an den Geliebten und dem Hinblicken auf ihn.» Einleuchtender, aber ausschließlich auf die männliche Seite bezogen, war die medizinische Analyse, die Galen für diese seltsame Krankheit gegeben hatte: Die *retentio seminis* führe zu einer Fäulnis des Sekrets, der verrottete Stoff steige auf in den Kopf und störe die Hirnfunktion.

Mochte nun diese Krankheit auch aus dem Altertum stammen, so scheint sie doch in islamischer Zeit besonders grassiert zu haben oder machte jedenfalls ständig von sich reden. Die Handbücher über Liebe behandeln sie, in *Tausendundeiner Nacht* ist sie in mehreren kurzen und rührenden Erzählungen vertreten. Manche Autoren spezialisierten sich aber auch auf dieses Motiv, Bücher über an Liebe Verstorbene entstanden, darunter das reichhaltige Werk *Die tödlichen Heimsuchungen der Liebenden (Maṣāri' al-ʿuššāq)* von as-Sarradsch (1026–1106). Heilbar war die Krankheit in der Regel nicht, d.h., die sozialen Verhältnisse, aus denen sie entsprang, ließen sich nicht ändern. «Mein Heilmittel ist's, das mich krank macht», so bringt diesen Sachverhalt Ibn Hazm auf die kürzeste Formel. Dennoch wurden Ärzte natürlich immer wieder deshalb konsultiert und die Pulsdiagnose Liebeskranker, welche die wahre Ursache ihres Leidens nicht preisgeben wollten bzw. auch nicht konnten, ohne die geliebte Person zu gefährden – das Verfahren war schon im Altertum berühmt und mit dem Namen des Erasisthratos verknüpft –, setzte sich auch in islamischer Zeit fort.

Heinrich Heine

Der Asra

Täglich ging die wunderschöne
Sultanstochter auf und nieder
um die Abendzeit am Springbrunn,
wo die weißen Wasser plätschern.

Täglich stand der junge Sklave
um die Abendzeit am Springbrunn,
wo die weißen Wasser plätschern;
täglich ward er bleich und bleicher.

Eines Abends trat die Fürstin
auf ihn zu mit raschen Worten:
«Deinen Namen will ich wissen,
deine Heimat, deine Sippschaft!»

Und der Sklave sprach: «Ich heiße
Mohammed, ich bin aus Yemen,
und mein Stamm sind jene Asra,
welche sterben, wenn sie lieben.»

Otto Jastrow

Der Siegeszug der arabischen Sprache

Die arabisch-islamische Kultur des Mittelalters entwickelte eine enorme Sogwirkung, die nicht auf die religiöse Sphäre beschränkt blieb, sondern die Sprachen der islamisierten Völker tiefgreifend beeinflußt hat. Ein beträchtlicher Teil der für den Islam gewonnenen Gebiete wurde ohnehin auch in sprachlicher Hinsicht völlig arabisiert. Man möge bedenken, daß bis zur Entstehung des Islams die arabische Sprache auf die Arabische Halbinsel und die angrenzenden Gebiete Syriens und des Irak, also die Ränder des sog. Fruchtbaren Halbmonds, beschränkt war; das restliche Syrien und Mesopotamien, Ägypten und Nordafrika wurden erst im Zuge der Islamisierung zu Gebieten arabischer Sprache. Wenn auch die übrigen islamischen Kulturräume – der iranische, der indische, der indonesische, der türkische und der schwarzafrikanische – von einem völligen Aufgehen im Arabischen bewahrt blieben, so hat nichtsdestoweniger das Arabische auch auf diese Sprachgruppen einen tiefgreifenden Einfluß ausgeübt.

Das zeigt sich bereits darin, daß die wichtigsten Sprachen aller dieser islamischen Kulturräume das arabische Schriftsystem übernahmen – ohne Rücksicht auf etwa bereits bestehende Schrifttraditionen und ohne Rücksicht darauf, daß das arabische Alphabet sich zur Wiedergabe etwa des Türkischen, Urdu oder Haussa mehr schlecht als recht eignete und oft durch Zusatzzeichen mühsam an das Lautsystem der betreffenden Sprachen angepaßt werden mußte. Namentlich die defektive Vokalschreibung des Arabischen wirkte sich für all diese Sprachen als sehr hinderlich aus. Dennoch wurde das arabische Alphabet für die meisten Islamsprachen erst im 20. Jahrhundert abgeschafft und durch das lateinische Alphabet ersetzt, so beim Türkischen, beim Suaheli (Swahili) und Indonesischen (Malaiischen); für die in der Sowjetunion gesprochenen Turksprachen (wie Aserbeidschanisch, Usbekisch, Turkmenisch, Tatarisch etc.) wurde ein modifiziertes kyrillisches Alphabet eingeführt. Neben dem Arabischen selbst haben jedoch Persisch, Urdu und Paschto, eine der nationalen Sprachen Afghanistans, bis heute an der arabischen Schrift festgehalten. Die Ablösung des arabischen Alphabets hatte neben dem reinen Zweckmäßigkeitsgedanken meist auch einen nationalistischen und – wie z.B. im Falle der Türkei – laizistischen Zug; deshalb stieß die Einführung der Lateinschrift in der Türkei auch auf die feindselige Ablehnung weiter muslimischer Kreise, eine Ablehnung, die noch heute, mehr als 50 Jahre nach der Schriftreform, bei einzelnen Gruppen fortbesteht.

Neben der arabischen Schrift war es vor allem der arabische Wortschatz, der massiv in die Sprachen der islamisierten Völker eindrang. Beginnend bei den Ausdrücken des religiösen Lebens über das islamische Recht bis hin zur Sprache der Philologie, der Philosophie, der Medizin und der Naturwissenschaften, ja darüber hinaus bis in die Alltagssprache drangen zahllose Ausdrücke des Arabischen in die übrigen Islamsprachen ein. Für die Sprachen des türkischen und indischen Raumes wirkte dabei das Persische als Vermittler, d.h., diese Sprachen schöpften nicht direkt aus dem Arabischen, sondern übernahmen die Ausdrücke aus dem Persischen, das für den türkischen und indischen Raum jahrhundertelang die überragende Kultursprache darstellte. [...]

Im Bereich des afrikanischen Islams fehlt eine vermittelnde Sprache wie das Persische im Osten; die afrikanischen Sprachen haben ihre arabischen Elemente vielmehr überwiegend direkt aus dem Arabischen selbst entlehnt. Dennoch haben einzelne der bedeutenderen afrikanischen Islamsprachen in einem kleineren geographischen Rahmen als Vermittler arabischen Wortguts gewirkt, so namentlich Haussa und Suaheli sowie Tamasheq, die südlichste Berbersprache. [...]

Das Eindringen arabischen Lehnguts in die Islamsprachen ist nicht als zeitlich begrenzter einmaliger Vorgang zu sehen, vielmehr handelt es sich um einen lange andauernden Prozeß der fortschreitenden Anreicherung. Das Arabische wurde ja nicht nur von der Schicht der religiösen Gelehrten weiter gepflegt, sondern gehörte zum Bildungsgut des akademisch erzogenen Muslims. Ähnlich wie das Latein für die Sprachen Europas stellte das Arabische einen Fundus dar, aus dem immer wieder neue Fremdwörter für den wissenschaftlichen, aber auch für den administrativen Gebrauch geschöpft werden konnten. Dabei wurde es, ähnlich wie das mittelalterliche Latein, von den nichtarabischen Benutzern weiterentwickelt, so daß wir im Persischen und Türkischen nicht selten arabische Neubildungen finden, die im Arabischen selber gar nicht vorkommen; ebenso können arabische Termini neue Bedeutungen erhalten, die sie im Arabischen selbst nie gehabt haben.

Adam Olearius

Audienz beim Safawidenschah

[16. August 1637: Erste Audienz beim Persischen König.]
... Hinter dem Brunnen an der Wand saß der König an der Erden auff einem seiden Küssen, und hatte die Beine, als ande-

re gemeine Perser über einander geschlagen, war ein Herr von 27. Jahren, wolgestalt, weiß und frisch von Angesichte, hatte, wie die Perser fast alle, eine erhabene habicht Nase, und einen kleinen schwartzen Knebel-Bart. [...]

Als unsere Gesandten von etlichen genötiget hinauff traten, giengen der Fürst Tzanichan Kurtzibaschi, dessen oben im Sijaret gedacht worden, und Aliculibek, Diwanbeki jhnen entgegen, ergrieffen sie bey den Armen, und führten einen nach den andern zum Könige. Dieses Armgrieffen, so die Führer mit beyden Händen verrichten, und bey allen Gesandten daselbst üblich, sol neben erweisung hoher Ehre gegen die Gesandten auch zur versicherung des Königes gezneinet seyn, wenn etwa, wie zur Zeit Schach Abas in einer Türckischen Legation sol geschehen seyn, eine Conspiration obhanden were. Ich halte daß umb ebenmessiger Ursach der König jhm nicht die Hände, sondern frembden Herrn das Knie, und den Unterthanen den Fuß zu küssen darreichet.

Unsere Gesandten in dem sie vor dem König kamen, neigten sich mit gebürender Reverentz: Der König hingegen gab jhnen mit frölichen Gebärden einen freundlichen Winck. Darauff wurden sie alsbald zur seiten geführet, und neben den Chanen oder Fürsten auff niedrige Stüle gesetzet. Funffzehn der fürnembsten des Comitats wurden auch auff selbigem Saal zusitzen genötiget, die Pagen aber unnd andere Völeker ausserhalb des Gemaches, neben 13. köstlich außgeputzten Täntzerinnen, so mit offenen Angesichtern auff Tapeten sassen. Diese sollen nicht, wie etliche der unserigen vermeinten, und auffgezeichnet hatten, des Königes bestelte Täntzerinnen, sondern gemeine, aber die fürnembsten Huren der Stadt gewesen seyn, welche dem Könige jährlichen Tribut geben und auffwarten müssen, die zwo jüngsten, welche die schönsten, solten, wie sie sagten, jegliche umb einen Nachtdienst vor einen Tumain, zuerhandeln gewesen seyn. Als die Gesandten ein wenig gesessen, ließ der König durch den Marschall nach den Namen des Herrn, der Sie außgeschickt, und was ihr Begehren were fragen, Als sie gebürender massen in Antwort sich darauff vernehmen lassen, erhoben sie sich beyde neben den Dolmetsch, zu dem Könige, überreichten mit einen kurtzen Sermon, weil es nicht der Gebrauch für dem Könige lange zu perorien, J.H.F. Gn. Credential Schreiben, welche der ReichsCanceler entgegen nam, darauff wurden sie wieder zusitzen genötiget, und durch den Wakaae nuis oder Cammer-Secretarium berichtet; Daß der Schach die Credential Schreiben wolle übersetzen lassen, und nach der Gesandten beliebung anderweit fernere Audientz ertheilen, jtzo solten sie sich nur lustig erzeigen. Darauff wurden die Praesenten nach einander vorgetragen, und in die SchatzCammer, so im Eingehen zur rechten Hand des Diwanchanae, gesetzet. Mitlerweile wurde die Taffel, welche war der gantze Saal ringsherumb für allen Gästen mit Confect und Obst besetzet. [...]

Die Malzeit wurde in aller stille ohne Discourse zugebracht. Der König selbst redete nur 3. oder 4. mahl mit dem Ehhtemad döwlet, und zwar wenig. In folgenden Audientien und Taffelhalten aber hatte der König sich mit unsern Gesandten in gar freundliche und lieberale Gespräche eingelassen. Sie hatten gleichwol unter der Malzeit sonst ihre Lust an der Music und etlichen Schawspielen. Die Instrumente in der Königlichen Music waren Handpaucken, Pfeiffen, heimliche Schalmeyen, Lauten, und Geigen, darein sang der Handpaukker in unsern Ohren gar einen jämmerlichen Thon. Die obgedachte Täntzerinnen sprungen auff eine seltzame manier lustig herumb. Item etliche wolgeübte Ringer liessen ihre Kunst und Behendigkeit gleich denen zu Kaßwin mit feinen lectionen sehen.

Jürgen Wasim Frembgen

Missionierende Sufis

Ihre Lebensläufe belegen, daß viele der Heiligen, Sufis und Derwische jahrelange Reisen in verschiedene Länder unternahmen, um dort mystisches Wissen zu erlangen und gleichzeitig zu missionieren. Die warmherzige Frömmigkeit, mit der die Mystiker zu überzeugen wußten, trug dazu bei, daß die Bekehrung der «heidnischen» Bevölkerung zum Islam – in Verbindung mit neu entstehenden muslimischen Staaten – zumeist friedlich verlief. Insbesondere zwischen dem 11. und 14. Jahrhundert verbreiteten sie den Islam mystischer Prägung sowohl in Nordafrika, Anatolien, dem Kaukasus, im iranischen Hochland und den Steppengebieten Mittelasiens als auch in Pakistan und Indien. Einige Beispiele mögen hier genügen: Mu'in ud-Din Chishti (gest. 1236) war vielleicht der berühmteste und wichtigste islamische Missionar auf dem Subkontinent. Der zur selben Bruderschaft, der Chishtiyya, gehörende Heilige Baba Farid ud-Din Shakarganj (gest. 1265) bekehrte große Teile der damals überwiegend hinduistischen Landbevölkerung des südwestlichen Panjab und schickte Sendboten weiter in den Süden bis nach Kutch, Sindh und Makran. Kashmir wurde in erster Linie von Sayyid 'Ali Hamadani (1314–1385) und seinen Begleitern islamisiert.

Sufis und Derwische sind jedoch auch – gerade in den Grenzgebieten der islamischen Welt – immer wieder gewaltsam gegen Ungläubige vorgegangen. So verbanden sie sich vor allem in Nordafrika, Anatolien und – zur Zeit des Safawiden-Herrschers Shah Ismail (reg. 1501–1524) – in Iran und in Turkestan mit den Glaubenskämpfern *(ghazi)*. Die Derwische der von Abu Ishaq Kazeruni (963–1034) gegründeten Ishaqi-Bruderschaft missionierten im 15. Jahrhundert in militanter Weise besonders unter Zoroastriern und Juden. Vom Ende des 13. bis Mitte des 14. Jahrhunderts waren es bewaffnete kriegerische Sufis, die – gemeinsam mit muslimischen Armeen – von Nordindien in das südindische Bijapur zogen und dort den *jihad fi sabil Allah* (Krieg im Sinne einer «Anstrengung auf dem Wege Gottes») gegen die Hindus ausriefen.

Heinrich Bergstresser/Sibylle Pohly-Bergstresser

Islamische Reiche südlich der Sahara

Lange bevor die Botschaft des Propheten Mohammed im 7. Jh. die nordafrikanische Mittelmeerküste erreicht hatte und die Araber die Atlantikküste eroberten, blühten in der Region des Tschadsees die südlichsten Marktzentren des Transsahara-Handels. Die Karawanen, beladen mit Kolanüssen und Elfenbein, zogen schon damals nordwärts durch den Fezzan nach Tripolis und ostwärts durch das Darfur nach Nubien und Ägypten. Von dort aus kamen Pferde, Kupfer und Salz zu den Märkten im Nordosten Nigerias. Aus diesen Handelszentren am Tschadsee entwickelte sich im 9. Jh. das Reich Kanem-Borno, das in einer rund 800jährigen Expansionsphase die Geschicke dieser Region bestimmte und die wirtschaftlichen und kulturellen Beziehungen zu den Völkern am östlichen Mittelmeer und am Nil förderte.

Die Herrscher von Kanem-Borno waren die ersten, die im 11. Jh. zum Islam übertraten. Sie spielten damit eine wichtige Rolle für die Verbreitung dieser Religion in Nigeria und der Tschadsee-Region. Die Karawanen im Transsahara-Handel versorgten aber nicht nur die Märkte mit Gütern, sondern brachten auch Gelehrte, die in den Handelszentren den Islam predigten. Immer mehr Herrscher traten dieser neuen Religion bei, die nicht nur das Seelenheil versprach, sondern sich auch so vorzüglich zur Organisation von Staat, Gesellschaft und Diplomatie eignete, ohne die kulturelle Identität der Menschen zu zerstören.

Westlich des Reiches von Kanem-Borno waren zwischen dem 11. Jh. und 14. Jh. die Hausa-Staaten entstanden, kleine souveräne Einheiten mit Stadt- und Handelszentren. Kano, Katsina, Daura, Zaria und Gobir waren eingebunden in den Transsahara-Handel mit Kanem-Borno, Mali und Marokko und nahmen zugleich eine Schlüsselposition im Handel mit Südnigeria ein. Eine ähnliche Rolle spielten auch die im Middle Belt gelegenen Reiche der Jukun, Borgu, Igala und Nupe.

Der nordafrikanische Handelsreisende Hassan Ibn Muhammed, uns besser bekannt als Leo Africanus, hat bereits zu Beginn des 16. Jh.s ausführlich über Menschen, Märkte und islamische Zentren in den geschäftigen Hausa-Staaten berichtet.

Wirtschaftliche Macht und politischer Einfluß der einzelnen Hausa-Staaten wechselten in den folgenden Jahrhunderten. Interne Machtkämpfe und gegensätzliche Interessen im Handel und in den Beziehungen zu den Nachbarstaaten ließen allerdings nie die Entstehung eines einzigen mächtigen Hausa-Reiches zu. Dennoch blieben die Hausa-Staaten mit ihrer kreativen, produktiven Stadtkultur und dem landwirtschaftlich genutzten Hinterland lebendige und stabile Zentren im politischen und wirtschaftlichen Kräftespiel der Macht zwischen Savanne und Wüste.

Ibn Baṭṭūṭa

Reise nach Mālī

Als ich beschlossen hatte, nach Mālī zu reisen, das von Īwālātin 24 gute Tagereisen entfernt ist, warb ich einen Führer unter den Massūfa an. Es besteht keinerlei Notwendigkeit, in Gruppen zu reisen, weil diese Route sicher ist. Ich brach mit drei Gefährten auf. [...]

So setzte ich, als ich zu dem erwähnten Fluß kam, mit der Fähre über, ohne daß mich jemand daran gehindert hätte, und kam in der Stadt Mālī an, in der der König der Schwarzen residiert. Ich stieg beim Friedhof ab, ging ins Viertel, das von den Weißen bewohnt wird, und wandte mich an Muḥammad al-Faqīh, der für mich ein Haus gemietet hatte gegenüber dem seinen. Dorthin begab ich mich. [...]

Der Herrscher von Mālī ist Mansa Sulaymān. Mansa bedeutet Sultan, und Sulaymān ist sein Name. [...]

Nach dieser gastlichen Aufnahme wohnte ich zwei Monate in Mālī, ohne daß eine Botschaft von seiten des Sultans mich erreichte. Es begann der Monat Ramaḍān. In dieser Zeit ging ich häufig zum Ort der Ratsversammlung, grüßte den Sultan und setzte mich zum Richter und zum Prediger. Dabei sprach ich mit Dūghā, dem Dolmetscher. Der sagte mir: «Sprich mit ihm, und ich werde das Notwendige erklären.» Im ersten Ramaḍān-Drittel hielt der Herrscher nun eine Sitzung. Ich erhob mich vor ihm und sagte zu ihm: «Ich habe die Länder der Welt bereist und ihre Könige aufgesucht. Jetzt bin ich schon seit vier Monaten in Deinen Ländern, und Du hast mich nicht gastlich behandelt und mir nichts geschenkt. Was soll ich den [anderen] Königen erzählen?» Er antwortete: «Ich habe Dich nicht gesehen und nichts von Dir erfahren.» Da erhoben sich der Richter und ibn al-Faqīh und erwiderten ihm: «Er hat Dich gegrüßt, und Du hast ihm Lebensmittel geschickt.» Darauf befahl der Sultan, mir ein Haus zur Verfügung zu stellen, in dem ich wohnen könne, und für meinen Lebensunterhalt zu sorgen. In der Nacht des 27. Ramaḍān verteilte der Sultan an den Richter, den Prediger und die Rechtsgelehrten Geld, das sie als az-Zakāt bezeichnen. Er gab mir, ebenso wie ihnen, 33 1/3 Mithqāl sowie bei meiner Abreise noch einmal 100 Mithqāl Gold.

4. Wirtschaft und Gesellschaft

Johannes Reissner

Zinsverbot und Armensteuer

Der Koran (2:275) spricht ein ausdrückliches Zinsverbot aus. Daß dennoch in der muslimischen Gesellschaft die Praxis des Zinsnehmens, sei es durch Anwendung von Rechtskniffen (arab. *ḥiyal* von sing. *ḥīla*) oder dadurch, daß nichtmuslimische Minderheiten die Zinsgeschäfte führten, geübt wurde, ist bekannt. Zur Frage der Gültigkeit von Zinsen im modernen Bankwesen gibt es zwei Positionen. Liberale Muslime wie etwa der Pakistaner Fazlur Rahman meinen, daß mit dem koranischen Terminus *ribā* nicht die relativ geringen Zinsen heutiger Banken, sondern nur der Wucher gemeint sei. Doch die überwiegende Ansicht, die gerade in den letzten Jahren an Boden gewonnen hat, ist, daß mit *ribā* jegliche Art von Zins gemeint ist. Seit einigen Jahren bestehen einige wenige islamische, d.h. ohne Zinsen arbeitende Banken, von denen die Islamische Entwicklungsbank die größte und bekannteste ist. An die Stelle von Zinsnahme tritt bei den islamischen Banken die Regelung, daß der Geldgeber an Gewinn und Verlust wirtschaftlicher Unternehmen, in die die Bank investiert, gleichermaßen beteiligt wird.

Interessant ist, daß die von der Botschaft der Islamischen Republik Iran in Bonn herausgegebene deutsche Übersetzung der neuen Verfassung in den entsprechenden Artikeln (43,5 und 49), die von der unrechtmäßigen Aneignung handeln, nicht von Zins, sondern von Wucher spricht. Im Zusammenhang mit der Gründung einer islamischen Bank in Teheran im Winter 1979 zeigt dies, daß man sich wohl den Weg für beide Arten von Banken offenhalten will. [...]

Zu einem weiteren wichtigen Aspekt kapitalistischen Wirtschaftens, dem Versicherungswesen, besteht bei heutigen Theoretikern islamischer Wirtschaftslehre kaum Einigkeit. Was Versicherungsverträge in den Augen der Muslime suspekt erscheinen läßt, sind ihre Ähnlichkeit mit Zinsnahme, bewußtem Eingehen eines Risikos oder dem Glücksspiel sowie ihre Unvereinbarkeit mit der Glaubensforderung des Gottvertrauens (arab. *tawakkul*). Taqī ad-Dīn an-Nabhānī hat in seinem Werk *Die Wirtschaftsordnung im Islam* Versicherungsverträge jeglicher Art für verboten erklärt, weil sie nicht den Erfordernissen, die die *sharīʿa* an einen Vertrag stellt, entsprächen. Muṣṭafā az-Zarqā hingegen, ein ehemals führendes Mitglied der Muslimbrüder Syriens und im Jahre 1956 syrischer Justizminister, soll einer Artikelserie über das Versicherungswesen in der libanesischen Zeitschrift *al-Īmān* im Frühjahr 1979 zufolge Versicherungen als erlaubt erklärt haben, da es Verträge der gegenseitigen Hilfe und der Solidarität seien, dies aber vom islamischen Recht ausdrücklich gefordert werde. Der Autor der Artikelserie läßt dieses Argument jedoch nicht gelten, erklärt aber Sozialversicherungen in den Ländern, wo sie Pflicht seien, als rechtmäßig, da der Muslim der Obrigkeit zu gehorchen habe. Hier äußert sich der Widerstreit zwischen einer exakten Befolgung der *sharīʿa* und der Anerkennung der Tatsache, daß einige der von Europa übernommenen Praktiken den der *sharīʿa* unterstellten Geist und ihre Ziele bis zu einem gewissen Maß besser erfüllen als die buchstabengetreue Anwendung ihrer Regeln.

Den Verboten bestimmter Praktiken kapitalistischen Wirtschaftens steht eine Reihe von Geboten gegenüber, von denen das wichtigste das der *zakāt* ist, die zu den fünf grundlegenden Pflichten eines jeden Muslims gehört. Es überwiegt die Ansicht, daß sie nicht nur ein Almosen, sondern eine jährlich zu entrichtende Steuer sei, deren Zahlung zu den *ʿibādāt*, d.h. den Pflichten Gott gegenüber, gehört und von jedem Muslim zu leisten ist *(farḍ al-ʿain)*. Nur über die Frage, ob sie auch von Geisteskranken zu entrichten sei, besteht bei den einzelnen Rechtsschulen ein Meinungsunterschied. Nach islamischem Recht hat der Muslim für Feldfrüchte, Trauben und Datteln zehn Prozent, im Falle künstlicher Bewässerung fünf Prozent *zakāt* zu zahlen; für Kamele, Ziegen und Schafe bestehen recht komplizierte Regeln, für Gold, Silber und Handelsware werden zweieinhalb Prozent an *zakāt* erhoben. Die Staatskasse (arab. *bait al-māl*) verwaltet das eingenommene Geld, auf das laut Koran (9:60) folgende Personenkreise Anspruch haben:

(1.) Die Armen und Bedürftigen. Damit sind diejenigen gemeint, die überhaupt kein Einkommen haben, und diejenigen, deren Einkommen nicht ausreicht. (2.) Diejenigen, die die *zakāt* einsammeln und verwalten. (3.) Zur «Gewinnung der Herzen», womit sowohl gemeint ist, Geld von der *zakāt* an Ungläubige zu geben, um ihnen ihren Übertritt zum Islam zu erleichtern, als auch, es an Muslime zu geben, damit sie sich in ihrer Religion bessern. (4.) Zum Freikauf von Gefangenen oder Sklaven. (5.) Verschuldete, die zur Bezahlung ihrer Schulden nicht in der Lage sind, und zwar vor allem aufgrund von Unglücksfällen oder Naturkatastrophen. (6.) Die für den Islam streiten, und (7.) Reisende, denen Schutz und Unterstützung gewährt werden muß.

Einige dieser Kategorien sind sehr weitgehend interpretiert worden. Nicht nur die Vorwegnahme eines modernen Sozialstaates haben muslimische Apologeten in ihr gesehen, sondern sie geradezu als Inkarnation des Ideals sozialer Gerechtigkeit, die der Islam verwirkliche, gepriesen. Doch dies ist nur Rhetorik, wie das Beispiel Saudi-Arabien zeigt, wo die *zakāt* gesetzlich vorgeschrieben ist. Die Diskussion um die Wiedereinführung der *zakāt* in Pakistan hat deutlich gemacht, daß die einzelnen *zakāt*-Bestimmungen nur in den allgemeinen Darstellungen islamischer Wirtschaftslehre klar und eindeutig sind. Außerdem bedeutet eine Wiedereinführung der *zakāt* eine Hervorhebung des Unterschieds von Muslimen und Nichtmuslimen, da *zakāt* nur von Muslimen gezahlt werden kann.

Neben der rechtlichen Pflicht zur Zahlung der *zakāt* besteht noch die religiös-moralische Pflicht zur Vergabe von Almosen (arab. *ṣadaqa*). Vers 177 der zweiten Sure des Korans macht deutlich, daß den Verwandten, Waisen, Armen, Reisenden und denen, die darum bitten, Geld zu geben ebenso zur Frömmigkeit des Muslim gehöre wie der Glaube an Gott, das Jüngste Gericht, die Engel und den Koran sowie die Verrichtung des Gebets und die Zahlung der *zakāt*. Auch das Almosen wurde als wesentlicher sozialer Zug des Islams angepriesen, und viele, die von einem «islamischen Sozialismus» sprachen, haben sich den Vorwurf des «Almosensozialismus» gefallen lassen müssen.

zakāt und Almosen werden von Muḥammad al-Mubārak wie schon zuvor von Muṣṭafā as-Sibāʿī als Institutionen der «gegenseitigen sozialen Verantwortung» *(at-takāful al-ijtimāʿī)* behandelt. Auch die frommen Stiftungen rechnet er dazu und hebt die Stiftungen zu Errichtung von Schulen, Kranken- und Waisenhäusern hervor. Ferner wird die *kaffāra,* d.h. die Ausgleichszahlung für eine Sünde, bei der keine andere Person einen Rechtsanspruch hat (wie z.B. beim Fastenbrechen) und welche zumeist in der Speisung von Armen besteht, als soziale Einrichtung des Islams beschrieben. Schließlich wurde in diesem Sinn auch das islamische Erbrecht interpretiert – es sei erlaubt, ein Drittel des Besitzes für gute Werke zu vererben, schreibt Muṣṭafā as-Sibāʿī –, und die koranische Bestimmung, daß von der Kriegsbeute ein Fünftel an den Propheten und die Waisen und Armen zu geben sei, wurde als einzigartig in der Welt hervorgehoben.

Günter Seufert

Erfolg für die Frommen – ein islamischer Unternehmerverband in der Türkei

Das Kleinunternehmertum weist eine besondere Affinität zum oppositionellen religiösen Diskurs auf, denn religiöse Ideologie ermöglicht es ihm, seine Forderung nach Änderung der (ökonomischen und politischen) Verhältnisse in einer Art und Weise zu stellen, die die eigene ökonomische Stellung unberührt läßt. Mit dem «Unabhängigen Industriellen- und Unternehmerverband» (MÜSİAD) hat sich der gläubige Mittelstand eine eigene ökonomische Organisation geschaffen, und somit ist auch die Aufteilung der türkischen Wirtschaft in das Großunternehmertum, vertreten durch den «Türkischen Industriellen- und Unternehmerverband» (TÜSİAD), und den Mittelstand zu einer weltanschaulich und religiös konnotierten geworden. Tatsächlich streben die Mitglieder dieser Mittelstandsvereinigung Unabhängigkeit nicht nur vom Staat bzw. vom Großkapital an: «Wie der Name unseres Vereins schon sagt, ist es nicht sein Ziel, sich irgendwo anzubinden, sondern unabhängig zu bleiben. Bindung gibt es nur an das Eine, dem man letzthin Rechenschaft ablegen wird. Heute sind die Menschen ans Geld, an ihre Bedürfnisse, an die Politik und an die Bürokratie gefesselt. Deshalb haben wir uns für die Unabhängigkeit entschieden.» Die Unternehmerfraktion der Muslime nimmt die gesellschaftlichen Verhältnisse und ihre eigene Lage in ihnen mit Hilfe religiöser Symbolik wahr und sucht deshalb das Heil in einer Besinnung auf personale Sittlichkeit. In einem von Skandalen, Korruption und dem Recht des Stärkeren bestimmten Wirtschaftsleben scheint es die Reproduktion von Gemeinschaftsstrukturen zu sein, die dem freien Unternehmer die von staatlichen Kontrollinstitutionen wie der Justiz nicht gewährleistete Sicherheit im Wirtschaftsleben verschafft. Das Geheimnis des Verbandes besteht denn auch in der Reaktivierung personaler Strukturen: «Wenn Sie heute Ware kaufen, dann akzeptiert niemand Ihren Scheck. Sie zahlen entweder bar, oder Sie reichen Ihren Scheck zusammen mit einer Bankbürgschaft ein. Bei uns gibt es so etwas nicht. Wir erhalten die Ware eines jeden MÜSİAD-Mitglieds ohne irgendeine Sicherheitsleistung, exportieren die Ware und zahlen, sobald der Importeur leistet. Hier herrschen Vertrauen, Aufrichtigkeit und Brüderlichkeit.»

Weil kein sonstiger unternehmerischer Zusammenschluß eine solche Atmosphäre zu schaffen in der Lage ist, kann es die Mitgliedschaft im Verband und bei etwaigem Fehlverhalten die Drohung mit dem Ausschluß allein nicht sein, die diese effektive Sozialkontrolle gewährleistet. Der Verband, in dem auf persönliche Nähe gegründetes, sprich aus persönlicher Kontrolle erwachsendes Vertrauen herrscht, ruht selbst auf Gemeinschaften religiöser Art, in denen sich weite Bereiche des sozialen Lebens ihrer Mitglieder abspielen. Hinweis darauf ist die atemberaubende Schnelligkeit, mit der der Verband sich nach seiner Gründung in Istanbul bis in die letzte Ecke Anatoliens ausbreitete, ein Erfolg, der stark an die Organisations- und Reorganisationsphasen der ‹Partei der Muslime› erinnert.

Die Einbindung des einzelnen Unternehmers in eine sittliche Gemeinschaft relativiert die Partikularinteressen, und religiös legitimierte Geschäftsregeln führen zur Herausbildung einer gemeinsamen Handelsethik. Was firmenübergreifend funktioniert, ist wert, auch firmenintern zur Anwendung zu kommen. Über die Betonung der gemeinsamen sittlich-religiösen Orientierung von Firmeninhaber und Mitarbeiter sucht man ‹Betriebsgemeinschaften› zu bilden, in denen ein in religiösen Begriffen gefaßtes gemeinsames Interesse der Betriebsangehörigen (an der Existenz eines muslimischen Unternehmens, das ein von allen geteiltes sozialmoralisches Milieu reproduziert) die Sonderinteressen von Unternehmern und Arbeitern ausbalancieren soll: «Ich finde das kapitalistische System, in dem wir uns heute befinden, nicht richtig, und ich möchte kein Chef sein, der diesem System entspricht. Soweit es mir möglich ist, setze ich das im eigenen Betrieb um. Ich bemühe mich, mit den Leuten, die bei mir arbeiten, so oft wie möglich auch außerhalb der Arbeit zusammenzusein und aus uns allen eine Einheit zu bilden. Seit Beginn dieses Jahres gilt bei mir ein Prämiensystem, das sich mit der Parole ‹arbeite, verdiene, werde Teilhaber› an die Mitarbeiter wendet. Ich habe mir dafür ein religiöses Gutachten ausstellen und die Rechts- und Auslegungsbücher des Islam prüfen lassen. Es besteht keine gegenteilige Vorschrift.» [...]

Allgemein hat der muslimische Mittelstand bei der Verbindung von Religion und Geschäft wenig Schwierigkeiten. Religion dient mehr als Mittel, Zugehörigkeiten zu bestimmen, und d.h. hier, Geschäftsverbindungen zu erleichtern, als daß die Gebote der Religion sich wirklich geschäftsschädigend auswirken könnten. Das für den Islam in ökonomischer Hinsicht zentrale Verbot des Zinses wird von den Verbandsmitgliedern zwar wirtschaftstheoretisch begründet, gilt jedoch keineswegs uneingeschränkt. Auf eine Ausweitung des sozialmoralischen Milieus über die Gemeinschaft hinaus verzichtet man, sobald sich dies nachteilig für das Geschäft auswirken könnte. [...]

Wesentlich im muslimischen Geschäftsleben ist allemal die Stärkung des eigenen kulturellen Lagers, und es herrscht oft nur geringes Bewußtsein davon, daß den Anforderungen moralischer Lebensführung nicht allein damit gedient ist, daß es Muslime sind, die wirtschaftlich erfolgreich sind. Tragikomisches Beispiel dafür ist es, wenn der islamistische Fernsehsender den religiösen Spielfilm für die Reklame genau an der Stelle unterbricht, an der der Vorbild-Derwisch seinem Schüler die Segnungen der Genügsamkeit erklärt.

Stefano Bianca

Die mittelalterliche islamische Stadt

Das städtische Leben spielte sich weitgehend nach den Regeln der Scharî'a ab, und die Treuhänder und Verwalter dieser Ordnung waren die Rechtsgelehrten (Ulamâs), aus deren Rängen die obersten Beamten der Stadt gewählt wurden, vor allem der Kadi (Richter) und der Muhtasib (Marktaufseher). Der Kadi war der oberste Vertreter der städtischen Gemeinschaft und für deren Wohl verantwortlich. Er war zugleich der Verwalter der ‹Güter toter Hand› (‹Waqf›), die durch fürstliche und private Stiftungen in den Besitz der Gemeinschaft übergegangen waren und aus dem die Wohlfahrtsbauten wie Moscheen, Koranschulen, Brunnenhäuser unterhalten wurden. Aus diesem Schatz konnte er auch dem Fürsten Beiträge für gemeinnützige Unternehmungen wie Pilgerzüge, Befestigung der Grenzen oder Verteidigungsausgaben entrichten, doch innerhalb der theokratischen Staatsform war er Gott allein und nicht dem Sultan Rechenschaft schuldig. In der Praxis konnte sich hier freilich ein subtiles Loyalitätsproblem ergeben, und der Kadi fand sich oft zugleich dem Druck der Bevölkerung wie jenem der Machthaber ausgesetzt und mußte dann zwischen beiden den Ausgleich suchen, was großes psychologisches Geschick im Umgang mit den Vertretern der Macht erforderte.

Der Muhtasib – eine islamische Version des römisch-byzantinischen Marktinspektors – war die rechte Hand des Kadis und

Abb. 2. Marktbetrieb in der großen Nordsüd-Ader des alten Kairo, nach einem Stich aus dem 19. Jahrhundert von D. Roberts. Links und rechts Aufgänge zu den Portalen monumentaler mamlukischer Stiftungsbauten, wie Moscheen, Koranschulen und Mausoleen.

hatte in dessen Auftrag als Hüter der öffentlichen Ordnung tätig zu sein. Wie kaum eine andere Figur des öffentlichen Lebens verkörperte er den Geist der islamischen Stadt, hatte er doch vertraut zu sein mit allen Regeln der Rechtskunde, aber auch mit allen Schlichen des Geschäftslebens. Seine Aufsicht erstreckte sich besonders auf das Münz- und Wechselwesen sowie auf die im Handel verwendeten Maße und Gewichte, und seinen Einfluß verdankte er der Tatsache, daß die Vorstände der Berufsverbände, wenn sie auch von der Korporation selbst vorgeschlagen wurden, doch durch ihn ernannt oder beglaubigt werden mußten. Um den Gang des Gewerbelebens mit den Anforderungen der Scharî'a in Einklang zu halten, mußte er in enger Tuchfühlung mit dem Getriebe der Märkte bleiben und mögliche Auswüchse von vornherein beschneiden. Seine Anweisungen waren nicht eigentliche Gesetze, sondern präzise Anordnungen, die ganz nach der jeweiligen Situation und den jeweiligen Umständen getroffen wurden, um die allgemeinen Regeln des religiösen Rechtes zu wahren. Ebenso pragmatisch zeigte sich der Strafvollzug, der besonders wirksam war, wenn er nicht nur Bußen, sondern die persönliche Ehre ins Spiel brachte (ungenügende Produkte leichtfertiger oder betrügerischer Handwerker konnten öffentlich zur Schau gestellt werden). Überhaupt war es die vornehmste Aufgabe des Muhtasib, interne Konflikte (gegebenenfalls unter Hinzuziehung von Experten und Vertrauensleuten) an Ort und Stelle zu schlichten und nach Möglichkeit zu verhindern, daß Streitfälle vor den Kadi getragen werden mußten.

Der Verwaltungsapparat von Kadi und Muhtasib beschränkte sich auf eine Anzahl Schreiber, Notare, amtliche Zeugen und Aufseher, die ihren Standort meist in der zentralen Moschee oder in kleinen Anbauten davon hatten. Den heutigen Betrachter mag es erstaunen, daß die Verwaltung von Städten, die leicht eine Einwohnerzahl von 100000 erreichen konnten, mit einem so bescheidenen Aufwand möglich war. Vor allem zwei Gründe sind dafür zu nennen: Einmal war die gesetzliche Ordnung, wie wir bereits gesehen haben, durch die Gläubigen in Form von rituellen Verhaltensregeln verinnerlicht und wurde meist aus eigenem Antrieb befolgt, um das

«Heil in beiden Welten» zu erringen, mußte also nicht von außen durch staatliche Einwirkung auferlegt und durchgesetzt werden. Dazu kam eine weitgehende Autonomie der verschiedenen sozialen Gruppen, die viele staatliche Funktionen in eigener Verantwortung übernahmen. Das Lebensgefüge der traditionellen islamischen Stadt war aus einer Vielzahl solcher selbsttragenden Gemeinschaften zusammengesetzt, die das Individuum in einen festen sozialen Verband einschlossen. Hier ist vor allem an das alte nomadische Stammes- und Sippenbewußtsein zu erinnern, das im urbanen Bereich fortlebte und sich in der Bildung von ‹Häusern› und Quartieren bestätigte, die als Staat im Staate gelten konnten. Daneben galt natürlich auch der Verband der Familie als Urzelle der sozialen Struktur: Anders als im Christentum ist die Familie hier eher dem Sippendenken als dem Sakrament der Ehe verhaftet, gilt aber dennoch als unantastbare, ja geheiligte Lebensgemeinschaft, deren private Sphäre vor allen äußeren – auch staatlichen – Eingriffen zu schützen war.

Besonders kennzeichnend für die städtischen Verhältnisse wurde der Zusammenschluß von Handwerkern und Gewerbetreibenden jeder Art zu eigenen Berufsverbänden, eine typisch urbane Erscheinung, für die es nichts Vergleichbares in der nomadischen Vergangenheit gab. Solche Verbindungen verfolgten kaum die politischen und sozialkämpferischen Ziele der späteren europäischen Zünfte, verfügten aber über ihre festen Ehrbegriffe, oft auch über esoterische Traditionen und immer über wirksame soziale Fürsorge. Ihnen vergleichbar sind die dem Sufitum verbundenen religiösen Bruderschaften, die sich als geistiges Gerüst eines einzelnen Berufsstandes konstituieren konnten oder Menschen über verschiedene berufliche und soziale Schichtungen hinweg zu einem geistigen Orden verbanden.

Freiere, aber nicht weniger wirksame Arten von Verbänden und Zusammenschlüssen ergaben sich aus dem Klientelverhältnis, das weniger begünstigte Bürger am Reichtum und am Einfluß bessergestellter Individuen und ihrer Sippe teilhaben ließ. Solche Klientelverhältnisse konnten auch im geistigen Bereich bestehen und ließen dann eine feste Anhängerschaft um einen durch Wissen, Gelehrsamkeit oder Weisheit hervorragenden Scheich erwachsen, was im Fall von Gelehrten und Rechtskundigen zu leidenschaftlichen Parteibildungen führen konnte. Schließlich ist auch noch die Bindung zwischen Herren und Sklaven zu nennen, ein Verhältnis, das im Islam nichts von der Grausamkeit der späteren amerikanischen Einrichtung an sich hatte, sondern eine besondere Art fester menschlicher Zusammengehörigkeit darstellen konnte. In vielen Fällen (wie bei den Mamluken) war ja das Sklaventum nur die erste Stufe eines steilen Aufstiegs, und immer ermöglichte es dem Tiefergestellten die Einordnung in eine tragende Sippen- oder Gefolgschaftsstruktur.

Jede der genannten Gruppen, die sich auch überschneiden konnten, verwaltete sich weitgehend selbst, wodurch jeder Teil der Gesellschaft über seine eigenen internen Regelungsprozesse verfügte. Der Stammesführer, der Sippenälteste, der Familienvater, die Zunftvorsteher oder der Ordensmeister besaßen in ihrem Kreis eine unantastbare Autorität und konnten die Ansprüche ihrer Gemeinschaft legitim nach außen hin vertreten oder umgekehrt für die interne Erfüllung auferlegter Pflichten sorgen. Die meisten Berufsverbände besaßen eine anerkannte eigene Gerichtsbarkeit, um interne Streitigkeiten zu schlichten, während etwa die Bruderschaften schon ihrer Zielsetzung nach gehalten waren, jeden Zwist zu vermeiden (sie hatten, wie Ibn Chaldûn es vom religiösen Menschen fordert, «ihren zügelnden Einfluß in sich selbst»).

Da die politische Herrschaft im Alltag nur selten und nur vom Rande her in Erscheinung trat, blieb dem Wirken der sozialen Gruppen ein großer Spielraum. Die tatsächliche Führung des Gemeinwesens wurde nicht von einer zentralen Verwaltung besorgt, sondern weitgehend an die verschiedenen sozialen Gruppen delegiert. Damit fiel die Regelung der meisten öffentlichen Angelegenheiten in die Hand der ‹Notablen›, das heißt der die Gruppen vertretenden Oberhäupter. Ganz im Einklang mit der islamischen Lebensauffassung entstand daraus kein formalisiertes Parlament, sondern ein informeller ‹Rat der Alten›, in dem Beschlüsse in gegenseitiger Konsultation und wenn möglich durch Konsensus gefaßt wurden, wie es dem prophetischen Prinzip der ‹Schûrâ› entsprach. In diesem Rat fanden sich die Scheiche, die Sippen- und Stammesältesten und die ‹Schurfa›, das heißt die durch ihre Abstammung vom Hause des Propheten ausgezeichneten Glieder der Gesellschaft, zusammen, dann die Vorsteher der Berufsverbände, einflußreiche Kaufherren, verehrte geistige Führer und schließlich die Rechtskundigen, denen ja auch der Kadi, die wichtigste Gestalt im öffentlichen Leben der Stadt, entstammte. So ergab sich jeweils ein offenes Gremium, das bei entscheidenden Anlässen zusammentrat und im Spiel der Gewichte nach dem gerechten Ausgleich suchte. Eine solche Art der Beschlußfassung mußte den jeweiligen Umständen, Möglichkeiten und Realitäten Rechnung tragen und neigte eher dem Kompromiß zu als der Durchsetzung absoluter Prinzipien. Dies geschah um so leichter, als man sich bewußt war, daß nichts außer dem Göttlichen vollkommen sei und daß «viel Gutes sich nur im Beisein eines kleinen Teils von Bösem verwirklichen könne, was aus den gegebenen Bedingungen der Materie hervorgeht» (Ibn Chaldûn).

Den ‹Ulamâ› (Rechtsgelehrten) kam in der Führung des islamischen Gemeinwesens eine ganz besondere Bedeutung zu: Wie unzählige Hadîthe des Propheten bezeugen, blieb ein blinder Glaube, also eine Verehrung ohne begleitendes Wissen, nutzlos. So waren die Ulamâ als Treuhänder der Scharî'a das personifizierte Gewissen der Stadt und gaben ein Richtmaß für das öffentliche, ja in gewissem Maße auch für das private Leben der Einwohnerschaft. Ihre Erziehung blieb die Grundausbildung in jedem koranisch bestimmten Staatswesen und förderte den Bestand einer unspezialisierten Elite, aus deren Reihen alle öffentlichen Stellungen besetzt wurden – sowohl die staatlich orientierten wie die Sekretäre und Sonderbeauftragten des Herrschers oder des Gouverneurs als auch die religiös orientierten wie der Imâm, der Kadi und die Lehrer in den Moscheen und Koranschulen. Da die Zulassung keine einschränkenden Bedingungen vorsah (die Schulen wurden durch Stiftungen unterhalten und standen jedermann offen), rekrutierten sich die Studenten aus allen sozialen Schichten. Indem die Ulamâ also einerseits über nahe Verbindungen zu ihren in verschiedenen Bezirken des öffentlichen Lebens tätigen Standesgenossen verfügten und andererseits über die engen Bande zum sozialen Milieu, dem sie entwachsen waren, leisteten sie einen entscheidenden Beitrag zur Integration der städtischen Gesellschaft. Ihre Ausbildung war keine nur zweckgerichtete Schulung, sondern sollte auch höhere Allgemeinbildung und kultiviertes Benehmen vermitteln, sie verlieh dem Individuum eine in der ganzen islamischen Welt anerkannte Distinktion – gleichgültig, welchen Beruf es später ausüben mochte. Nicht wenige unter den Ulamâ unterhielten enge Beziehungen zu der Welt der Handwerker und Kaufleute, und oft kehrten sie zu einem solchen Gewerbe zurück, wenn ihre öffentliche Stellung sie nicht voll beanspruchte.

Der Rückhalt, den die Ulamâ in den Kreisen der Bevölkerung hatten, und die unantastbare Autorität, die sie darstellten, ermöglichten es ihnen, gegebenenfalls im Verein mit den anderen Notablen und Würdenträgern der Stadt einen Widerstand in der Einwohnerschaft aufzubauen, dem ein Despot machtlos gegenüberstand, wenn er nicht das Odium der militärischen Kraftprobe auf sich nehmen wollte. Ein solcher Widerstand war besonders wirksam, wenn er sich auf einen Konsensus zwischen den Vertretern der sozialen Gruppen stützen konnte. Der Weg, ihn kundzugeben, war vorerst die Andeutung an geeignetem Ort, was dank den Beziehungen der Ulamâ und dank der ungeschriebenen Verpflichtung der Herrscher zur Konsultation der Rechtsgelehrten keine Schwierigkeiten bereitete. Gewichtigere Formen des Protestes waren das geschlossene Fernbleiben der Bevölkerung vom offiziellen Freitagsgottesdienst und das demonstrative Schließen der Läden im Bâzâr, wie es von den Häuptern der Gemeinschaft herbeigeführt werden konnte. Als letztes Mittel blieb schließlich die offene Revolte in der Freitagsmoschee, wenn der Herrscher trotz vorheriger Warnung eine unannehmbare politische Entscheidung gegen den Willen der Notablen durchsetzen wollte.

Ulrich Haarmann

Ein Gelehrtenschicksal im mamlukischen Kairo

Das Verhältnis zwischen autochthonen, arabischsprachigen Untertanen und mamlukisch-türkischen Potentaten im spätmittelalterlichen Ägypten ist seit geraumer Zeit Gegenstand wissenschaftlichen Interesses. Durch welche autonomen Bereiche wurde die mamlukische Machtfülle begrenzt? Waren sich Herrscher und Beherrschte dieser Begrenzungen bewußt? Welche Rolle spielten die Gelehrten als Mittler zwischen der türkischen Militäraristokratie und deren einheimischen Untertanen? Individuen, die sich in diesem Spannungsfeld bewegten und überdies darüber Rechenschaft abgelegt haben, sind selten, für den Historiker der gesellschaftlichen Verhältnisse in der Reichshauptstadt Kairo unter den Tscherkessensultanen (1382–1517) dafür um so wertvoller.

Einer dieser Zeugen ist Muḥibb ad-Dīn Muḥammad b. Ḫalīl, üblicherweise nach seinem Sohn als Abū Ḥāmid und seiner Herkunft als al-Qudsī oder al-Maqdisī (der Jerusalemer) bekannt. Er wurde 1414 oder 1416 in Ramla in Palästina geboren und starb 1483 in Kairo. Abū Ḥāmid war, soweit wir dies beurteilen können, ein fruchtbarer Gelehrter. [...]

Bisher unbeachtet geblieben ist Abū Ḥāmids zweites erhaltenes Werk, eine bemerkenswerte, wenn auch durchaus nicht immer originelle Legierung eines Fürstenspiegels mit einem Handbuch für den *muḥtasib,* den islamischen (wohl auf den byzantinischen *agoránomos* zurückgehenden) Markt- und Sittenvogt. Das Buch trägt, vielleicht in Nachahmung ähnlicher Werke aus der Feder älterer Autoren, den Reimprosatitel: ‹Baḏl an-naṣā'iḥ aš-šar'iyya fimā 'alā s-sulṭān wa-wulāt al-umūr wa-sā'ir ar-ra'iyya›, zu Deutsch: ‹Reicher gesetzlicher Rat für den Herrscher, die [übrigen] Amtsinhaber und alle Untertanen›. [...]

Abū Ḥāmid präsentiert sich in diesem Werk als standesbewußter Religionsgelehrter. Seiner Zunft allein obliege und gebühre die Hüterschaft über das Göttliche Gesetz. «Sie [d.h. die

Juristen] sind die *fātiḥa* [= die Eröffnungssure des Korans, Sinnbild für höchsten Rang] für alle Segen in dieser und in jener Welt», formuliert er stolz mit eigenen Worten im Kapitel über die Rechte und Pflichten des Sultans. «Wir, die Religionsgelehrten» – und damit meint er implicite: nicht der Herrscher – «sind das Salz des Landes und dazu berufen, das Elend der Bevölkerung zu beheben. Und wenn das Salz selbst schlecht würde, wer könnte ihm dann noch helfen?» fügt er unter Berufung auf eine ältere Quelle selbstsicher hinzu.

Das Kräfteverhältnis zwischen Gelehrten und Militärs ist – so betont er immer wieder – in seiner Zeit zu Lasten der Rechtskundigen gestört. Die Arroganz der Mamlukenoffiziere hat die Gelehrten ihrer legitimen Rechte und ihrer Würde beraubt. Von den gläubigen Untertanen eingehobenes Geld wird auf Luxusgewänder, kostbares Pferdegeschirr, vergoldete Tintenfässer und horribile dictu schöne junge Mamluken, Sklavinnen und Sängerinnen verschwendet, ohne daß die Schriftgelehrten, wie es rechtens wäre, davon profitierten. [...]

Auch mit seinen Kollegen hat Abū Ḥāmid ein Hühnchen zu rupfen. Widersteht den Versuchungen der Korruption, macht euch nicht lächerlich, indem ihr bei Sultanen und Emiren um Posten buhlt. Letztere verachten euch doch nur, wenn ihr sie um lukrative Pfründen angeht. Ihr riskiert doch nur den Entgelt im Jenseits. Seid ehrlich, Kollegen, eure Einkünfte genügen doch zum anständigen Leben. Wenn euch allerdings nach Luxus gelüstet, dann tätet ihr in der Tat besser, den Beruf zu wechseln und das Amt eines einfachen Schreibers in einer Behörde oder in der Armee anzunehmen, da verdient ihr mehr.

Zwölf Jahre später (1475) – inzwischen regiert in Kairo Sultan Qāyitbāy (1468–96) – verfaßt Abū Ḥāmid sein drittes Werk, das er dem kriegstüchtigen und gebildeten Generalissimus Yašbak aẓ-Ẓāhirī (gestorben 1480) widmet. [...] Wie schon der Titel dartut, ändert Abū Ḥāmid in diesem Werk radikal seine Einstellung gegenüber Türken und Arabern, Mamluken und Gelehrten. Gebenedeit mit dem Geschenk der Bekehrung zum Islam und von ausgewählten Rechtsgelehrten unterwiesen, widmen diese mamlukischen Türken ihre Kräfte und sogar ihr Leben der Verteidigung der Glaubensgemeinschaft, «der Familie und Nation des Islams». Frohgemut nehmen sie die Bürde des Heiligen Kampfes *(ǧihād)* auf sich und entlasten so die unkriegerischen Ägypter – ein uralter Topos! – von dieser Kollektivverpflichtung. Völlig zu Recht ernten sie als Entgelt den Reichtum des Landes. Türken beschützen die hilflosen Menschen gegen Wegelagerei, Plünderei und beduinische Willkür. Türken bescheren den Städten Wohlstand, Ruhe und Frieden. [...]

Die Rollen des Helden und des Schurken sind plötzlich vertauscht. Konzentriert und kapriziert sich Abū Ḥāmid in seinem Werk ‹Badl an-naṣā'iḥ› auf die Gerechtigkeit des verkannten und mißhandelten Religionsgelehrten, «das Salz der Erde», der unter der Arroganz der Mamluken bitter zu leiden habe und darum auf göttlichen Ausgleich hoffen dürfe, so weist er jetzt, ein Dutzend Jahre danach, alle Schuld den unerträglich überheblichen und verkommenen Gelehrten zu. Seine früheren Vorbehalte gegenüber der mamlukischen Tyrannis sind zu vorsichtig-betulicher Kritik geschrumpft. Verglichen mit den herzlosen und blasierten Gelehrten, denen er nun alles Übel aufs Haupt wünscht, seien die Mamluken Bollwerke der Charakterfestigkeit. Sie, die Mamluken, preist Abū Ḥāmid jetzt als «Salz Ägyptens». So ändern sich die Zeiten. [...]

Unter anderen Umständen müßte der Historiker an dieser Stelle abbrechen und sich obendrein sehr kritisch fragen, ob wohl nicht doch – entgegen aller Evidenz – zwei verschiedene Autoren die beiden zuletzt vorgestellten Abhandlungen verfaßt haben. Freilich haben wir mit Abū Ḥāmid Glück; das Dilemma läßt sich auflösen. Nicht nur läßt sich sein Gesinnungswandel verifizieren, sondern wir können aus den zeitgenössischen Quellen auch seine persönlichen Gründe für diesen Schwenk erschließen. Zwei zeitgenössische Prosopographen kommen uns auf der Suche nach diesen Motiven entgegen.

As-Saḫāwī (gestorben 1497), ob seiner bissigen und nur allzuoft abwertenden Kommentare über Kollegen berüchtigt, widmet in seinem Jahrhundertlexikon ‹aḍ-Ḍaw' al-lāmi'› Abū Ḥāmid ein Biogramm. Danach war dieser fromm, fleißig und gewissenhaft, aber einfach nicht intelligent und alert genug, in dem Wettbewerb seiner Zeit zu bestehen. Die Leute machten sich über seine Langsamkeit und Umständlichkeit lustig. Weitaus zerstörerischer für Abū Ḥāmids emotionales Gleichgewicht muß allerdings die desillusionierende Erfahrung mit einem Lehrer gewesen sein, einem gewissen Šihāb ad-Dīn ibn Raslān, den der junge Gelehrte verehrte, dessen Edelmut und Großherzigkeit er die Entfaltung der eigenen Talente zu schulden glaubte und den er als energischsten Fürsprecher seiner selbst in der Kollegenschaft ansah. Eines Tages aber nun, so as-Saḫāwī, erfuhr Abū Ḥāmid, daß es mit der grenzenlosen Liebe und Hochachtung *(al-maḥabba wal-qabūl)* dieses Meisters nicht weit her gewesen sein kann. Er machte sich vielmehr vor Dritten besonders spöttisch über den anhänglichen Abū Ḥāmid her. Der aber verzweifelte schier; Euphorie und Geborgenheit wandelten sich in Depression *(al-ḫumūd walḫumūl)* und beängstigende Einsamkeit.

Ein anderer Historiker der Zeit, Ibn Iyās (gestorben ca. 1524), hat uns zwei Verse eines Gedichts bewahrt, die einer von Abū Ḥāmids niederträchtigen Widersachern unserem armen Helden gewidmet hat. «Abū Ḥāmid, weit reicht dein Ruhm für deine vielen Werke und Sammlungen in Disziplinen, in denen es dir keiner gleichtut – deine Gelehrsamkeit ist einzigartig, niemand hierzulande kommt an dich heran.» Voller Seligkeit las Abū Ḥāmid diese Zeilen; «er merkte gar nicht, daß man ihn in den beiden Versen auf den Arm genommen hatte». Treuherzig erzählte er sie vielmehr voller Stolz weiter und sorgte damit selbst dafür, daß er immer tiefer in dem Abgrund der Lächerlichkeit versank.

Irgendwann zwischen 1463 und 1475, den Abfassungsjahren der beiden Schriften, muß Abū Ḥāmid gemerkt haben, welch abscheuliches Spiel mit ihm getrieben wurde, wie zynisch und herablassend seine Kollegen ihn behandelten. Auf einmal verliert sein Loblied auf die Mamluken und sein schroffes Verdikt gegen die süffisanten Gelehrten aus dem Jahre 1475 alles Rätselhafte. Hier wehrt sich jemand mit den ihm zur Verfügung stehenden beschränkten Mitteln, der ins Mark getroffen ist. Nicht die von Michael Cook wenig einfühlsam zitierte «outstanding stupidity» Abū Ḥāmids scheint mir das Markenzeichen unseres leidenden Helden zu sein, sondern seine grenzenlose Naivität und deren Begleiter, nämlich seine hilflose Abhängigkeit vom Urteil anderer und seine seelische Zerbrechlichkeit. [...]

Für uns moderne Beobachter ist Abū Ḥāmids Neurose auf jeden Fall ein wichtiger Schlüssel zum Verständnis gelehrten Miteinanders in Kairo, der geistigen Metropole des orthodoxen Islams im ausgehenden Mittelalter. Sie läßt uns hinter die brüchige Fassade religionsgelehrter Solidarität, gottgefällig-altruistischen Lebenswandels und ethnischer Auserwähltheit schauen, die die arabischen Intellektuellen der Zeit, die sich in ungezählten Moscheehochschulen und Sufikonventen auf die Füße traten, nur allzu bereitwillig gegenüber den als Barbaren verunglimpften Mamluken aufgerichtet haben. Leicht ist einer instabilen Persönlichkeit wie Abū Ḥāmid der Bruch mit seinen Gefährten sicherlich nicht gefallen, in deren Gemeinschaft – man denke an die Schrift aus dem Jahre 1463 – er sich doch so geborgen und akzeptiert gefühlt hatte. Er war gewiß nicht der Typ des mutigen Einzelgängers wie z.B. der Bagdader christliche Arzt Ibn Buṭlān (gestorben 1066), der aus vergleichbaren Auseinandersetzungen mit seinen Kollegen gestärkt und angesehen hervorgegangen war. Als Abū Ḥāmid nach langem inneren Widerstreben das Ausmaß der Schmähung und – wie er es sehen mußte – Heimtücke seiner arroganten Kollegen erkannte, schlug er um sich und kümmerte sich auf einmal nur mehr wenig um die gesellschaftlichen Realitäten seiner Zeit.

So sehr man sich hüten muß, die Mamluken und ihre politische und wirtschaftliche Macht zu dämonisieren, als so schwach erwies sich die Position aller anderen Gruppen in der Kairorer spätmittelalterlichen Gesellschaft, die von den Mamluken nicht ohne Geschick gegeneinander ausgespielt wurden. Bei klaren Sinnen hätte Abū Ḥāmid wissen müssen, daß die von ihm 1475 in einem so seltsam milden Licht gezeichneten Mamluken – also auch ein so wichtiger Mann wie sein Patron Yašbak aẓ-Ẓāhirī – ausgerechnet auf ihn als Verbündeten gegen das Establishment der Kairoer Schriftgelehrten nicht angewiesen waren. Abū Ḥāmids Anbiederungsversuche dürften auf allen Seiten, bei Mamluken und Gelehrten, Kopfschütteln und mitleidiges Lächeln hervorgerufen haben, wenn man sie überhaupt zur Kenntnis nahm. Wie scharfsichtig hatte es doch Abū Ḥāmid 1463, zwölf Jahre zuvor, noch selbst im Zustand innerer Gelassenheit formuliert: Nichts macht einen Gelehrten bei den Herrschenden verächtlicher als serviles Antichambrieren.

Leonhard Harding

Sokoto – ein islamisches Staatswesen im Sahel

Eine besondere Entwicklung, die auf dem afrikanischen Kontinent ohne Beispiel ist, hat sich im 19. Jahrhundert im westlichen Sudan durchgesetzt: die Entstehung islamischer Großreiche. In Westafrika hatten in früheren Jahrhunderten schon islamische Reiche floriert, so die Reiche Ghana (700–1200), Mali (1200–1500) und Songhai (1350–1600). Aber das letzte von ihnen wurde in den letzten Jahren des 16. Jahrhunderts von marokkanischen Truppen zerstört. Gegen Ende des 18. Jahrhunderts traten im westlichen Sudan erneut islamische Reformbestrebungen mit gesellschaftlich und politisch revolutionierender Stoßrichtung auf. Aus ihnen ging eine Reihe von Staatsgründungen hervor, von denen das nach islamischen Staatsvorstellungen aufgebaute Kalifat von Sokoto im Norden des heutigen Nigeria die wichtigste und bekannteste war.

Das Kalifat war von Usma dan Fodio, einem Gelehrten und weit bekannten islamischen Wanderprediger, und von mehreren anderen gebildeten Moslems in einem großangelegten «jihad», dem heiligen Krieg der Moslems gegen die Ungläubigen, in den ersten Jahren des 19. Jahrhunderts gegründet worden. Der Ansatzpunkt dieses Krieges war eine heftige Kritik an der herrschenden Schicht der verschiedenen Haussa-Staaten dieser Region gewesen, der man politische und ökonomische Diskriminierung der islamischen Herrschaft und Rechtsprechung vorwarf. Demgegenüber wollten die islamischen Gelehrten und Kriegsführer ein Staatswesen schaffen, das auf der Gleichheit aller, auf dem Respekt vor der Menschenwürde, auf einem einheitlichen, schriftlich fixierten Recht, dem islamischen Recht, und auf der Achtung Allahs und seines Vertreters, des Imam, aufbaute. Das Ergebnis war ein Großreich, das politische Stabilität und eine ungeahnte ökonomische Blüte erlebte, erst der britischen Waffentechnologie Ende des 19. Jahrhunderts weichen mußte und bis heute den Norden Nigerias kulturell prägt.

Das Besondere an der Entstehung, Entfaltung und Blüte dieses Staates war zunächst seine ideologische Basis, die zu einem erheblichen Teil für diese Stabilität verantwortlich war. So war die Spitze des politischen Systems, der Kalif, ideologisch legitimiert als das religiöse Oberhaupt aller Moslems der Region. An dieser Autorität nahmen auch die von ihm in den Einzelteilen des Reiches (den Emiraten) ernannten Emire und die Minister der Zentralregierung teil. Die herrschende Schicht bedurfte also zur Sicherung ihrer Macht in erster Linie der religiösen Loyalität der Gläubigen, nicht mehr verwandtschaftlicher Legitimierung, auch nicht mehr der Anwendung besonderer Ausbeutungs- oder Bereicherungspraktiken. In dieser Gesellschaft waren verwandtschaftliche Beziehungen als Ausgangspunkt politischer Legitimierung hinter Kriterien der Religion, der Bildung, der Kompetenz, aber auch hinter solche des gesellschaftlichen Ansehens zurückgetreten. Damit war der Weg frei für die Entfaltung ökonomischer und gesellschaftlicher Entwicklungsprozesse, die aus sich heraus das politische System nicht gefährden konnten, sondern im Gegenteil häufig stützten. So stellte etwa die Loslösung der richterlichen Gewalt von bestimmten Personen und ihre Übertragung auf bestimmte Institutionen, die an das schriftlich fixierte islamische Recht gebunden waren, eine gesellschaftliche und politische Weiterentwicklung dar, die der Stabilität des Staates zugute kam.

Diese politischen Rahmenbedingungen sowie die Befriedigung dieses streckenweise dicht besiedelten Großraumes ließen die Wiederbelebung des seit Jahrhunderten regen Fernhandels, seine erstaunliche Ausweitung im Laufe des 19. Jahrhunderts und seine Einbindung in ein größeres Wirtschaftssystem mit eigenem Produktions- und Verarbeitungsbereich zu. Auf diese Weise entstand ein Industriegebiet, in dem vor allem Baumwolle und Indigo produziert, zu Stoffen und Kleidungsstücken verarbeitet und vermarktet wurden. In den größten Städten dieses Reiches lebten nach Berichten des deutschen Afrikareisenden Heinrich Barth um die Mitte des 19. Jahrhunderts bis zu 50000 Menschen. Der Handel stellte für diese theokratische Herrschaftsform keine Bedrohung dar, da die herrschende Schicht ihre Legitimation und ihre Macht nicht vorwiegend aus Reichtum oder Kontrolle des Handels bezog. Im Gegenteil: Handel und Händler wurden vom politischen System ermuntert und keinen Beschränkungen unterworfen. Die ökonomische Basis der herrschenden Schichten lag entsprechend der religiösen Grundstruktur des Staates in vielfältigen, vom Islam vorgesehenen Abgaben der Gläubigen, in den Einkünften aus der Sklavenarbeit auf den großen Plantagen, in den regelmäßig zur Sklavenbeschaffung ausgerufenen kleineren «jihads» gegen nichtunterworfene Völker und in den Erlösen des Sklavenhandels.

Weder die ökonomische Basis noch die gesellschaftliche Legitimierung dieser islamischen Herrschaftsform waren mit den Organisationsformen der Macht in den afrikanischen Königreichen vergleichbar; sie waren in weitaus geringerem Maße an bestimmte Formen ökonomischer Tätigkeit und an bestimmte gesellschaftliche Strukturen gebunden. Die Herrschaft war flexibler, vertrug, ja beschleunigte größere gesellschaftliche Differenzierung und Arbeitsteilung und war gleichzeitig durch die im Islam festgeschriebenen Prinzipien der Staatsführung zu größerer, personenunabhängiger Kontinuität fähig. Auch wenn ökonomisch ein erheblicher Teil der Staatseinnahmen aus nichtproduktiver Tätigkeit, aus dem Sklavenraub, stammte, war dieses Staatswesen mit seinen ökonomischen, gesellschaftlichen, politischen und ideologischen Strukturen stabil und entwicklungsfähig, jedenfalls weniger anfällig für Einwirkungen von außen als die übrigen Herrschaftsformen im Afrika des 19. Jahrhunderts.

Yāqūt

Im Goldland al-Tibr

Al-Tibr. Eines der Länder der Schwarzen, bekannt unter dem Namen al-Tibr. Von dort stammt das pure Gold. Es [al-Tibr] liegt südlich des Maghrib.

Die Kaufleute pflegen von Sidschilmāsa zu einer Stadt im Grenzbereich [des Landes] der Schwarzen zu reisen, die sie Ghāna nennen. Sie sind versehen mit Salz und Pinienholz; letzteres gehört [zu der Art von] Holz, aus dem Pech gewonnen wird, es hat jedoch keinen üblen Geruch, sondern neigt eher zu einem aromatischen Duft als zu einem Gestank. Weiter [haben sie bei sich] blaue Glasperlen und Armreife aus rotem Kupfer sowie Reife und Ringe, die aus reinem Kupfer sind. Sie beladen mit ihren Waren schöne und starke Kamele. Dann nehmen sie Wasser auf im Land der Lamtūna, welche die Verschleierten sind und zu den Berbern des Maghrib gehören. Wenn sie weiterreisen, treffen sie auf verdorbenes und schädliches Wasser, das keine der [üblichen] Eigenschaften von Wasser hat außer der der Flüssigkeit. Sie nehmen [also] im Land der Lamtūna Wasser auf, trinken es und tränken ihre Kamele. Sobald man [aber] zum ersten Mal davon getrunken hat, ändert sich die Konstitution, und man wird krank, besonders dann, wenn man nicht daran gewöhnt ist. Schließlich erreichen sie Ghāna nach ungeheuren Anstrengungen. Dort halten sie sich [eine gewisse Zeit] auf und erholen sich. Dann nehmen sie Führer und große Wasservorräte mit sich. Auf die Reise nehmen sie erfahrene Leute und Mittelsmänner mit, damit diese Verbindungen knüpfen zwischen ihnen [den Kaufleuten] und den mächtigen Männern von al-Tibr. Auf ihrem Weg kommen sie durch Wüsten, in denen die Samūm-Winde das Wasser in den Schläuchen austrocknen. Sie überlegen sich dann, auf welche Weise sie es darin halten können, um zu überleben. Und zwar lassen sie einige Kamele unbeladen, machen sie Tage und Nächte [lang] durstig, bevor sie Wasser erhalten, und tränken sie dann im Überfluß, bis ihr Inneres angefüllt ist [mit Wasser].

Dann führen die Kameltreiber sie [die Kamele]. Wenn der Inhalt der Schläuche vertrocknet ist und sie Wasser brauchen, schlachten sie ein Kamel und überleben durch das Wasser in seinem Magen. Dann beschleunigen sie die Reise, bis sie zu einer anderen Wasserstelle gelangen, füllen dort ihre Schläuche und reisen unter Mühen und Anstrengungen weiter, bis sie zu dem Ort gelangen, der sie von den Leuten von al-Tibr trennt. Wenn sie angekommen sind, schlagen sie riesige Trommeln, die sie bei sich haben und die bis zum Horizont dieses Teils des Landes der Schwarzen zu hören ist. Man sagt, diese [die Schwarzen] leben in Verstecken und Höhlen unter der Erde, sind nackt und kennen, wie Tiere, keinerlei Kleidung, obwohl diese Leute nicht zulassen, daß ein Kaufmann sie [die Sklaven, die das Gold fördern] jemals zu Gesicht bekommt. Sobald die Kaufleute wissen, daß sie [die Schwarzen] die Trommel gehört haben, holen sie die mitgebrachten Waren heraus, und jeder Kaufmann stellt seine Waren [an einem bestimmten Platz] zurecht, jede Art an eine eigene Stelle. Dann entfernen sie [die Kaufleute] sich eine Tagesreise weit. Darauf kommen die Schwarzen. Sie haben Gold dabei und legen neben jede Art von Waren eine [bestimmte] Menge Goldes, danach entfernen sie sich. Nun kommen die Kaufleute zurück, und jeder einzelne nimmt, was neben seinen Waren an Gold liegt. Sie lassen die Waren zurück und ziehen ab, nachdem sie ihre Trommeln geschlagen haben.

Faruk Şen

Patriarchale Familientradition in der Türkei

Die Erziehung innerhalb der Familie ist in der Türkei in der Regel ebenso autoritär wie die in der Schule, eher noch strenger. Bis zum Alter von 12 Jahren werden die Mädchen weniger streng erzogen, im Vergleich zu den Jungen oft geradezu verwöhnt. Mit dem 12. Lebensjahr, dem angenommenen Alter der körperlichen Reife, ändert sich dies. Jetzt wird den Brüdern eher etwas durchgelassen. Sie sind Männer, die auf sich selbst aufpassen können, während die Mädchen der Familienehre wegen streng bewacht und ihre Umweltkontakte kontrolliert werden. Sexuelle Aufklärung durch Elternhaus oder Schule findet nicht statt. Ziel der elterlichen Erziehung ist es, die traditionellen Werte der Familie zu erhalten: Gehorsam den Älteren gegenüber zu wecken, die Kinder frühzeitig in das Autoritätsgefüge einzuordnen, ihnen die klar erscheinenden Wertbegriffe von Gut und Böse beizubringen und die geschlechtsspezifischen Rollen einzuüben. So wird von den Jungen in erster Linie Leistung und Erfolg in der Schule und im Beruf sowie Verantwortungsgefühl erwartet, und von den Mädchen Fleiß, Duldsamkeit und andere als fraulich angesehene Tugenden wie Gehorsam, Keuschheit und Sauberkeit.

Je größer die Familie ist, um so leichter ist es, diese traditionellen Rollen zu fordern und ein demgemäßes Verhalten gegenüber Onkeln, Tanten, Großeltern und Geschwistern durchzusetzen. Der Sohn des Hauptmanns Ertuğrul, Osman, lebte noch wie alle Nachkommen eines «Stammesvaters» in einer Sippe, einer räumlichen und organisatorischen Einheit aller nahen und weiten Verwandtschaft innerhalb einer einzigen Familie. Durch die osmanische Eroberungspolitik ließ sich eine partielle Abtrennung einzelner Familienverbände vom Stamm nicht immer vermeiden. So ergab es sich im Laufe der Jahrhunderte durch Seßhaftwerden an verschiedenen Orten und aus anderen Gründen, daß der Nomadenstamm zur Großfamilie mit mehreren Generationen und allen Verwandten «schrumpfte». Großfamilien mit zwanzig, dreißig und mehr Mitgliedern, die alle unter einem Dach leben, gibt es bis weit in unser Jahrhundert hinein. Das Abwandern von verheirateten und unverheirateten Kindern in die Stadt oder ins Ausland war der Beginn einer langsam einsetzenden Tendenz, in kleineren Familienverbänden zu wohnen. Durch die wirtschaftlichen und gesellschaftlichen Verhältnisse reichte der Boden nicht mehr für alle, so daß diese Entwicklung notwendig wurde. Seit den 50er Jahren nimmt der Anteil der Großfamilien immer mehr ab. Stattdessen steigt die Anzahl der Familien mit nur zwei Generationen, Eltern und Kindern, insgesamt vier bis sechs Personen, die aus finanziellen, räumlichen und anderen Gründen nicht bei den Großeltern bleiben konnten. Für türkische Verhältnisse ist eine Familie mit nur zwei bis vier Kindern nach wie vor eine «Kleinfamilie». 1968 waren bereits mehr als die Hälfte aller Familien Kleinfamilien, auf dem Land fast ebenso wie in den Städten. Die Gründe dafür liegen, wie erwähnt, in der Landflucht und in der unzureichenden Existenzgrundlage auf dem Land, zu engen Wohnbedingungen in der Stadt und im Rückgang des Bevölkerungszuwachses. Eine Mischform zwischen Groß- und Kleinfamilie bilden die Familien, in denen Väter und Söhne vorübergehend im Ausland oder in der Stadt Geld verdienen. Diese Übergangsform führt sehr oft zur endgültigen Auflösung der Großfamilie.

Das Oberhaupt der ursprünglichen Großfamilie war der Vater oder Großvater. Die hierarchische Struktur einer solchen Familie war traditionell das Patriarchat. Die vorrangige Autorität des Mannes in der Familie ist auch im Wandel der Familienstruktur relativ unangetastet geblieben, so wie die gesamte Hierarchie, nach welcher das höchste Ansehen immer der Älteste besitzt. Die Trennung der Geschlechter auch im alltäglichen Leben bringt mit sich, daß die Geschlechterrollen nach wie vor sehr stark ausgeprägt sind. So bleibt dem Mann die alleinige Sorge für den Lebensunterhalt der Familie. Seine Rolle ist es, die gesamte Verantwortung als deren Oberhaupt zu tragen. Damit verbunden sind die Ernährung der Familie, ihre Ausstattung mit den notwendigen Gütern wie Kleidung u.a. Diese Aufgabe kann, insbesonders bei der derzeitigen Wirtschaftslage, schon eine Überforderung, zumindest einen ungeheuren Druck darstellen. Darüber hinaus repräsentiert der Mann seine Familie nach außen, er ist mitverantwortlich oder wird mitverantwortlich gemacht für das gesellschaftliche Verhalten aller, auch der entfernten Familienmitglieder. Zugleich fällt ihm die Rolle des Beschützers und des Bewahrers der Familienehre zu. Seine Entscheidungsbefugnisse gehen weit über die internen Angelegenheiten der engsten Familie hinaus. Sein oft autoritäres Verhalten ist angesichts der Rolle, die ihm die Gesellschaft auferlegt und die normalerweise eine einzige

Person weit überfordert, verständlich. Ohne die konsequente Durchsetzung seiner Autorität, sowohl im engen Familienbereich als auch in der Verwandtschaft, wäre eine Aufrechterhaltung der überlieferten Prinzipien und gültigen Moralvorstellungen nicht möglich.

Die verheiratete Frau, deren Aufgabe es unter anderem ist, die Kinder zu erziehen, hat dabei genau diese Prinzipien im Auge. Ihre weiteren Aufgaben sind, für die tägliche Ernährung zu sorgen wie für den Haushalt und, falls notwendig – und auf dem Land ist dies fast ausnahmslos der Fall –, mit Sorge zu tragen für den Lebensunterhalt der Familie. Das bedeutet in der Stadt, daß verheiratete Türkinnen häufiger berufstätig sind. Auf dem Land heißt es, daß sie in die Produktion voll einbezogen werden, also im Sommer schwere Feldarbeit leisten und im Winter die Sommerprodukte wie Schafswolle, Getreide usw. im Haus verarbeiten müssen. So ist besonders die türkische Landfrau einer kräftezehrenden Doppelbelastung ausgesetzt, die sich in einer hohen Zahl von Fehlgeburten manifestiert. Söhne oder wenigstens einen Sohn zu haben ist von großer Wichtigkeit für sie, weil sie nur dadurch Anerkennung in der Familie und ein gewisses Mitspracherecht erhält. Hat sie Söhne geboren, so ist sie allerdings nicht selten das heimliche Oberhaupt der Familie, ihre Macht steigt außerordentlich. Nach außen hin bleibt aber das traditionelle Rollenspiel auf jeden Fall gewahrt.

Günter Seufert

Neue islamische Formen des Geschlechterverhältnisses

Die Verhärtung der Regeln für die Geschlechtertrennung, die immer wieder herausgestellt und beklagt wird, genügt allein diesem Klima nicht, und tatsächlich finden sich daneben auch die relativierende Interpretation und die schöpferische ‹islamische› Neugestaltung des Geschlechterverhältnisses. Eine solche

Neugestaltung ist Produkt der Lebenswelt der gläubigen jungen Leute, die sich, der Kontrolle der Gemeinschaft ledig, aber auch ihrer Leitung verlustig, in den Metropolen wiederfinden. Wie kommen Mann und Frau in der Stadt zueinander? Ein Beispiel aus einer Gruppenunterhaltung: Eine religiöse Stiftung richtet regelmäßig Wochenendseminare für junge Leute aus. Einer der Referenten sagt, die Seminarstunden hätten auch die Funktion, die jungen Leute zwecks späterer Heirat zusammenzubringen. Ich sage, daß in England muslimische Frauen Kontaktclubs gegründet hätten, in denen die ansonsten getrennten Geschlechter sich mit dem gebilligten Ziel der späteren Eheschließung kennenlernen könnten. Das findet er gut.

Die Seminare konstruieren «Räume kontrollierten Fremdseins», in denen einerseits Begegnung und Kontakt stattfinden können, in denen die Beteiligten jedoch andererseits als Mitglieder von islamischen Gruppen einer Sozialkontrolle unterliegen und bei Fehlverhalten belangbar sind. Unter Nutzung islamischer Vorstellungen und während der Festigung islamischen Bewußtseins, das durch die Seminare erreicht werden soll, vollzieht sich ein grundsätzlicher Wandel in der Eheanbahnung, der nicht ohne Auswirkungen auf das Geschlechterverhältnis selbst bleiben kann. Denn in welchen Begriffen sie sich auch ausdrückt und mit welchen Inhalten sie sich auch legitimiert, wo für die Aufnahme oder Nichtaufnahme von Beziehungen die Entscheidung des einzelnen und nicht die der Gemeinschaft bzw. ihrer Patriarchen ausschlaggebend ist, da ist es im Prinzip die Entscheidung der einzelnen, das Zusammensein fortzuführen oder es zu beenden.

Im Islam ist die Eheschließung kein heiliger Akt, sondern ein zivilrechtlicher Vertrag, der für seine Gültigkeit nur der zweifachen muslimischen Zeugenschaft bedarf. Das machen sich heute religiös gebundene junge Leute zunutze, die versuchen, unter den Bedingungen städtischen Lebens zu einer schöpferischen Neugestaltung des islamischen Geschlechterverhältnisses zu gelangen. Sie verbinden dabei moderne Elemente wie die Selbstbestimmung der Frau, ihren gleichberechtigten Zugang zum öffentlichen Raum, ihre Befreiung von der

Herrschaft der Eltern und ihr Recht auf Sexualität mit ‹islamischen Konzepten›: Mitglieder des Lehrkörpers verschiedener Universitäten berichten, daß islamistische Aktivisten bisweilen ohne Wissen ihrer Eltern inoffizielle Ehen, sogenannte Imam-Ehen, eingingen und dann mit ihren auf diese Weise erlangten Ehepartnern zusammenlebten. Dieselbe Entwicklung geht in der muslimischen Diaspora in Europa vor sich: «Weil diese Art der Eheschließung keinen rechtlichen Wert hat, scheint es angebracht, sie als eine Form religiöser Sanktionierung eines Lebensstils und nicht als eine Eheschließung im eigentlichen Sinne des Wortes zu verstehen. Primäres Motiv dafür ist die Vermeidung vorehelichen Geschlechtsverkehrs, der im Islam scharf verurteilt wird. Diese Art von ‹Ehe› gibt den muslimischen Jugendlichen die Möglichkeit, mit Angehörigen des anderen Geschlechts zusammenzuleben, wie das holländische Jugendliche auch tun.»

Diese neue islamistische Praxis kehrt die Funktion und die Bedeutung, die die Eheschließung in traditionellen Gemeinschaften hat, ins Gegenteil. Dort wird die Ehe vor den Augen der gesamten Gemeinschaft (und in diesem Sinne vor Gott!) gestiftet, und die durch die Heirat geschaffenen neuen Zugehörigkeiten werden über die Hochzeitsfeier in die Gedächtnisse der Gemeinschaftmitglieder eingeschrieben und auf diese Weise dokumentiert. Die Sexualität der Gemeinschaftsmitglieder wird darüber kontrolliert, daß die Eheleute vor der Gemeinschaft (vor Gott) Eheleute und damit für andere tabu sind. Im neuen Modell schließen die jungen Leute die Ehe in eigener individueller Verantwortung oder unter der begrenzten Öffentlichkeit ihrer Gruppe (vor ihrem Gott): Auf diese Weise bestimmen entweder sie selbst oder aber ihre Gruppe über ihre Sexualität. Solche Ehen unterliegen keiner offiziellen Registrierung und sind dementsprechend leichter auflösbar.

Salomon Schweigger

Türkische Pantoffelhelden

Gleich wie Cicero an einem Ort sagt, von den Römern vnd jrer Haußhaltung: Nos Romani omnibus hominibus dominamur, nobis autem mulieres. Das ist: Wir Römer herrschen über Jedermann, aber die Weiber herrschen über vnns, Eben also ist es mit den Türcken auch beschaffen, daß alle Welt vor jhrem Gewalt erschrickt, Aber widerumb förchten sie sich vor jhren Weibern, Eygentlich davon zu reden seyn die Türcken jhrer Weiber Trippelknecht, die da müssen die Haußhaltung versorgen mit Brodt, Fleisch, Kuchenspeiß, vnnd jhnen allerley Nahrung zutragen, In solcher weil sitzen die Weiber daheim bey ihren guten Gespielen, verrichten jr Geschwätz, oder wenn sie gut Wetter haben vnd schön ist, spacieren sie hin vnnd wider in der Stadt, zu jhren Gespielschafften, ziehen Rottenweiß, etwan jrer 10. oder 20. miteinander, oder gehen in solcher Gespielschafft ins Bad, daselbsten vollbringen sie mit reden vnd zum theil auch im werck, jhren muthwillen.

Wann dann die Weiber am Abend spat heim kommen, vnnd der Mann (der arme Narr) in solcher weil, als sie aussen gewesen, nicht alle ding, was auff den Tisch gehört, ordentlich bestellt hat, da erhebt sich alsdann ein Donnern vnd Blitzen, daß dem armen Haustrippel in weiter Haut zu eng ist. Diese Gnadfrawen treiben kein Arbeit, weder mit, Spinnen, Nehen, Stricken, Weben, Wircken oder dergleichen Weiblicher arbeit, sie wissen nicht was Haußhalten ist, vnsere Kinder in der Christenheit, wann sie mit jhren Tocken vnnd mit [spil] sich kurtz weiln, können das jenig, was zur Haußhaltung dienet, besser vnd mit mehrerm verstand anschicken, als essen, trincken, kochen, etc. dann diese Türckische Schlumpen jhr Haußwesen, sondern sitzen daheim im Hauß wie ein Gast, der sich keines dings anni[m]bt, Jedoch haben sie viel Mägde, ein gemeine Burgers Fraw, helt etwa vier oder 5. Mägd, die arbeiten in zween Tagen mehr dann in einem, mehrertheils waschen sie Leinwad, Hembdter, Schleyer, Hütbünd, tragen Wasser, gehen mit den Kindern vmb, fürnemblich aber treiben sie auff der Gassen jhren Pracht mit vielen Mägden sie erhalten sich von jhrer Männer Dienstgelt, oder von dem, was er täglich mit seiner Handarbeit gewinnt, das müssen sie mit Hoffart verschwenden. Mit Kleydung halten sie sich über alle massen stattlich vnd prächtig, es muß gar ein armes Weib seyn, die nit in Seiden gekleydt ist.

5. Wissenschaft und Kunst

Friedrich Prinz

Wer trat das Erbe der Antike an?

Das Problem von Kontinuität und Kulturbruch stellt sich erneut für die Rolle des Islam beim Aufbau der mittelalterlichen Welt. Weitgehend aufgegeben ist heute Pirennes Meinung, die rasche islamische Eroberung des südlichen Mittelmeerbeckens habe die alte mediterrane Verkehrs- und Wirtschaftseinheit nachhaltig zerstört, damit aber auch die ökonomische Basis der merowingischen Königsherrschaft, wodurch wiederum die landsässigen Karolinger an die Macht gekommen seien. Dennoch bewirkte der Siegeszug des Islam, das heißt eine explosionsartig sich ausbreitende religiöse Revolution, wohl den tiefsten Einschnitt zwischen der das gesamte Mittelmeer umfassenden Antike und dem auf Europa beschränkten Mittelalter. Dies gilt sowohl politisch wie religiös und kulturell, gingen doch dabei weite Gebiete, die einst für die Entfaltung des Christentums große Bedeutung hatten, unwiderruflich verloren. Es waren dies unter anderem die Wirkungsstätten eines Clemens von Alexandrien, eines Cyprian, Origenes und Augustin und die Geburtslandschaften des Mönchtums in Syrien, Mesopotamien, Palästina und Ägypten. Byzanz konnte sich auf einem enger gewordenen Territorium schließlich behaupten, das Frankenreich im Westen vermochte sogar nach dem Abwehrkampf von Tours und Poitiers 732 die arabischen Einbrüche bis über die Pyrenäen hinweg wieder zu beseitigen. Dennoch bleibt bestehen, daß der Islam den politisch-kulturellen Zusammenhang zwischen dem byzantinisch-griechischen und dem westlich-lateinischen Kulturbereich empfindlich unterbrach. Bis zum 8. Jahrhundert verlor damit die christliche Religion etwa die Hälfte ihres Wirkungsbereiches an den Islam.

Man hat im Hinblick auf die germanisch beherrschten Nachfolgestaaten des Imperium Romanum das Bild geprägt, der «alte Palazzo» sei in Wohnungen aufgeteilt worden, bestehe aber als Bauwerk weiter. Vom Südrand des Mittelmeerbeckens wird man dies nach den arabischen Eroberungen des 7. und 8. Jahrhunderts nicht mehr behaupten können, denn hier entstand trotz der religiösen und bald auch der politischen Spaltungen im Islam ein weitgehend neues Gebäude, in dem zwar viele wichtige Bausteine des «alten Palazzo» mitverwendet worden sind, das aber dennoch durch eine neue Religion und eine andersartige, religiös geprägte Gesellschaftsordnung ein Gebilde wesentlich anderer Art war. Gegenüber dem europäischen Christentum, das von der christlichen Antike vor allem das theologisch-philosophische Lehrgebäude, die Hierarchie und Elemente der Staatlichkeit und Verwaltungspraxis übernommen hatte, beerbte die arabisch-islamische Welt die Antike zuerst vornehmlich im Bereich der praktischen Wissenschaften, vor allem in der Medizin, der Mathematik und der Technik. Da der Islam viele lebendige Zentren spätantikchristlicher Kultur in Afrika und Kleinasien übernahm, wird man nach Quantität und Qualität den Anteil der antiken Kultur im islamischen Kulturerbe höher veranschlagen müssen als Ausmaß und Intensität desselben Erbes in West- und Mitteleuropa. Man meinte sogar, es sei eine einheitliche christlich-islamische Kultur des Mittelalters entstanden, die als der eigentliche legitime Fortsetzer der christlich-hellenischen Kultur der Antike zu gelten habe. Doch wird dabei übersehen, daß sich der Islam subjektiv als völlig andere, durch eine neue Religion legitimierte Kultur sah, während sich das europäische Mittelalter immer als Fortsetzung und Erbe der christlichen Antike seit Konstantin dem Großen fühlte. So ist es also nur scheinbar paradox, daß sich die islamische Welt trotz der Einverleibung eines im einzelnen viel reicheren antiken Kulturerbes eben doch nicht als Erbe dieser antiken Hochzivilisation empfand.

Heinz Halm

Die Wissenschaften der Alten

Am Ende des 9. Jahrhunderts war ein großer Teil des wissenschaftlichen Erbes der Antike den Muslimen in arabischen Übersetzungen zugänglich. Vermittler waren vor allem christliche Gelehrte in Syrien und Mesopotamien gewesen, die neben ihrer Mutter- und Kirchensprache, dem Aramäischen, auch Griechisch beherrschten. Aramäisch war die angestammte Sprache der Bevölkerung des ganzen Fruchtbaren Halbmondes, vor allem der ländlichen Bevölkerung; erst lange nach der islamischen Eroberung ist es durch das Arabische verdrängt worden, bis auf geringe Reste, die sich bis heute in christlichen Dörfern Syriens, des Nordirak und der südöstlichen Türkei gehalten haben. Die meisten Werke Platons, Aristoteles', Ptolemaios' oder Galens sind zuerst ins Aramäische übersetzt und in dieser Sprache kommentiert worden, zum Teil schon vor der islamischen Eroberung. Schon in der Mitte des 8. Jahrhunderts werden dann Übersetzungen aus dem Aramäischen in das nah verwandte Arabisch angefertigt; die meisten Übersetzer sind schon an ihren Namen als Christen zu erkennen. Der Kalif al-Ma'mūn (813–833), der Sohn des Hārūn ar-Rašīd, hat solche Übersetzungen gefördert; in seinem Palast in Bagdad richtete er ein Wissenschaftskabinett *(bait al-ḥikma)* ein, einen mit einer Bibliothek ausgestatteten Studierraum (keine «Universität», wie gelegentlich zu lesen ist), der interessierten Gelehrten zugänglich war. Der bekannteste unter den christlichen Übersetzern, die für den Kalifen und seine Nachfolger arbeiteten, war der 809 geborene Ḥunain ibn Isḥāq, der bis in die achtziger Jahre des 9. Jahrhunderts wirkte; sein Sohn Isḥāq, der sein Werk fortsetzte, starb 910 in Bagdad.

Was die Araber an der griechischen Wissenschaft interessierte, war vor allem das praktisch Nutzbare: Medizin, Botanik, Physik, Mathematik, Astronomie, Geographie und Politik, aber von Anfang an auch Logik und Metaphysik; an der griechischen Dichtung dagegen, am Drama oder Epos, fehlte jegliches Interesse. So wurde – um nur einige markante Beispiele herauszugreifen – Platons Dialog *Timaios* schon 806 ins Arabische übersetzt, Plotins *Enneaden* 840, Platons *Staat* 873 und Aristoteles' *Metaphysik* 911. Die Araber unterschieden kaum zwischen den antiken Schulen; ihre Lehren galten, wenn nicht als identisch, so doch als komplementär, und Aristoteles *(Arisṭūṭālīs)* als ihr alles überragender Vertreter; der Kalif al-Ma'mūn soll ihn sogar im Traum erschaut haben, «einen Mann von rötlich-weißer Hautfarbe, mit hoher Stirn, buschigen Brauen, kahlem Kopfe, dunkelblauen Augen und schönen Zügen, auf einem Katheder sitzend».

Auch die Spekulationen der von Plotin (gest. 270 n. Chr.) begründeten sogenannten neuplatonischen Schule, der letzten großen Philosophenschule der Spätantike, waren den Arabern durch Übersetzungen bekannt geworden, ohne daß diese sie als besonderes System betrachteten. Von Plotins Hauptwerk, den *Enneaden,* war vor allem eine Paraphrase der Bücher IV–VI im Umlauf, bezeichnenderweise unter dem Titel «Theologie des Aristoteles»; sie war 840 von einem Christen aus dem Syrischen übersetzt worden. Die «Einführung» *(Isagoge)* von Plotins Schüler Porphyrios war schon 763 ins Arabische übersetzt worden, und von den «Elementen der Theologie» des Athener Neuplatonikers Proklos (410–485) war eine Paraphrase unter dem Titel «Das Buch vom reinen Guten» im Umlauf; auch diesen Text schrieb man meist dem Aristoteles zu. (Erst Thomas von Aquin erkannte in der lateinischen Version, dem *Liber de causis,* sogleich das Werk des Proklos wieder.) Diese pseudo-aristotelischen neuplatonischen Schriften übten auf die arabischen Gelehrten eine große Faszination aus; sie haben die im 9. Jahrhundert mit al-Kindī und al-Fārābi einsetzende islamisch-arabische Philosophie entscheidend mitgeprägt.

Mehmed der Eroberer als Philhellene

Der Eroberer Konstantinopels, der Vernichter Griechenlands, noch bedeckt mit dem frischen Blut der hingeschlachteten Peloponnesier, hielt seinen Einzug in die unglückliche Stadt in der letzten Woche des August 1458. Er brachte ihr eine Knechtschaft von fast vier Jahrhunderten.

So unmenschlich und erbarmungslos dieser furchtbare Kriegsfürst auch sein konnte, so war er doch, zum Glücke für Athen, kein Xerxes oder Mardonios, sondern einer der gebildetsten Herrscher des Orients und selbst den Empfindungen für das Große und Schöne im Leben der Menschheit nicht unzugänglich. Er hatte Sinn für architektonische Pracht, wie er

Abb. 3. Sultan Mehmed II. (Bronzemedaille 1481).

das in Konstantinopel bewies, wo er die Verwüstung des Sophiendoms verhinderte und später großartige Bauwerke aufführen ließ. Der Geschichtsschreiber Phrantzes, der ihn persönlich kannte, hat von ihm gerühmt, daß er, außer seiner eigenen Sprache, Griechisch, Lateinisch, Arabisch, Chaldäisch und Persisch verstand, die Lebensgeschichten Alexanders, Konstantins und des Theodosios las und diese großen Männer zu übertreffen bestrebt war. Es ist daher begreiflich, daß sogar ein solcher Völkerzermalmer einige Ehrfurcht vor Athen empfand, welches auch türkische Geschichtsschreiber als die Vaterstadt der Philosophen bezeichneten. Der Höfling und Lobredner Mehmeds II., Kritobulos, ein Inselgrieche, der unter dem Regiment der Osmanen die Verwaltung von Imbros erhielt, schrieb, von der Größe dieses Sultans begeistert, dessen Geschichte. So unwichtig war das politische Dasein der alten Metropole Griechenlands geworden, daß er in seinem Werk des Unterganges des athenischen Herzogtums mit keiner Silbe Erwähnung tat. Aber er hat von dem Besuche Mehmeds in Athen berichtet und bei dieser Gelegenheit den schrecklichen Barbaren so dargestellt, als gehörte er in die Reihe jener römischen Imperatoren, die einst den lebenden Athenern um der Toten willen ihre Fehler verziehen hatten. Mehmed hegte, so behauptet Kritobulos, eine große Liebe zu dieser Stadt und ihren Sehenswürdigkeiten; weil er viel Schönes vernommen hatte von der Weisheit und Tugend der alten Athener und den staunenswürdigen Werken, womit sie sich ehemals vor Griechen und Barbaren hervorgetan, wollte er die Stadt, die Beschaffenheit ihres Landes, ihr Meer und ihre Häfen kennenlernen. All dies bewunderte er, zumal die Akropolis. Als ein Weiser und Philhellene und großer König besichtigte er alles dasjenige, was dort von Altertümern erhalten war. Auch Chalkokondylas erzählt, daß Mehmed den Piräus und die Häfen, die Stadt und die Burg durchwanderte, die alte Pracht Athens mit Erstaunen betrachtete und ausrief, daß er dem Omar Pascha für solchen Gewinn zu großem Danke verpflichtet sei. Wenn etwas von jenem unwiderstehlichen Zauber, mit dem Athen im Altertum so viele fremde Könige umstrickt hatte, noch zu so später Zeit auch in die Seele des osmanischen Weltgebieters einzudringen vermochte, so hat die Stadt der Pallas Athene gerade in ihrem tiefsten Falle den größten Triumph gefeiert.

Heinrich Schipperges

Das chirurgische Lehrbuch des Abulcasis

Als Exponent der arabischen Chirurgie gilt Abū'l-Qāsim, der bedeutende Leibarzt des Kalifen 'Abd ar-Raḥmān, der sich nach dem Lustschloß Zahrā, dem Sommersitz des Kalifen bei Cordoba, Az-Zahrāwī nannte. Er starb im Jahre 1013. Das Lehrbuch der Chirurgie des Abulcasis ging von der Fragestellung aus, warum man keine geschickten Chirurgen mehr finde. Die Ursache wird in der Vernachlässigung einer systematischen und theoretischen Anatomie gesehen, die die einzige Voraussetzung für den chirurgischen Eingriff sei. Mit dieser Voraussetzung wird alsdann die Chirurgie systematisch in ihrem theoretischen und praktischen Bestandteil abgehandelt. Es finden sich Ausführungen über die Blutstillung, die Ligatur der Arterien, die Kompression, die Anwendung von Kälte wie auch von pflanzlichen Styptika zur blutfreien Operation. Neben dem Messer wird vor allem die Kauterisation in den Vordergrund gestellt, wozu bestimmte Brennstellen, ähnlich den Moxen der alten Chinesen, angegeben werden. Zur Schmerzbekämpfung dienen neben dem Glüheisen auch Kälte, Kompression und Schlafschwämme, die vorwiegend mit Opium, Mandragora, Hyoscyamus infiltriert werden. Die Nahttechnik wird ebenso angeführt wie eine komplizierte Verbandstechnik. [...]

Besondere Bewunderung hat auch noch unter modernen Chirurgen die Kunst der Transplantation bei Abulcasis hervorgerufen. Auch hierzu nur ein Beispiel: «Nun sage ich, wie man eine abgeschnittene Nase wiederherstellt. Zunächst soll der Chirurg die Maße des fehlenden Stückes der Nase auf ein Blatt aufzeichnen. Diesen Umriß soll er ausschneiden und auf die

Abb. 4. Ärzte bei der Konsultation eines vornehmen Kranken; Inspektion und Palpation (Untersuchung durch Betasten und Befühlen) stehen dabei im Vordergrund. Hinter dem Vorhang wartet ein Diener auf eine Aufforderung zu weiterer Hilfe.

Wange neben der Nase legen. Dann soll (nach dem aufgelegten Umriß) ein Stück der Wangenhaut herausgeschnitten werden, aber die Verbindung mit der Wangenhaut darf nicht abgeschnitten werden. Dieses Stück Wangenhaut soll nun umgestülpt werden und an den Rest der Nase, der vorher frisch angeschabt wurde, angenäht werden in der Form des fehlenden Nasenstückes. Zuvor sollen in die Nasenlöcher zwei Röhrchen vom Rhizinusbaum oder von Lotosstengeln oder von hohlen Gräsern eingeführt werden. Damit kann dann der Chirurg (die neu eingesetzte Haut) so hoch heben, wie er es benötigt. Das Hautstück soll mit dem Nasenrest angenäht werden. Es soll dann darauf ein Wundpuder eingestreut werden. Darüber soll ein Streifen Baumwollzeug gelegt werden. Das Baumwollzeug soll des öfteren mit kaltem Sesam-Öl beträufelt werden. Um die Heilung zu fördern, soll man einem solchen Kranken gekochte Butter zum Trinken geben; er soll auch ein Abführmittel bekommen. Wenn man sieht, daß die (übertragene) Haut gut angewachsen ist, dann soll man die Verbindung zur Wange durchtrennen. Wenn die (transplantierte) Haut zu groß oder zu klein geworden ist, so soll dieses der Chirurg genau beachten, damit er sie ganz richtig einpaßt.»

Johann Christoph Bürgel

Das Bilderverbot im Islam

Das Bilderverbot entstammt nicht dem Koran, es sei denn indirekt, durch verallgemeinernde Deutung des Wortes *anṣāb* (aufgerichtete Steine, d.h. Grabstelen, Opfersteine oder Idole) im Sinne von «Bild»: «O ihr Gläubigen! Wahrlich, Wein und Glücksspiel und Opfersteine und Omenpfeile sind ein Greuel von Satanswerk! Vermeidet es, auf daß es euch wohl ergehe!» (5,90) Auf eine archaische Verknüpfung von Kunst und Magie im Weltbild des Korans verweist hingegen jene Stelle, die berichtet, daß einige der Salomo dienstbaren Dämonen («Dschinnen») «für ihn herstellten, was er wünschte an Palästen und Bildwerken, Schüsseln (so groß) wie Tröge und massive Kessel» (34,13). Der Vers mag indirekt zum Bilderverbot beigetragen haben. Eindeutige Verurteilungen bildlicher Darstellung finden sich aber nur im Hadith. Da stehen Berichte wie die folgenden, die auf Muhammads Frau ʿA'ischa zurückgehen:

«Der Gesandte Gottes – Gott spende ihm Frieden und Heil! – kam von einer Reise zurück. Ich hatte auf eines meiner Simse ein Tuch von mir gelegt mit Abbildungen *(tamāthīl).* Als der Gesandte Gottes – Gott spende ihm Frieden und Heil! – es erblickte, ergriff er es, zerriß es und sagte: ‹Die schlimmste Strafe beim Jüngsten Gericht werden jene erleiden, die die Schöpfung nachgeahmt haben!›» [...]

In andern Hadithen verflucht Muḥammad die Maler zusammen mit Frauen, die sich tätowieren, mit Wucherern und mit – Zauberern! Die Frage, ob diese Hadithe echt sind, ob sie auf jüdischen oder christlichen Einfluß zurückgehen, interessiert nur die Forschung. Entscheidend für die Kunstgeschichte ist ihre Wirkung. Diese Wirkung hat zumindest die Verwendung von Malerei und Skulptur in Kultbauten und damit eine Entwicklung einer im engeren Sinne sakralen bildlichen Kunst verhindert, wie dies entsprechend ja auch für die Musik gilt, mit dem wichtigen Unterschied, daß die Mystik einen Entfaltungsraum für sakrale Musik geschaffen hat.

In der Malerei kommt das Verdienst (zwar nicht einer wirklichen Überwindung, wohl aber) einer Umgehung und Nichtbeachtung des Verbots eher den Höfen und wohlhabenden Mäzenen zu. Allerdings ist zweifellos auch immer wieder wertvolle Buchmalerei von Fanatikern zerstört oder verschandelt worden. So sind im berühmten Leningrader Hariri-Manuskript den menschlichen Gestalten durch einen Federstrich symbolisch die Köpfe abgeschnitten, wenn dies nicht etwa ein Verzweiflungsakt eines Miniaturfreundes war, dem es mit diesem Trick gelang, Schlimmeres zu verhindern. Solange aber Miniaturen in den Hofbibliotheken aufbewahrt blieben, waren sie vor solchen Vandalenakten geschützt. Andererseits aber hat das Bilderverbot doch die Gestaltung dieser Maler beeinflußt. Die menschliche Gestalt durfte keine Schattierung und keine plastische Form aufweisen. Die Menschen erscheinen daher in den Miniaturen zweidimensional, und ihre Gesichter haben keine individuellen Züge. Das beginnt sich erst in der indischen Miniatur der Großmoghulzeit unter europäischem Einfluß zu ändern.

Heath Lowry

Kalligraphie als religiöse Kunst

«Yazzı üstādın öğretişinde gizlidir,
kıvamı çok yazmakladır, devamı,
jslam dını üzere olmakladır»

«Die Kunst der Kalligraphie
ist in der Lehre des Meisters verborgen,
ihr Wesen besteht in der Wiederholung,
und sie ist da,
um der Religion des Islam zu dienen.»

(Ausspruch, dem Kalifen Ali zugeschrieben)

Um die Bedeutung der Kalligraphie für die osmanische Kunst zu begreifen, muß man zunächst einmal die drei grundsätzlichen Aussagen der eingangs zitierten Zeilen in ihrem Verhältnis zueinander verstehen: die Aussagen über die Rolle des Meisters, über die Wichtigkeit der Wiederholung und über die beinahe mystische Beziehung zwischen der Kalligraphie, der Kunst des Schreibens, und der Religion des Islam. Wir können aber auch so vorgehen, daß wir die Entwicklung dieser Kunstform verfolgen anhand der ununterbrochenen Kette von Meistern, die alle auf den von ihren Vorgängern errichteten Grundlagen aufbauten, indem sie sich Stunden ohne Zahl im Kopieren und Wiederholen früherer Vorbilder übten. Erst wenn ein Schüler durch Nacheifern Vollkommenheit erlangt hatte, erhielt er ein *icāzet* (Diplom), das ihm die Ausübung seiner Kunst und, wenn die Zeit dazu gekommen war, die Unterweisung eigener Schüler gestattete. Gab es einen tieferliegenden Grund dafür, daß sich Generation auf Generation von Kalligraphen miteinander verbunden fühlte, so lag er in der gemeinsamen Hingabe an die Lobpreisung Allahs durch die ‹Schönschrift› seiner Worte. Denn zu allen Zeiten der islamischen Geschichte war vorrangiger Gegenstand der Kalligraphen der Heilige Koran, Gottes Wort, das er seinem Propheten Muḥammad offenbart hatte. Jeder, der sich in dieser Kunst übte, führte voller Stolz seinen Stammbaum *(şecere)* durch Generationen von Vorgängern zurück auf den Kalifen Ali, der in der gesamten Welt des Islam als der erste Kalligraph in Ehren gehalten wird.

Zu keiner Zeit und an keinem Ort erhob sich die Kunst der islamischen Kalligraphie zu den Höhen, die sie in der Stadt Istanbul zwischen dem 15. und dem 19. Jahrhundert erreichte. Die Osmanen, letzte in der langen Reihe großer islamischer Dynastien des Mittelalters, waren die Erben, Bewahrer und Vollender der kalligraphischen Traditionen des Islam. Das gebräuchliche arabische Zitat: «Der Koran wurde im Hedjas offenbart, in Ägypten rezitiert, in Istanbul geschrieben», drückt aus, was im islamischen Osten schon seit langem anerkannt ist. Dies ist nicht weiter verwunderlich bei einer Kunstform, die ihre Größe der Wiederholung verdankt. Im Westen, wo das

Abb. 5. Inschrift in goldenem Sülüs, aufgetragen auf einem vergoldeten Blatt, 12,5 × 16,5 cm.

Auge darauf geschult ist, den individuellen Stil eines Künstlers zu würdigen, steht die Anerkennung der osmanischen Kalligraphie jedoch noch aus.

Wie läßt sich nun der offenkundige Gegensatz erklären, der zwischen der Wertschätzung der Kunst des *hüsn-i hat,* also der Kalligraphie, in der islamischen Welt und dem Fehlen eines ähnlichen Interesses in der westlichen Welt besteht? Zuallererst gilt es zu berücksichtigen, daß für den Muslim die Kalligraphie ein wesentlicher Teil des ‹Mysteriums› ist, das seine

Religion umgibt. Indem sie von einer ununterbrochenen Kette von Meistern stets auf die nachfolgende Generation weitergegeben wird, dient die Kalligraphie dazu, eine religiöse Gemeinschaft zu einen, die zwar durch Entfernung und Kultur geteilt ist, sich aber verbunden weiß in ihrer Ehrfurcht vor dem Muḥammad offenbarten Wort Gottes, das in arabischer Sprache aufgezeichnet wurde. Dank der Kunst des Kalligraphen konnte diese Botschaft durch die vergangenen vierzehnhundert Jahre der islamischen Geschichte bewahrt und weitergereicht werden.

Dieser Kunst ist eine Zeitlosigkeit eigen, die den westlichen Betrachter irritiert, weil sein Auge geschult ist, den individuellen Stil eines Künstlers in den verschiedenen Abschnitten seines Schaffens zu erkennen. In der islamischen Kalligraphie hingegen wird Größe vor allem danach beurteilt, ob es dem Ausübenden gelingt, die ererbte Vergangenheit zu meistern. Eigene Beiträge zu diesem Erbe bestehen häufig in subtilen Ausschmückungen, die nur der geübte Betrachter zu erkennen und zu schätzen vermag.

Stefano Bianca

Die Architektur der Moschee

Außer den Vorschriften zur Einhaltung der rituellen Reinheit bestehen im Prinzip keine besonderen religiösen Voraussetzungen für die Ausgestaltung der Moschee, doch bot ein überdeckter, breitgestreckter und nicht zu stark unterteilter Raum mit einer parallel zu den Gebetsreihen stehenden Frontwand die besten Bedingungen, besonders, wenn der Boden mit Matten oder Teppichen belegt wurde, auf denen die Benutzer sitzen, knien und lagern konnten (der Bodenbelag ist besonders wichtig, da die Gebetsbewegungen auch das mehrmalige Berühren des Bodens mit der Stirn, aus kniender Stellung, vorschreiben). Weite Säulenhallen, wie sie in der Antike in der Form

Abb. 6. Miniatur zu den ‹Maqamat› des Hariri, aus einem irakischen Manuskript von 1237: Szene in einer Moschee: Vortrag des Imâms von der Kanzel (Minbar).

Abb. 7. Miniatur zu den ‹Maqamat› des Hariri, aus einem irakischen Manuskript von 1237: Szene in einer Moschee: Gelehrte vor einer Bibliothek sitzend.

der hellenistischen Basilika oder der persischen Apâdana gegeben waren, oder auch einfache Schattendächer aus Palmstämmen konnten durchaus als Gebetsraum dienen und waren meist ergänzt durch einen Vorhof, der an Festtagen die zusätzliche Zahl von Betenden aufnahm. Da der rituellen Reinigung vor dem Gebet (besonders nach der Entleerung) eine wichtige Rolle zukam, mußten der Moschee auch Bedürfnisanlagen und Waschgelegenheiten (Mida) angegliedert werden, die man vor dem Betreten der Moschee benutzen konnte. Außerdem war der Hof meist mit offenen Brunnenanlagen oder kleinen Brunnenhäusern versehen, wo die Gläubigen, auf niedrigen Bänken sitzend, ins fließende Wasser fassen und die rituelle Reinigung im Hof der Moschee vollziehen konnten. Das Plätschern und Rieseln des Wassers (dessen Symbolik bereits zur Sprache gekommen ist) wurde zum akustischen Wahrzeichen der Moschee, ebenso wie der Gebetsruf, der fünfmal am Tag die umliegenden Bewohner zusammenrief.

Das Urbild der Moschee ist vor allem von zwei Modellen geprägt worden: Das eine war das Anwesen des Propheten in Medina, dessen Hof mit seinen seitlichen Schattendächern das erste Gemeinschaftszentrum der muslimischen Gemeinde war und bereits die vorbildhafte Verbindung religiöser, sozialer und politischer Funktionen aufwies. Das andere war der ummauerte, mit vier Ecktürmen versehene alte Tempelbezirk (Temenos) von Damaskus, der zur Moschee umgewandelt und so zum Vorbild für einen eingefaßten öffentlichen Raum von städtischen Dimensionen wurde. Ähnlich wie der Hof des Propheten diente diese Moschee auch als Empfangsbereich für den daran anstoßenden Palast der umayyadischen Kalifen. Beide Modelle verschmolzen in der frühen umayyadischen Hallenmoschee, deren Innenraum nach dem Vorbild der Basilika gestaltet war und die ihrerseits ein Modell für spätere Zeiten darstellte. Diese Entwicklung ist bereits oben beschrieben worden, doch bleibt an dieser Stelle die Geschichte der drei wichtigsten architektonischen Kennzeichen der Moschee nachzutragen, die in jeder späteren Moschee, gleich welchen architektonischen Stils, immer beibehalten wurden:

Im liturgischen Sinne sind die einzigen notwendigen Einrichtungen der Moschee der in die Qiblawand eingelassene ‹Mihrâb›, eine etwa mannshohe Nische, die in Richtung von Mekka weist, sowie der ‹Minbar›, ein auf einem Treppenpodest ruhender Hochsitz, von wo aus der Imâm am Freitag seine Ansprache an die Gemeinde hält. Beide verfestigen auf architektonische Art die Erinnerung an Gesten und Gebräuche des Propheten und sind erstmals im umayyadischen Umbau von Muḥammads Haus in Medina durch Walîd I. (707 n. Chr.) entwickelt worden, um von da an fester Bestandteil jeder Moschee zu werden. Die Nische des Mihrâbs vergegenwärtigte den Standort, den der Prophet jeweils bei der Anführung des Gebets einnahm, weshalb er in Medina noch exzentrisch in die südliche Außenmauer eingelassen war, während er später meist in die Mitte der Gebetsfront eingefügt wurde, hinter der sich die Betenden reihenweise mit Blick gegen Mekka aufstellen. Fortan bezeichnete der Mihrâb den Platz des Vorbeters (Imâm) der Gemeinde und diente durch seine muschelförmige Höhlung dem Widerhall des koranischen Gotteswortes, dessen Rezitation einen wichtigen Teil des islamischen Kultes ausmacht.

So wurde der Mihrâb zum zentralen Ausstattungselement der Moschee, auf dessen kostbare künstlerische Ausgestaltung die islamischen Baumeister mit besonderer Sorgfalt bedacht waren. Zugleich wurde die Form der Nische zu einem Symbol der göttlichen Gegenwart, gemäß einem koranischen Vers, der eine beliebte Inschrift an vielen Moscheewänden war und jedem Muslim bekannt sein mußte: «Allah ist das Licht der Himmel und der Erde. Sein Licht ist gleich einer Nische, in der sich eine Lampe befindet; die Lampe ist in einem Glase, und das Glas gleicht einem flimmernden Stern» (Koran 24/35). Das Motiv der Nische ist allgegenwärtig in der islamischen Architektur – von den kleinen Muqarnas bis zu den ausgehöhlten Muscheln großer Eingangsportale. Allein schon der Umriß der Nische (etwa auf einem Gebetsteppich) vermag durch seine sinnbildliche Bedeutung überall den Ort der Andacht herzustellen.

In ähnlicher Weise bezieht sich der ‹Minbar›, die islamische Kanzel, auf die Überlieferung von Medina: Der erste Minbar war eine dreistufige Erhöhung, von wo aus der Prophet bei po-

Abb. 8. Gläubige im Einzelgebet vor der Qibla-Wand der großen Moschee von Damaskus. Links die Nische des Mihrâbs und in der Mitte die Kanzel des Minbars.

litischen Versammlungen und Beratungen den Vorsitz zu führen pflegte. Beim Umbau des Hauses wurde dieser damals noch erhaltene Schemel auf einen sechsstufigen Unterbau gestellt, und damit war das Vorbild aller späteren Minbars gegeben, die als Treppenpodest für die Ansprache des Imâms dienen und seitlich neben dem Mihrāb zu stehen kommen.

Das dritte kennzeichnende Element der Moschee, das Minarett, geht auf die Weisung des Propheten zurück, vom Dach seines Hauses den Beginn der fünf täglichen Gebete durch einen Ausrufer (‹Muezzin›) verkündigen zu lassen, damit die Gläubigen ihre Tätigkeit unterbrächen und sich im Hof versammelten. Die naheliegende Ausgestaltung dieser Anordnung war der Ruf- und Wachturm, für den sich viele Vorbilder finden ließen: der legendäre alexandrinische Pharos etwa oder der zeitgenössische Glockenturm syrischer Kirchen und, nicht zu vergessen, die vier Ecktürme des römischen Tempelbezirkes von Damaskus, an deren Anordnung sich die vier Minarette der umayyadischen Moschee von Medina orientiert haben können, die als erste dieses Wahrzeichen trug.

6. Alltag und Lebenszyklus

Friederike Stolleis

Was ist islamische Kleidung?

Abgesehen von regionalen Unterschieden zeichnet sich traditionelle Kleidung in islam. Ländern meist durch lange, den Körper fließend umhüllende Gewänder und Kopfbedeckungen aus, die klimat. Bedingungen und islam. Moralvorstellungen gleichermaßen Rechnung tragen. Seit dem 19. Jh. veränderten sowohl die Übernahme westlicher Modevorstellungen in den Städten als auch staatliche Vorschriften die Kleidungsgewohnheiten. Die zunehmende polit. Einflußnahme Europas, der Import von industriell gefertigten Geweben sowie ein Wandel der Wertvorstellungen erfaßten im 20. Jh. auch die ländlichen Gebiete und veränderten die bis dahin kaum betroffene Kleidung der Frauen. Oft werden auch traditionelle mit europäischen Stilen kombiniert. Heute versteht man unter «islam. Kleidung» keinen Rückgriff auf die Tradition, sondern das Ergebnis einer Anpassung europäisierter Kleidungsform an islam. Moralvorstellungen. Islam. Frauenkleidung muß Arme und Beine vollständig bedecken und so weit sein, daß der Körper sich nicht abzeichnet. Ein langer Mantel europäischen Typs kann den Vorschriften nicht entsprechende Kleidung außerhalb des Hauses verdecken. Zu dem Mantel wird ein bis auf die Schulter reichendes Kopftuch getragen. Männer verleihen ihrer Frömmigkeit durch Aufsetzen eines runden weißen Käppchens Ausdruck, das der Kopfbedeckung des Propheten nachempfunden ist. Dazu gehört auch das Tragen eines Vollbarts. Die Krawatte wird als Symbol des Westens in einigen Ländern (z.B. in Iran) abgelehnt und durch ein Stehkragenhemd ersetzt. Mit der Zunahme islamist.-fundamentalist. Ideologien ist die Kleidung unter Muslimen, v.a. unter muslim. Frauen, in früher nicht gekanntem Ausmaß zum Kennzeichen regliös-polit. Gesinnung geworden.

Doch in der Türkei konkurrieren heute alte und neue Muster der Lebensführung, und die Frauen und Mädchen des gläubigen Teils der Bevölkerung sehen sich einer Vielzahl von Erwartungen gegenüber, die sich oft diametral widersprechen: Sie sollen den öffentlichen Raum meiden und doch als ‹Kopftuchstudentinnen› die Unterdrückung der Gläubigen durch die ‹gottlosen Verwestlicher› im politischen und damit im öffentlichen Raum symbolisieren. Sie sollen, wie allen importierten Ideologien, dem frauenrechtlerischen und feministischen Diskurs des Westens widerstehen und doch – angesichts der Universalität, die der Grundsatz von der Gleichheit der Geschlechter gewonnen hat – durch ihre außerhäuslichen Erfolge das negative Image der Muslima widerlegen und beweisen, daß der Islam die Religion ist, die der Frau den größten Wert beimißt. Sie sollen sich der Disziplin der religiösen Partei beugen (in ihren Leitungsgremien sind sie nicht vertreten) und doch deutlich machen, daß diese Partei die politische Aktivität von Frauen fördert. Sie sollen der Tradition entsprechend folgsame und sittsame Tochter und doch anziehendes und prinzipiell erlangbares Objekt autonomer Gattenwahl sein. Sie sollen sich ihrem Manne unterordnen, sich primär über ihre Familie und Kinder definieren und doch eine persönliche, ihre Eigenverantwortung unterstreichende Ethik entwickeln. Die zur Tradition konträren und in sich selbst widersprüchlichen Erwartungen machen sich im Erleben der jungen Frauen als Selbstzweifel bemerkbar: «Es gab eine Zeit, da war ich mit mir selbst im Einklang, ich war stundenlang unterwegs, vom Glauben an die Zukunft erfüllt und sicher, die Welt zu verändern. ... Diese Hausarbeit, immer derselbe Trott. Ich habe Angst davor, mich eines Tages selbst nicht mehr zu kennen.»

Als Rettung vor einem solchen Persönlichkeitsverlust erscheint auch den islamistischen jungen Frauen die außerhäusliche Erwerbstätigkeit: «Das Wichtigste ist, daß die außerhäusliche Arbeit die Frau aus der Monotonie befreit und sie aktiviert. Bis zu einem gewissen Grad hängt es vom Arbeitsleben ab, ob sich eine Frau selbst entwickelt, ob sie gesellschaftliche Kontakte hat und ob sie (in materieller und geistig/moralischer Hinsicht) produktiv ist.»

Die jungen Frauen sollen und wollen mit einem Wort den öffentlichen Raum betreten, ihn gestalten und sich selbst nach ihm gestalten – und ihm doch fernbleiben. Wie oben deutlich wurde, resultiert die Gefährlichkeit des öffentlichen Raumes daraus, daß er die Kontrolle über die (Sexualität der) Frau aufhebt. Die widersprüchlichen Anforderungen, mit denen die Frauen konfrontiert sind, lassen sich demgemäß auf folgenden Satz reduzieren: ‹Geh' in den öffentlichen Raum – aber verdecke deine Sexualität!› Im Modell der ‹Kopftuchstudentin› gelangt dieser Befehl zu seiner Ausführung. Positiv gewendet klingt das so: «Ich trage den Schleier freiwillig, ... nicht um meine Vernunft zu bedecken, sondern weil ich den Menschen damit sagen will: ‹Seht in mir nicht die schönen Attribute der Frau, sondern die rational denkende Persönlichkeit, den Menschen, der denkt und eine Meinung hat.›»

Wenn die Verhüllung – wie bei den politisch bewußten islamistischen Studentinnen – frei gewählt ist, symbolisiert sie die Entschlossenheit der Frau, den Platz, der ihr zugewiesen wird, nämlich zu einem Mann zu gehören, nicht zu verlassen, und ermöglicht ihr gerade damit die Ausweitung, ja die qualitative Umgestaltung ihres Aktionsfeldes. An die Stelle der gelebten Beziehungsform selbst tritt ihre Präsentation. Als bedeckte Muslima, die mit ihrer Kleidung zeigt, daß sie auf ihre Ehre achtet und so das Ansehen ihres Mannes (bzw. des Vaters oder der Brüder) schützt, kann die Frau ihren Aktionsradius erweitern, ohne Gefahr zu laufen, deshalb schlecht angesehen zu werden. Die Bedeckung ermöglicht ihr damit, ihre Rolle innerhalb der Rolle zu wechseln und neuen Anforderungen zu entsprechen! Dies gilt besonders für junge Frauen, denen die Bedeckung das Betreten neuer sozialer Räume wie Universitäten und urbane Arbeitsplätze ermöglicht, ohne daß sie sich mit der Überschreitung der räumlichen Grenzen von Familie und Nachbarschaft auch sozial von diesen verabschieden müßten.

Mehr noch, nicht die Familie kann sie jetzt im Namen von Sitte und Religion für den Bruch mit der traditionellen Hausfrauenrolle verurteilen, sondern sie selbst sind in der Lage, die Eltern, die sich nicht vorschriftsmäßig kleiden, einer nichtislamischen Lebensführung zu bezichtigen. Die junge gläubige Generation kann sich damit über die alte erheben, wie das die Jugend in modernen Gesellschaften tut.

Werner Herzog

Islamische Feste im Maghreb

Der Festkalender ist in allen drei Ländern muslimisch geblieben. Die christlichen Feste finden nicht oder nur in Hotels in den Großstädten und den Touristengebieten statt. Weihnachten kann man zum Beispiel bestens in Casablanca und in Agadir feiern, allerdings wegen der Wärme mit Plastikbäumchen und einem einheimischen roten Weihnachtsmann mit langem weißem Bart. Neujahr ist auch auf die Hotels und die Fremden beschränkt. Nach dem islamischen Kalender findet das Neujahr momentan im Sommer statt. Nach ihm richten sich auch die anderen Festtage. Zehn Tage nach Neujahr wird Achoura, der Tag der Toten, gefeiert. Er entspricht ungefähr unserem 1. November. Rund 60 Tage danach folgt das Geburtstagsfest des Propheten, das um einiges bescheidener als Weihnachten begangen wird. Wie überall auf der Welt sind es vor allem die Kinder, die wegen der Schleckereien (allerdings sind es meist getrocknete Früchte) sehnsüchtig dieses Fest erwarten.

Der größte Einschnitt ist der Fastenmonat Ramadan (1989 begann er am 8. April). Er ist ein harter und fröhlicher Monat zugleich. Während des Ramadans leben die Familien viel stärker zusammen und fasten, kochen, essen und vergnügen sich gemeinsam. Das tägliche Fastenende (iftar) ist ein erhebender Moment. Die Straßen sind leergefegt, zu Hause und in den Restaurants wartet jedermann auf den erlösenden Augenblick. Am Fernseher rückt der Sekundenzeiger vor, Sirenen und Kanonenschüsse zeigen an, wenn es soweit ist: In diesem Augenblick tauchen Hunderttausende von Löffeln in die Suppe (harira), mit der man das Fasten für einige Stunden unterbricht. Der Maghreb ißt. Wer ausgerechnet dann eine Telefonistin oder einen Taxifahrer braucht, muß sich gedulden oder verzichten.

Die Nächte des Ramadan sind im Maghreb die besten Nächte. Dann dürfen auch die Mädchen und Frauen auf die Straße gehen. Die Gassen sind gestopft voll. Jedermann ist gut aufgelegt. Bis nach Mitternacht wird gegessen und getrunken, geplaudert und auch geschäkert. Familien laden auch Fremde zum Essen ein, es herrscht eine seltene Eintracht. Musiktruppen, Gaukler und Tänzerinnen amüsieren das Volk in Theatern und in Zelten und Buden der Altstädte: Ramadan ist nicht nur Fasten, es ist auch ein sinnliches Fest, das einen ganzen Monat dauert. [...]

Der Ramadan wird mit dem Aid es Seghir (auch Aid el Fitr) beendet. Dieses «kleine» Fest dauert immerhin drei Tage. Es dient der Bevölkerung dazu, sich essend, trinkend, ruhend oder rauchend von den Strapazen zu erholen. Für die Kinder ist es ein doppeltes Fest. An Aid es Seghir erhalten sie meist neue Kleider. Der Ansturm auf die Kleiderläden vor dem Festbeginn ist beeindruckend.

Das größte Fest ist aber Aid el Kebir, das Opferfest (es wird auch Aid el Adha genannt), das in Erinnerung an das Opfer Abrahams am Ende des muslimischen Kalenderjahres gefeiert wird (1989 war es der 15. Juli). Es ist das Fest, an dem Millionen von Schafen ihr Leben lassen müssen. Nach alter Sitte schlachtet jeder Familienvater an diesem Tag nach dem Gebet ein Tier und verschenkt einen Teil davon den Armen. Schon Tage und Wochen vorher blöken die Schafe auf Terrassen, in Hinterhöfen und Gärten, umhegt von Kindern, die ihnen Gras bringen. Wer sie dann kauft, bekommt sie noch billiger. Das Fest macht deutlich, daß das wichtigste und weitaus häufigste Tier des Maghreb das Schaf ist.

Wirtschaftliche Überlegungen haben in neuester Zeit dieses religiöseste aller Feste mehr und mehr beeinflußt. In den großen Dürrejahren (1981 und 1982) empfahl Marokkos König Hassan, das Schlachtopfer nicht vorzunehmen. Symbolisch für die ganze Nation tötete er ein Tier. So wurde der Schafbestand nicht noch weiter reduziert. Nicht alle Familienväter schlachten heute noch ein Tier. Manchmal findet das Opfer in der Großfamilie statt. Junge Ehepaare, welche den Ritus nicht mehr durchführen wollen, besuchen an diesem Tag ihre Eltern. Aid el Kebir bedeutet drei Feiertage und ist, wie auch die anderen Feste, ein Anlaß, einander zu treffen und zusammenzuleben.

Roy Mottahedeh

Jugend eines Mullah

Drei Dinge hatten Ali Haschemi bewogen, Mullah zu werden: Sein Vater war Mullah, er selbst war gut im Religionsunterricht, und er war in Ghom geboren und aufgewachsen. Für Tausende von Studenten, die jedes Jahr ankommen, ist Ghom das wichtigste Zentrum für religiöse Studien im Iran. Für die Zehntausende von Pilgern, die in jeder Jahreszeit hereinströmen, ist es eine Stadt, die beherrscht wird von dem großen heiligen Schrein in ihrer Mitte; Ali Haschemi, der im Revolutionsjahr 1979 sechsunddreißig Jahre alt wurde, hat in Ghom studiert und immer den Schrein verehrt. Aber für ihn ist Ghom schon immer etwas Einfacheres und Größeres gewesen: Es war der erste Ort und blieb bis zu seinem neunzehnten Lebensjahr auch fast der einzige Ort, den er kannte.

Natürlich hat Ali als Kind auch andere Städte besucht. Zum Beispiel erinnert er sich, daß er mit sechs Jahren zum erstenmal die zweistündige Autoreise nordwärts von Ghom nach Teheran machte. [...]

Über die Jahreszeit seiner nächsten Erinnerung ist kein Zweifel möglich, denn er sieht noch im Hintergrund die roten und weißen Blüten der Granatapfelbäume, deren Blütenduft im

Frühling irgendwie an den Geschmack der Früchte erinnert, die im Herbst gepflückt werden. Er und sein Bruder wurden in eine Ecke des Gartens hinter seines Vaters Haus geführt. Dort saß seine Mutter vor einem niedrigen Busch mit vielen Blättern und hielt ein neugeborenes Kind im Arm. Plötzlich verstand er etwas, was man ihm schon bei anderer Gelegenheit gesagt hatte. Er, sein älterer Bruder, sein Vater und sein neugeborener Bruder trugen grüne Schärpen, und Ali wußte, daß sie Seyyids waren, Nachkommen des Propheten. [...]

Etwa von der Zeit seines sechsten Geburtstages an ging Ali nicht mehr mit seiner Mutter zum Badehaus, sondern mit seinem Vater. Dies war nicht der einzige bedeutsame Wandel, der damals in seinem Leben eintrat. Beten lernen, schreiben lernen, mit den Freunden seines Vaters stillsitzen lernen: all das war genauso neu und nahm mehr Wochenstunden in Anspruch als ein Besuch des Bades. Aber irgendwie hat sich ihm der Wechsel im Badehaus am besten eingeprägt: In der einen Woche war er dort in einer Schar schwatzender, schwitzender halbnackter Frauen, in der nächsten Woche saß er in einer Runde feierlicher halbnackter Männer. [...]

Es war nicht so, daß seine Mutter von nun an weniger Zeit für ihn hatte, es war vielmehr so, daß sein Vater jetzt viel mehr Zeit zu haben schien. Er hatte seinem Vater oft beim Gebet zugesehen und hatte für sich selbst versucht, auch die Hände zu erheben und wieder zu senken, sich nach vorn zu beugen, niederzuknien, mit der Stirn den Boden zu berühren, so wie sein Vater es tat. Es war hoffnungslos. Dazu kam, daß sein Vater auf arabisch betete, und Ali konnte nicht mehr als ein oder zwei Worte von dem behalten, was sein Vater sagte. Einige Monate nachdem er nicht mehr mit seiner Mutter zum Badehaus gegangen war, bemerkte sein Vater, wie Ali seine Bewegungen beim Gebet nachahmte. Nach Beendigung des Gebetes nahm der Vater Alis Hände in seine eigenen Hände und sagte: «Gott möchte gern, daß wir unser Gebet damit beginnen, daß wir im Herzen oder auch laut sagen ‹Ich versuche zu beten›. ‹Ich versuche zu beten› heißt: ‹Ich möchte beten›.» Ali sagte: «Aber ich möchte wirklich beten – ich möchte sein wie du.»

Sein Vater lächelte und strich über Alis Kinn. «Gut. Ich

weiß, daß du sein möchtest wie ich. Lerne einen Teil des Gebetes auf arabisch, dann wirst du es sprechen können wie ich, wenn du alt genug bist, um zu verstehen, was es heißt, ‹ich versuche zu …›»

Rückblickend erscheint es Ali unfaßbar, daß er eine erste Geschmacksprobe des Arabischen – der wahren Sprache der Offenbarung und der Theologie – damals erhielt, als er vor seinem Vater ganze Sätze in sich aufnahm, ohne Fanfarenstoß oder feierliche Einführung. Sein Vater übersetzte die arabischen Sätze Wort für Wort ins Persische; das war kaum eine Hilfe, doch verbanden sich die Worte jedes Satzes miteinander zu einer Kette, die niemals zerbrach. Mißlich war nur, daß Ali die Sätze selbst manchmal durcheinanderbrachte, und manchmal erfand er neue Weisen, arabische Wörter auszusprechen, was seinen Vater erheiterte. Zweimal mußte Ali in einem Gebet das kürzeste Kapitel des Korans wiederholen:

> Im Namen Gottes, des Erbarmers, des Barmherzigen.
> Sprich: Er ist der eine Gott,
> Der ewige Gott,
> Er zeugt nicht und wird nicht gezeugt,
> Und keiner ist Ihm gleich.

(dtsch. Übersetzung Max Henning)

[…]

Ali wußte auf den ersten Blick, daß Mohammeds Freund, der etwa fünfzehn Jahre alt war, wie ein Schüler der Medrese aussah mit seinem Turban, dem schwarzen Mullah-Mantel und den wolligen Bartansätzen; er selbst sah dagegen aus wie das, was er war: ein zehnjähriger Junge mit einem dunkelblauen Kittelrock und ohne Bart, so daß er sich schämen mußte. Aber er trug einen grünen Turban, und obwohl dieser nur zweimal gewunden war, zeichnete er ihn doch durch seine Farbe als einen Seyyid aus – während sein Gefährte nur den weißen Turban eines gewöhnlichen Menschen trug, wie groß dieser auch immer sein mochte. […]

Sein Begleiter führte ihn zu einem Klassenzimmer im Untergeschoß eines der anderen großen Bögen. Die meisten Schüler unter vierzehn Jahren trugen einen gelblich-braunen bis hellbraunen Rock; die älteren Schüler trugen die Aba, den schwarzen, vorne offenen Umhang mit langen Ärmeln, das charakteristische Kleidungsstück der Mullahs. Die Schüler saßen mit gekreuzten Beinen im Halbkreis um einen Lehrer, der die zweite Stufe einer Stehleiter eingenommen hatte und mit ruhiger Konzentration eine Zigarette rauchte. Als sich der Lehrer der Klasse zuwandte, bemerkte Ali in seinem Bart zwei weiße Streifen, die gleichmäßig in der Nähe der Mundwinkel angeordnet waren. Vor sich hielt er eine riesige Ausgabe des Lehrbuches; sie war so viel größer als Alis eigene Ausgabe, daß Ali schon befürchtete, sein fünfzehnjähriger Begleiter habe ihn in der falschen Klasse abgeliefert.

Der Lehrer drückte die Zigarette in dem messingnen Untersatz eines Teeglases aus, räusperte sich, schlug das riesige Buch auf und begann: «Im Namen Gottes, des Erbarmers, des Barmherzigen. Gestern haben wir die einleitende Abhandlung von Mullah Abdollahs *Kommentar* gelesen, in der er erklärt, warum der dem Kommentar zugrundeliegende Text ‹Die endgültige Richtigstellung der Begriffe in Abhandlungen über Logik› heißt. Mullah Abdollah erläutert, daß Taftazani, der Verfasser des zugrundeliegenden Textes, glaubte, niemand könne eine knappere Zusammenfassung der Logik geben als seine ‹Endgültige Richtigstellung der logischen Grundbegriffe›.» [...]

In den nächsten Jahren wurde der Innenhof der Medrese für Ali fast ebenso vertraut wie der Innenhof des *biruni* zu Hause. Nicht daß die Schüler und Lehrer eine Art Großfamilie gebildet hätten; man könnte sich schwerlich eine Familie vorstellen, die so auf formale Disputationen versessen und so ganz ohne Mütter und Schwestern wäre. Aber die Medrese lag irgendwo zwischen der weiten öffentlichen Welt des Basars mit dem dort offen diskutierten gesellschaftlichen Ansehen und der privaten Welt des *biruni* zu Hause, in der persönliche Werte und Bewertungen gegenseitig vorausgesetzt und in der Regel nicht erörtert wurden. Demgegenüber gab es in der Medrese das Gefühl, Lehrling (beziehungsweise für Lehrer: Meister) in einer Art des Denkens zu sein, die von Außenseitern nur erahnt werden konnte. Kein Wunder, daß man die Schüler der Medrese *talabes,* «Sucher», nannte; sie hatten sich auf eine «Suche» begeben, die sie von all den Nichteingeweihten unterschied.

Annegret Nippa

Mekkanische Hochzeit im 19. Jahrhundert

Um die räumliche Ausdehnung und die Fixpunkte des Festverlaufs zu beschreiben, verlegen wir eine fiktive Heirat in zwei mekkanische Häuser und setzen mit dem ersten Schritt der Werbung ein.

Drei Dinge erfordern Eile: eine Jungfrau, ein Toter und ein Gast, sagt ein arabisches Sprichwort. Wenn Jungen und Mädchen geschlechtsreif sind, ist die Zeit gekommen, sich um ihre Verheiratung zu kümmern. Die ganze Familie nimmt daran Anteil, und alle, auch die betroffenen jungen Leute, denken über mögliche Heiratspartner nach. Es bedarf zahlreicher Gespräche, ehe die Familie eine einmütig beschlossene Auswahl getroffen hat. Die Aufnahme von Verhandlungen mit der erwünschten Schwiegerfamilie ist ein heikles Unterfangen, denn ein abgelehnter Heiratsantrag schadet dem Ansehen des Hauses.

Da die Initiative beim Heiraten immer vom Haus des Bräutigams ausgehen sollte, begeben sich die Frauen dieses Hauses zu einem förmlichen, seit Tagen angekündigten Besuch in das Haus, aus welchem sie ein Mädchen als Braut für ihren Sohn, Neffen oder Bruder wünschen. In einem der oberen Empfangsräume unterhalten sie sich über das Leben, über ihre Familien, ihre Wünsche für die Zukunft ihrer Kinder, über deren besondere Eigenschaften und dergleichen mehr, ohne daß die Gründe des Besuchs zur Sprache gebracht oder gar Namen genannt würden, bis die Mutter des jungen Mannes nach einer der Töchter ihrer Gastgeberin fragt. Sollte diese bedauernd darauf verweisen, daß ihre Tochter gerade nicht im Hause oder unwohl sei, also nicht erscheinen könne, hört die Besucherin die Ablehnung und stellt alle weiteren Bemühungen ein. Bald darauf erhebt sie sich und geht, freundlich verabschiedet, nach Hause zurück. Da sich die meisten Mekkanerinnen kennen, dient dieses konventionelle Vorgehen allein der Vermeidung einer ausgesprochenen Ablehnung, die einer Absichtserklärung folgen könnte. So hat man sich nur gut unterhalten, und die Tochter war halt leider krank. Die Mutter des Bräutigams oder eine andere ältere Frau, die mit der Werbung betraut ist, wird ihre Besuche in anderen Häusern der Stadt fortsetzen.

Holt die Gastgeberin die gewünschte Tochter, die sich schüchtern und scheu zu verhalten hat, versuchen die Besucherinnen, sie in ein Gespräch zu verwickeln, und sind um so entzückter, je zögernder und verhaltener die Antworten kommen. Stößt das auserwählte Mädchen bei den weiblichen Verwandten des Bräutigams auf Ablehnung, bedanken sie sich bei ihren Gastgeberinnen für die anregende Unterhaltung, beglückwünschen die Mutter zu ihren Kindern und gehen. Wieder war ausschließlich von alltäglichen Dingen und typischen Frauenangelegenheiten die Rede, so daß die Familienehre unangetastet bleibt. Beendet die älteste Besucherin das Gespräch mit *So Gott will, werden wir uns verschwägern* oder einem ähnlich lautenden Abschiedsgruß, ist die Heirat eingeleitet. [...]

Nachdem die Männer im Erdgeschoß die Eheabsichten offiziell vor Zeugen bekanntgegeben und die Bedingungen dafür ausgehandelt haben, setzen in beiden Häusern die eigentlichen Hochzeitsvorbereitungen ein. Auf beiden Seiten müssen für die bevorstehenden Feiern und für die verabredeten Gaben viele Einkäufe getätigt werden, so daß bis zum verabredeten Tag der Hochzeit mehrere Wochen vergehen können. [...]

Im Grunde könnte die Ehe direkt im Anschluß an den Vertrag vollzogen werden, doch schieben sich in allen Orten der arabischen Welt noch zahlreiche Zeremonien dazwischen, welche die Braut und den Bräutigam körperlich wie emotional auf den Akt und alle Beteiligten auf die mit dem neuen Zusammenschluß einhergehenden Trennungen vorbereiten. Daher sind die kommenden Tage gleichermaßen der Vorbereitung wie dem Abschiednehmen gewidmet. Für das Mädchen ist das Ereignis einschneidender als für den jungen Mann, der vielleicht schon sexuelle Erfahrung mit dem anderen Geschlecht gemacht hat und außerdem «im Schoße» der Familie bleiben wird. Die Braut hingegen verliert viel auf einmal: den vertrauten Wohnort, die Jungfräulichkeit und ihren Jungmädchenstatus; was sie gewinnen wird, ist unklar. Denn die widersprüchlichen Eheerfahrungen der älteren Frauen sind ihr aus zahlreichen Gesprächen geläufig, an denen sie von Kindheit an als Zuhörerin teilgenommen hat. Die Angst vor dem Neuen wird mit Geschenken und einem ungewohnten Maß an weiblicher Zuwendung zugeschüttet; bis zu dem Moment der Einsamkeit in der Hochzeitsnacht wird die Braut nicht mehr allein gelassen.

Zunächst gilt die stärkste Aufmerksamkeit ihrem Körper. Man bestellt Frauen, die sich mit den Fragen der Körperpflege auskennen und die Braut schmücken werden. Alle als lästig oder unschön empfundenen Körperhaare müssen entfernt werden. Augenbrauen und Stirnhaare werden beschnitten, das Haar wird mit Bändern, auf die Münzen aufgenäht sind, zu acht Zöpfen geflochten, Hände und Füße mit Henna belegt und durch Ritzmuster verziert. In den Stunden der kosmetischen Prozedur kommen viele Freundinnen und Verwandte vorbei, um zuzuschauen, und ein langes Fest mit eigens engagierten Sängerinnen beschließt die Nacht. [...]

Der folgende Tag wird für beide Parteien der anstrengendste, aber auch der festlichste werden. Für das Haus der Braut ist es im wahrsten Sinne ein Tag der offenen Tür, denn jeder Frau und jedem Mädchen, die zuschauen möchten, wird freier Zutritt gewährt. [...]

Zunächst halten sich die Besucherinnen im oberen Geschoß auf. Es gibt Kaffee, Tee und Süßigkeiten. Sängerinnen treten auf und beschwören in ihren sogenannten *Dana-dana-Liedern* liebestolle junge Männer, die sich ihre Liebste begehrlich ausmalen und sich nach ihr in Sehnsucht verzehren. Mit erotischen Anspielungen soll die nervöse Spannung der Braut gelindert und sie selbst auf das bevorstehende sexuelle Ereignis eingestimmt werden. Zwar ist die Heirat mehr eine Angelegenheit der Familien, doch beim Beischlaf sind die beiden Brautleute allein. Sie treten einander als Individuen gegenüber, die – ohne vorherige Gemeinsamkeit – etwas gemeinsam tun sollen. Die Angst beider ist meist groß, und nicht selten schwinden einem von ihnen oder beiden die Kräfte. [...]

Auch im Haus des Bräutigams singen bestellte Sängerinnen die Lieder zur bevorstehenden Annäherung, deren Refrain, *dana-dana,* eine dem Liedrhythmus angepaßte Form des Verbs *danā nahen,* ist. Trotz seiner vermeintlichen Geschäftigkeit, die mehr seiner Nervosität als wirklicher Pflichterfüllung entspringt, wird der Bräutigam ständig von einigen seiner Junggesellenfreunde begleitet, die ihn mit zweideutigen Witzen aufmuntern und anregen müssen. In aller Form nimmt der Bräutigam, ehe er aufbricht, von seinen weiblichen Verwandten Abschied, die ihn in den oberen Räumen, in denen er sich als Kind ungezwungen und frei bewegen konnte, mit lautem Trillern erwarten. Nachdem ein Lied vom heldenhaften, alle Hindernisse überwindenden Jüngling gesungen worden ist, begleiten ihn die Frauen wieder nach unten: Ein junger Mann verläßt das Haus – als Mann soll er zurückkehren.

Seine Freunde erwarten ihn bereits, und ein langer Zug mit Freunden, Verwandten, Bekannten und mit lampentragenden Dienern setzt sich in Bewegung.

Während die Männer gemessenen Schrittes durch die Stadt ziehen, in der Großen Moschee anhalten, um zu beten, und dann zum Haus der Braut weiterziehen, eilen die Frauen seines Hauses auf kürzestem Weg dorthin. [...]

In der Zwischenzeit ist die Braut erneut geschmückt worden – weniger reich, dafür schöner. Wieder nimmt sie in einem festlich dekorierten Raum im oberen Geschoß auf einem erhöhten Sitz Platz. Wenn unten alle gesellschaftlichen Aufgaben erledigt sind, wird der Bräutigam nach oben geholt, und wieder schauen die weiblichen Verwandten zu, wie die Kosmetikerin ihn zum zweiten Mal durch die kurze Zeremonie der Berührung führt. Nachdem er die Stirn seiner Braut berührt hat, spricht er die *fātiḥa* und verläßt den Raum. Nun ziehen sich die meisten Frauen endgültig zurück – bis auf einige wenige, die der Braut beim erneuten Umziehen helfen. Auch ihre

Mutter, die sie in das Schlafgemach auf dem oberen Stock führt, bleibt über Nacht. Wenn der Bräutigam kommt, ertönen noch immer die *Dana-dana-Lieder,* und die ältesten Frauen versuchen, wach zu bleiben, bis die erfolgreich verlaufene Hochzeitsnacht bekanntgegeben werden kann.

Das blutbefleckte Tuch zeigt den anwesenden Frauen, daß weder Braut noch Bräutigam versagt haben, und ihr lautes Trillern unterrichtet die Männer im Haus und die Nachbarn gleichermaßen vom glücklichen Ausgang der Nacht.

Von nun an läßt man dem Brautpaar mehr Ruhe, und es gibt nur noch wenige vorgeschriebene Formalitäten zu erfüllen. So überreicht der Mann nach dem gemeinsamen Frühstück seiner Frau eine Morgengabe, die dergestalt sein muß, daß die Frau sie später mit Stolz vorzeigen kann. Für sieben Tage dürfen die Brautleute ohne Zuschauer unter sich bleiben, um sich, nachdem sie einander «erkannt» haben, kennenzulernen. Nach Ablauf dieser ruhigen Zeit gibt die junge Ehefrau nach der Trennung von zu Hause ihr erstes eigenes Fest.

Heinrich Schipperges

Der Kranke als Glied der Gemeinde Muḥammads

Wie der kranke Mensch – gleich welcher Gesellschaftsschicht – ein sinnvolles Verhältnis zu Leben und Tod suchte und fand, das zeigt sich besonders eindrucksvoll in der Kulturgeschichte und Mystik des arabischen Mittelalters. Der kranke Mensch als Person wird hier als selbstverständliches Glied der Gesellschaft, der «Gemeinde Muḥammads» (umma Muḥammadīya), geachtet. Über seine Stellung informiert uns in erster Linie jene Quelle, die das Leben eines gebildeten Muslim bestimmte: seine Religion, der Islam. «Islām» bedeutet soviel wie «Hingabe, sich seinem Gotte ergeben». Wer in dieser Weise «hingegeben» lebt, ist ein «muslim»; er ist eingetreten in den «Stand des Heils». Aus der gleichen Sprachwurzel kommt auch der arabische Schlüsselbegriff für die Heilkunde, «salām», was auch Frieden heißt, mehr aber Harmonie bedeutet: das Ganze und damit das Gesunde, das Heile. «Salām» meint jene «integritas», welche die Verantwortlichkeit einer Persönlichkeit und damit die volle Individuation ausmacht. Die Integration der muslimischen Lebensweise erstreckte sich auf das Selbstbewußtsein, das eine Trennung in Somatisches und Psychisches gar nicht vollzog, und auf die Bildung der gesamten Persönlichkeit, die niemals scharf zwischen dem religiösen oder dem wissenschaftlichen, zwischen einem politischen oder mehr künstlerischen Lebensstil unterschieden hat. [...]

Hingegen hat der Prophet Muḥammad seine Gläubigen durchgehend gelehrt, den Arzt zu achten, die Heilmittel zu ehren, den Sinn des Leidens zu erkennen, die läuternde Kraft der Krankheit verstehen zu lernen, ohne das Vertrauen in Gottes Fügung zu verlieren. In der «Prophetenüberlieferung» – Aussprüchen, die man dem Propheten Muhammad in den Mund gelegt hat – heißt es: «Wenn ein Kranker irgend etwas begehrt, so soll man es ihm verschaffen.» Der Dienst am Kranken ist geradezu Gottesdienst. So lautet ein anderer Propheten-Spruch (Hadīth): «Gott schuf keine Leiden, ohne daß er nicht gleichzeitig ein Mittel dagegen geschaffen hätte. Wenn du das richtige Mittel findest, wird jede Krankheit mit Gottes Erlaubnis geheilt.» Daher der Auftrag an die Gläubigen: «Ihr, die ihr Gott dienet, heilt!»

Das durch die Schöpfungsordnung legitimierte Heilmittel zu finden, wird daher zur eigentlichen Aufgabe der Ärzte. Ein Zeitgenosse des Propheten, der Arzt Al-Ḥāriṯ b. Kalada, vergleicht den Menschen mit einem Ackerboden, der bei Pflege gedeiht und der dahinkümmert, wenn ihm keine rechte Sorge zuteil wird. Auch Muḥammad soll nach der frommen Überlieferung auf Schritt und Tritt Ratschläge erteilt haben, die sich nicht nur mit Problemen des Krankenbesuches, des Aderlasses, der Empfehlung oder Ablehnung bestimmter Heilmittel beschäftigten, sondern auch mit einer möglichst hygienischen Lebensführung in allen Lebenslagen.

So verkündet der Prophet anläßlich der Waschvorschriften in der Sure V, 7 ausdrücklich: «Allah will euch nicht in Schwierigkeiten bringen. Er will euch nur reinigen und seine Gnade an euch erfüllen, auf daß ihr dankbar sein möchtet.» Reinigung zielt dabei immer auf Heiligung, wie ja auch – nach Sure IX, 28 – das Symbol für die Ungläubigen in ihrem Schmutz gesehen wird.

Die Überlieferung berichtet, daß der Prophet Muḥammad jeden Abend seine Zähne reinigte und noch auf dem Totenbett nach einem Zahnstocher verlangte. Seinen Diener Zaid b. Ḫālid ernannte er zum «Herrscher des Zahnstochers». Zur Zahnpflege wurde dabei seit den frühesten Zeiten ein «miswāk» benutzt, ein aufgefasertes Holzstäbchen, wobei sich das Stammwort auf «siwāk» bezieht, das Mark der «Salvadora Persica». Mit Tinkturen, Boraxwasser, später auch mittels kleiner Bürsten und Pinsel wurde die Mundpflege stetig verbessert und kultiviert. Für den gläubigen Muslim bildete das Reiben der Zähne die letzte rituelle Handlung vor dem Sterben: Der «Geist» sollte lauter und rein zu Allah eingehen!

Da nun aber – so der Arzt und Philosoph Avicenna – der Mensch seiner Natur nach ungesichert und verlassen sei, ein biologisches Mängelwesen, habe der Arzt ständig aktive Gegenmaßnahmen zu ergreifen, die niemals zufällig und von Fall zu Fall, sondern stets begründet und bewußt durchgeführt werden sollten. Denn nicht der Heileffekt mache einen Arzt, sondern allein die Kunst und deren wissenschaftliche Begründung. Daher wird die Lebensführung des ganzen Menschen, das «regimen sanitatis», der vollen Verantwortung des Arztes anheimgegeben. Der Arzt hat demnach den Auftrag, die Integrität des Organismus in seiner vitalen Harmonie zu erhalten, wobei er stets die Grenze zu respektieren und Übergriffe zu vermeiden hat. Eine solche maßvolle Mitte aber kann nur aus der Gesinnung des Herzens erwachsen, worauf wiederum Maimonides, jüdischer Leibarzt eines Kalifen im 12. Jahrhundert, aufmerksam macht, wenn er sagt: «Die Medizin weist nur hin auf das Nützliche, und sie warnt vor dem Schädlichen; sie zwingt aber nicht zum Nutzen, und sie straft nicht für den Schaden.»

Usāma ibn Munqiḏ

Altersklage

Meine Kraft ist geschwächt und gebrochen. Das Glück des Lebens ist vergangen und dahin. Das lange Leben unter Menschen hat mich umgekehrt. Die verborgene Glut meines Seins ist dem Erlöschen nahe. So bin ich heute in einer Lage, wie ich sie schon einmal in Versen beschrieben habe:

Das Schicksal hat mich wohl verlassen!
Ich bin wie ein Kamel,
abgehetzt und von der Karawane verlassen in
der Wüste.
Die Achtzig haben mir keine Kraft mehr gelassen.
Erheb ich mich, glaube ich, ich bin zerbrochen.
Im Sitzen verrichte ich mein Gebet,
versuche ich, mich hinzuwerfen, fällt es mir
schwer.
Alles mahnt mich:
Der Aufbruch zur letzten Reise ist schon nah.

Annegret Nippa

Ein Muslim stirbt

Wie in anderen Orten der islamischen Welt wird auch in Mekka die Bestattung eines Toten an einem Tag absolviert. Anders als bei Geburt und Hochzeit liefert das islamische Gesetz zahlreiche Vorschriften für die ordnungsgemäße Abwicklung im Todesfall, so daß die Variationsbreite der Bräuche bei der Behandlung des Toten nicht sonderlich groß ist, wohl aber bei jenen Zeremonien, die den Trauernden den Abschied vom Toten, den Verlust eines Mitglieds und den Schrecken des Todes ertragen helfen.

Kommt der Tod nicht überraschend, wird die Loslösung des Menschen von seinem bisherigen Dasein vorbereitet. Es ist die Pflicht eines jeden, auf Wunsch eines Sterbenden herbeizueilen. Nicht Ruhe kennzeichnet das Haus, in welchem jemand sein Ende nahen fühlt, sondern ein eifriges Kommen und Gehen. Mit dem Abschiednehmen ist die Möglichkeit verbunden, letzte Worte zu wechseln, alte Konflikte zu lösen oder ungelöste Probleme des Sterbenden in die eigene Verantwortung zu übernehmen.

Im Angesicht des Todes werden die zentralen Werte der Gesellschaft erinnert, wobei immer wieder zwei Themen mit ritualisierten Phrasen praktisch abgeschlossen werden: Haus und Familie und der Gabentausch. *Gibt es noch eine unbeglichene Schuld?* ist eine der wichtigen Fragen am Sterbebett: Man fragt, ob der Sterbende noch eine eigene Schuld auszugleichen habe oder ob ihm ein anderer noch etwas schulde. Wie formelhaft die Aussprache im jeweiligen Fall auch sein mag, so beabsichtigt man dennoch damit, die irdischen Tauschzyklen zum Abschluß zu bringen.

Nachdem alle Schulden geklärt und ausgeglichen sind, fragt man den Sterbenden nach seinem letzten Wunsch, der ihm als wirkliches Geschenk, dem keine Gegengabe von seiner Seite mehr folgen muß, gewährt wird. [...]

Der Eintritt des Todes wird durch lautes Klagen der anwesenden Frauen bekanntgegeben. Frauen kennen zwei melodiös-rhythmische Rufe, das Juju oder Trillern für freudige und das sogenannte Klagen für traurige Ereignisse. In beidem können Frauen eine Meisterschaft erreichen, die sie in ihrem Kreis bekannt macht, doch auch hier gilt wie bei den Handwerkern, daß eine Frau selten beide Fähigkeiten mit gleicher Brillanz beherrscht, so daß gerade für den Trauerfall Klageweiber ins Haus geholt werden. Aber auch die anderen Frauen klagen laut: Eine jede beginnt mit dem Namen des Toten, dem sie die für sie allein gültige Bezeichnung des verwandtschaftlichen Verhältnisses anfügt. Damit werden die durch Verwandtschaft erworbenen Rollen des Toten noch einmal aufgerufen: Vater oder Mutter, Sohn oder Tochter, Ehemann (da nur Frauen klagen, kann die Bezeichnung «Ehefrau» im Klageritual nicht vorkommen), Mutterbruder oder Vaterbruder usw. Danach folgen formelhafte Aufzählungen der Dienste, die der Verstorbene den zurückbleibenden Frauen geleistet hat, genaugenommen allerdings nur jener Dienste, zu denen er aufgrund seiner verwandtschaftlichen Beziehung verpflichtet war, wie der Einkauf von Kleidern, die Finanzierung der Pilgerreise oder die Vermittlung einer Heirat. Die ganz persönlichen Dankbezeugungen haben in diesem Ritual der lauten, öffentlichen Verabschiedung eines Mitglieds der Familie keinen Platz, dazu boten die wiederholten Besuche am Sterbebett genügend Gelegenheit.

Während die Frauen, Verwandte wie Nichtverwandte, klagen, beginnt der Leichenwäscher mit seiner Arbeit. Ähnlich wie für seine Hochzeit wird der Tote gewaschen, enthaart und manchmal parfümiert. Eine Frau sollte von einer Frau und ein Mann von einem Mann gewaschen werden. Zuvor nimmt der jeweilige Ehepartner Abschied von seinem toten Gemahl, denn nach der rituellen Reinigung der Leiche sollten sie einander nicht mehr berühren. Beim Waschen und bei der bis in das kleinste Detail vorgeschriebenen Einkleidung des Toten können auch Angehörige des jeweils anderen Geschlechts helfen. Dabei gilt, daß nur diejenigen, denen eine Heirat mit dem, der nun tot ist, untersagt war, ihn berühren dürfen. Der jeweilige Ehepartner fällt in seinen vorehelichen heiratsfähigen Status zurück; die Ehe scheint aufgelöst zu sein. Wie bei der Geburt, wenn das Neugeborene Braut oder Bräutigam gerufen wird, erinnert man auch beim Tod – hier sehr spät und dort sehr früh – an das, was der Zweck des irdischen Daseins zu sein scheint: das Heiraten.

Zahlreiche Zeremonien begleiten die Handlungen vor und nach der Bestattung sowie die Zeit danach. Im Namen des Toten werden am 1., 2., 3. und 7. Tag nach seinem Tod Koranlesungen veranstaltet, ebenso am 20. und 40. Tag, am 1., 2., 3. Jahrestag und alle folgenden Jahre bis diejenigen, die seiner erinnern, sterben.

Bei den Klagerufen, beim Tragen der Bahre, bei den Kondolenzbesuchen, beim gemeinsamen Trauermahl und bei den späteren Lesungen am Todestag handelt es sich um das Abschiednehmen der Lebenden von der ihnen vertrauten Person, die nach und nach zu einer Figur in der Geschichte der Familie und, wenn es sich um einen Familienvater handelt, zu einem Glied in der genealogischen Kette wird. Für die irdischen Belange endet das Totenritual tatsächlich mit einem neuen Status für den Toten: Er wird zu einem Vorfahren.

Doch der rituell begleitete Weg des Toten bricht in der stummen Übergangsphase ab, in der Zeit des Wartens und der Belehrung. Nachdem die Trauergäste den Friedhof verlassen haben, bleibt ein mit den zeremoniellen Formeln Vertrauter am Friedhof zurück und redet zu dem Toten. Er erinnert ihn an die bevorstehende Prüfung durch zwei Engel und wiederholt ihm das Glaubensbekenntnis, das ihm wie ein Losungswort die Tür in das *dār al-baqā'*, in das *ewige Haus,* öffnen wird. Die Eingliederung in diesen Status unterliegt nicht mehr menschlichem Eingreifen, sie kann nur vorbereitet werden – und stumm erwartet der Initiand den Tag seiner letzten Initiation.

7. Begegnung mit den Ungläubigen

Bernard Lewis

«Ihr habt eure Religion, und ich habe meine Religion»

Zwei Klischees tauchen in den meisten Abhandlungen zum Thema Toleranz und Intoleranz in der islamischen Welt immer wieder auf. Einmal ist es das Bild eines fanatischen Kriegers, eines Arabers, der hoch zu Roß aus der Wüste heranstürmt, in der einen Hand das Schwert, in der anderen den Koran, und seinen Opfern nur die Wahl zwischen beiden läßt. Dieses Bild, durch Edward Gibbons «Geschichte des Verfalls und Unterganges des Römischen Reiches» berühmt geworden, ist nicht nur falsch, sondern schlechthin undenkbar – es sei denn, man akzeptiert ein Volk von linkshändigen Kriegern als gegebene Tatsache. Die linke Hand ist nach den geltenden Vorschriften des Islam ausschließlich für unreine Verrichtungen bestimmt, und kein Muslim, der auf sich hält, würde sie – damals wie heute – dazu benutzen, den Koran zu schwingen. Das andere Bild, kaum weniger absurd, zeichnet eine Utopie vom friedlichen Miteinander verschiedener Glaubensbekenntnisse und Völker; Männer und Frauen unterschiedlicher Abstammung und unterschiedlicher Konfession lebten Seite an Seite in einem Goldenen Zeitalter ungetrübter Harmonie, erfreuten sich gleicher Rechte und Chancen, arbeiteten gemeinsam an der Förderung von Kultur und Zivilisation. Auf jüdische Begriffe gebracht, war der klassische Islam in der einen Version dem neuzeitlichen Amerika vergleichbar, nur besser, und in der anderen Hitler-Deutschland, nur schlimmer, falls man sich das überhaupt vorstellen kann. [...]

Die Wahrheit liegt wie immer irgendwo zwischen den gegensätzlichen Klischees; und sie ist komplizierter, vielschichtiger, nuancierter als beide. [...]

Die Geschichte der Beziehungen zwischen dem muslimischen Staat und seinen nichtmuslimischen Untertanen und – später – Nachbarn beginnt mit dem Aufstieg des Propheten. Der Koran und die muslimische Überlieferung berichten von

Mohammeds Verhalten gegenüber den Juden in Medina und im nördlichen Hedschas, gegenüber den Christen in Naǧrān sowie einigen anderen im Norden gegenüber den Heiden, die die Mehrheit der arabischen Bevölkerung bildeten. Für Heiden gab es die klare Alternative: Islam oder Tod. Bei Juden und Christen, im Besitz eines als Offenbarungsreligion anerkannten, wenngleich überholten Glaubens, kam eine dritte Möglichkeit hinzu: Islam, Tod oder Unterwerfung. Zur Unterwerfung gehörte, Tribut zu entrichten und die muslimische Vorherrschaft zu akzeptieren. Die Verurteilung zum Tode konnte herabgemildert werden und hieß dann – Sklaverei. [...]

Das politische Problem, das sich durch die Beziehungen zwischen Muslimen und Nichtmuslimen stellte, war bereits zu Lebzeiten des Propheten klar, und die Leitsätze für seine Lösung sind im Koran enthalten. Als Gouverneur und später als Herrscher der Gemeinde von Medina hatte der Prophet jüdische Untertanen; als Souverän des islamischen Staates hatte er Beziehungen zu christlichen wie zu jüdischen Nachbarn in anderen Teilen Arabiens. Schon zu Anfang wurde das Problem als Machtfrage interpretiert – die Regeln, die der muslimische Staat im Umgang mit nichtmuslimischen Untertanen, Nachbarn und zuletzt mit eroberten Gebieten zu befolgen hatte, und die übergeordneten Prinzipien, aus denen sie sich herleiten. Der Koran äußert sich klar und eindeutig zu dieser Thematik und enthält den Kern dessen, was sich später zum wohldurchdachten, komplizierten System gesetzlicher Vorschriften entwickelte.

Doch Mohammed wurde zum Staatsmann, um seine Mission als Prophet zu erfüllen, und nicht umgekehrt, und so wurde natürlich auch der rein religiöse Aspekt vordringlich behandelt. Hierzu ist der Koran ebenfalls höchst aufschlußreich. Anders als in den meisten früheren religiösen Schriften zeigt sich im Koran das Bewußtsein dafür, daß Religion nicht als Einzelerscheinung, sondern als Gattung zu verstehen ist. Es gibt nicht nur eine Religion, es gibt mehrere. Das im Arabischen gebräuchliche Wort ist *dīn*, offensichtlich verwandt mit der hebräischen und aramäischen Bezeichnung für Gesetz. Im Judentum wie im Islam sind Religion und Gesetz zwar nicht identisch, aber weitgehend deckungsgleich. Unser modernes Wort «Religion» stammt aus dem Lateinischen, aber das lateinische *religio* und das griechische *thrêskeia* haben eine ziemlich unterschiedliche Bedeutung. Die Vorstellung von Religion als Klasse oder Gattung, zu der unter anderen auch der Islam zählt, existierte anscheinend seit Entstehung der islamischen Ordnung. Der Koran enthält eine Anzahl von Passagen, in denen sich die neue Religion gegen andere abgrenzt – eine normale Art der Selbstdefinition, für Gemeinschaften ebenso wie für Individuen. Ein vielzitierter Satz bezeichnet Muslime als eine *umma dūn al-nās,* als ein Volk oder eine Gemeinschaft, die sich vom Rest der Menschheit unterscheidet. Der Islam grenzt sich gegen das Christentum durch Verse ab, die Inkarnation und Trinität ablehnen, und gegen den Judaismus durch Stellen, die einige der jüdischen Speisevorschriften aufheben. Weitaus wichtiger als die Absage an Christentum und Judaismus war freilich die an das Heidentum – der Hauptfeind, gegen den der Prophet kämpfte und der ihm die meisten Bekehrten zuführte. Der Kampf gegen das Heidentum bewirkte zwangsläufig eine Annäherung des Islam an den Judaismus und das Christentum, die, wenn schon nicht als Verbündete, so doch als verwandte Glaubensrichtungen und als Gesinnungsgenossen einem gemeinsamen Feind gegenüber galten.

Einiges von diesem Sinn für Verwandtschaft läßt sich, zumindest in späteren Zeiten, im Bewußtsein aller drei Glaubensgemeinschaften erkennen. Es gibt Stellen im Koran, die von späteren Kommentatoren und Exegeten als Billigung des religiösen Pluralismus, sogar der Koexistenz interpretiert wurden. Obwohl die exakte Bedeutung mancher dieser Passagen im Originaltext kürzlich in Frage gestellt wurde, kann an der übereinstimmenden muslimischen Meinung kein Zweifel bestehen. So wurde zum Beispiel der Vers *lā ikrāha fi'l-dīn* (II, 257), «Zwingt keinen zum Glauben», dahingehend gedeutet, daß andere Religionen zu tolerieren seien und man ihre Anhänger nicht zwingen dürfe, zum Islam überzutreten. Ein europäischer Wissenschaftler hat jüngst argumentiert, dieser Satz enthalte keine Empfehlung zur Toleranz, sondern sei vielmehr ein Ausdruck der Resignation – eine fast zögernde Hinnahme der Halsstarrigkeit anderer. Man kann sich für oder gegen diese Interpretation des Originalzitats aussprechen, aber selbst wenn wir diese Deutung akzeptieren, ändert das nichts an der Auslegung, die dieser Vers von jeher in der gesetzlichen und theologischen Tradition des Islam zu finden pflegte. Das gleiche gilt für den wohlbekannten Vers *lakum dīnukum walī dīnī* (CIX, 7), «Ihr habt eure Religion, und ich habe meine.» Auch hier könnte sich eine gewisse Unsicherheit ergeben, was genau diese Worte im ursprünglichen Kontext aussagten, aber einer allgemein üblichen späteren Interpretation zufolge wurde dies als Beleg für Pluralismus und Koexistenz genommen. Ein weiterer Koran-Vers (II, 63) scheint diese Deutung sogar noch schlagkräftiger zu untermauern: «All denen – seien es Gläubige, Juden, Christen oder Sabäer –, wenn sie nur an Allah glauben, an den Jüngsten Tag und das Rechte tun, wird einst Lohn von ihrem Herrn, und weder Furcht noch Traurigkeit wird über sie kommen.» [...]

Ein vielzitiertes Beispiel für andere, eher negative Passagen findet sich in V, 52: «O Gläubige, nehmt weder Juden noch Christen zu Freunden (oder vielleicht auch Verbündeten – das Wort heißt *awliyā'*); denn sie sind nur einer des anderen Freund (gegeneinander). Wer von euch sie zu Freunden nimmt, der ist einer von ihnen.» Dieser und eine Reihe ähnlicher Verse spiegeln die Perioden wider, in denen sich der Prophet im Konflikt mit beiden Religionen befand. Ein wohlbekannter Vers aus der letzten Periode behandelt die Notwendigkeit des Heiligen Krieges gegen die Ungläubigen und die Auferlegung einer Kopfsteuer (IX, 29): «Bekämpft diejenigen der Schriftbesitzer, welche nicht an Allah und den Jüngsten Tag glauben und die das nicht verbieten, was Allah und sein Gesandter verboten haben, und sich nicht zur wahren Religion bekennen, so lange, bis sie ihren Tribut in Demut entrichten (und sich unterwerfen).» Diesen letzten vier Wörtern – *'an yadin wahum ṣāgirūn* – sind in letzter Zeit mehrere Studien gewidmet worden, merkwürdigerweise fast ausschließlich von jüdischen, zumeist israelischen Wissenschaftlern, die neue Interpretationen anboten, was diese arabischen Wörter tatsächlich bedeuten oder ursprünglich bedeutet haben könnten. Doch auch hier geht es uns wiederum nicht um die ursprüngliche Bedeutung des Verses, sondern vielmehr darum, wie er im historischen Islam ausgelegt wurde. Darüber gibt es kaum Zweifel. Die gängige Interpretation war, daß die *ǧizya* nicht nur einen Tribut darstellte, sondern auch Unterwerfung symbolisierte. Der Koran und die Überlieferung verwenden häufig das Wort *ḏull* oder *ḏilla* (Demütigung oder Erniedrigung), um den Zustand zu bezeichnen, den Allah denjenigen, die Mohammed ablehnen, bestimmt hat und der so lange aufrechterhalten wird, wie sie bei ihrer Ablehnung bleiben. So lesen wir in einer Passage über die Kinder Israels: «Elend und Armut waren dafür ihre Strafe, und Allahs Zorn traf sie, weil sie nicht an seine Zeichen glaubten und die Propheten ungerechterweise töten wollten und sich ungehorsam und frevelhaft auflehnten.» (II, 62) [...]

Das Schicksal der drei Religionen nach der muslimischen Eroberung verlief höchst unterschiedlich. Den Anhängern Zarathustras erging es am schlechtesten. Der vorislamische persische Staat war im Gegensatz zum christlichen vollständig besiegt und zerstört und mit all seinen Territorien und Menschen restlos vom islamischen Kalifat vereinnahmt worden. Im alten Persien hatte eine enge Bindung zwischen der zoroastrischen Priesterschaft und dem Machtapparat bestanden. Als sie nach deren Verlust weder durch einflußreiche Freunde im Ausland Rückhalt und neue Impulse bekamen, wie es bei den Christen der Fall war, noch die Kunst des Überlebens beherrschten, die sich die Juden leidvoll angeeignet hatten, verfielen die Anhänger Zarathustras in Mutlosigkeit. Der Niedergang vollzog sich unaufhaltsam, die Mitgliederzahl nahm rapide ab, und sie hatten auffallend wenig oder gar keinen Anteil an der kulturellen und politischen Erneuerung Persiens, die im 10. Jahrhundert und danach unter der islamischen Ägide stattfand.

Die Christenheit wurde durch den Aufstieg des Islam und die Gründung des islamischen Reiches zwar geschlagen, aber nicht vernichtet. Doch die arabische Besiedlung, die Bekehrung zum Islam und die Assimilierung an die vorherrschende Kultur brachten es mit sich, daß die christliche Bevölkerungsmehrheit allmählich zur Minderheit schrumpfte – wann und in welchem Stadium, läßt sich unmöglich sagen. In manchen Ge-

Abb. 9. Eine jüdische Braut aus Persien.

genden, zumal in Zentralasien, Südarabien und Nordafrika, wo die Christen vor dem Aufkommen des Islam eine bedeutende oder im letztgenannten sogar eine dominierende Stellung innegehabt hatten, verschwanden sie gänzlich von der Bildfläche. Viele Christen empfanden diesen Wechsel von der herrschenden zur beherrschten Schicht mit all den daraus erwachsenden Nachteilen als unerträglich und flüchteten sich in Scharen durch Übertritt zum Islam aus der Abhängigkeit in die dominierende Gemeinschaft. Das Judentum dagegen überlebte. Für die an

Not und Unglück gewöhnten Juden bedeutete der Sieg des Islam lediglich einen Wechsel der Herren, was in den meisten Orten eine Wendung zum Besseren brachte, und sie hatten längst gelernt, sich unter Bedingungen politischer, gesellschaftlicher und wirtschaftlicher Ohnmacht anzupassen und zu überdauern. In den Kernländern des Vorderen Orients, in Ägypten, Syrien, im Libanon, in Palästina und in geringerem Umfang im Irak, bewies das Christentum größeres Durchhaltevermögen, und die christlichen Minderheiten überlebten in beträchtlicher Anzahl. Es mag daran liegen, daß die Christen in diesen Ländern den gleichen Vorteil hatten, falls man es so nennen kann, wie die Juden: Erfahrung im Überleben. Im Irak mußten sie sich der vorherrschenden Lehre Zarathustras unterordnen; in Ägypten und den syrischen Gebieten hatten sie zwar die christliche Religion mit den Herrschern des Oströmischen Reiches gemeinsam, gehörten aber anderen Sekten an und waren Diskriminierung, zeitweise sogar Verfolgungen ausgesetzt. Für viele Anhänger der morgenländischen Kirchen brachten das Aufkommen des Islam und der Wechsel von christlicher zu muslimischer Herrschaft eine entschiedene Verbesserung ihrer Verhältnisse und einen Zuwachs an Glaubensfreiheit mit sich.

Günter Stemberger

Jüdisches Erbe im Islam

Schon lange vor Mohammed gab es jüdische Gemeinden in Arabien. Besonders in Südarabien entwickelten Juden eine rege Missionstätigkeit, deren größter Erfolg der Übertritt von Dhu Nuwas, dem König der Himjaren (gestorben um 525), zum Judentum war. Aber auch im Hedschas gab es zahlreiche Juden. So hatte Mohammed viel Gelegenheit, mit Juden zusammenzukommen und die jüdische Tradition kennenzulernen, die allerdings kaum rabbinisch bestimmt war. Anfangs war Mohammed ernsthaft bemüht, die Juden Arabiens als Anhänger zu gewinnen. Er stützte sich in der Gestaltung seiner Lehre weitgehend auf die biblisch-jüdische Tradition, die er mit christlichen Überlieferungen verband. Er verstand seine Botschaft als die wahre Religion Abrahams, sich selbst als den letzten in der Reihe der Propheten. Erst die jüdische Opposition gegen seine Verkündigung führte zu einer immer heftigeren antijüdischen Polemik des Propheten, der den Juden vorwarf, die wahre biblische Religion verfälscht zu haben.

Es ist umstritten, ob im Islam das christliche oder das jüdische Erbe überwiegt. Es fällt oft schwer zu entscheiden, ob bestimmte islamische Lehren, Bräuche und Überlieferungen auf jüdische oder christliche Einflüsse zurückgehen, da ja auch das Christentum viel vom jüdischen Erbe übernommen hat. So manche «Parallelen» des Koran mit rabbinischen Texten mögen auch zufällig sein und keinerlei Abhängigkeit beweisen. Doch bleibt jedenfalls eine Fülle von Elementen, die sowohl den Koran wie auch die spätere islamische Tradition deutlich mit der jüdischen Überlieferung verbinden, die uns literarisch aus den rabbinischen Texten bekannt ist, aber sicher nicht nur dieser Ausprägung des Judentums eigen war; eine direkte Abhängigkeit von rabbinischen Texten ist daher praktisch nicht nachzuweisen. Die Parallelen zwischen Judentum und Islam betreffen sowohl die Glaubenslehren wie auch das religiöse Gesetz und die erzählenden Stoffe. Es ist hier nicht der Platz, auf Einzelheiten einzugehen; nur einige charakteristische Beispiele sollen das Gesagte illustrieren.

Im Koran (II,172) gilt als Rechtschaffenheit die Haltung dessen, «der an Gott, den Jüngsten Tag, die Engel, das Buch und die Propheten glaubt». Der Eingottglaube ist selbstverständlich das bedeutendste Erbe der biblischen Religion; seine islamische Gestalt ist natürlich mit der jüdischen Ausprägung dieser Religion enger verbunden als mit dem christlichen Glauben an einen Gott in drei Personen. Die Betonung des Jüngsten Tags und des Endgerichts läßt hingegen eher an christlichen Einfluß denken, wenn man nicht ein apokalyptisch geprägtes Judentum in der Umwelt Mohammeds postulieren will. Die Vorstellung der Auferstehung ist in Judentum und Christentum gleich wichtig; die Erzählung von der Himmelfahrt Mohammeds wiederum läßt sich zwar auch mit den biblischen Traditionen über die Entrückung des Henoch oder des Elija verbinden, doch ist hier eine Anknüpfung an die christliche Tradition wahrscheinlicher. [...]

Den Islam verbindet mit dem Judentum aber auch die zentrale Stellung des religiösen Gesetzes, das hier wie dort sehr umfassend ist und nicht nur das einbezieht, was wir gewöhnlich als «Religion» betrachten. Dieses Gesetz ist oft bewußt und explizit in Anlehnung an das Judentum gestaltet, oft aber auch ausdrücklich von diesem abgehoben. Die schon zitierte Koranstelle (II, 172) fährt fort, den Rechtschaffenen als einen Menschen zu beschreiben, der die Armen und Gefangenen unterstützt, ausdauernd im Gebet, geduldig in Armut und Not ist. Auch die christliche und die jüdische Tradition preisen diese Haltungen als Tugenden. Was das Gebet betrifft, führt man seine zentrale Bedeutung im Islam vielfach auf jüdische Einflüsse zurück. Der Brauch des fünfmal-täglichen Gebets im Islam ist nach manchen nur eine spätere Erweiterung des anfänglichen dreimaligen Gebets, das dem jüdischen Gebetsbrauch entspricht; andere wieder verweisen darauf, daß man im palästinischen Judentum ursprünglich fünf tägliche Gebetszeiten kannte und diese erst später auf drei reduzierte. In dieser Frage ist jedenfalls die Abhängigkeit vom Judentum nicht gesichert. Anders steht es mit der Gebetsrichtung *(qibla)*, die Mohammed ursprünglich entsprechend der jüdisch-christlichen Tradition mit Jerusalem festsetzte; nach seinem Mißerfolg bei den Juden ging Mohammed wieder davon ab und erklärte die Gebetsrichtung für unwesentlich: «Rechtschaffenheit besteht nicht darin, daß ihr euer Gesicht nach Osten oder Westen wendet» (Koran II, 172). Schließlich wird dann aber Mekka – wohl im bewußten Kontrast zu Juden und Christen – die vorgeschriebene Gebetsrichtung. Dem jüdischen Sabbat entsprechend hat Mohammed den Freitagnachmittag als Zeit der Gebetsversammlung festgelegt, für einen wöchentlichen Ruhetag jedoch keinerlei Verständnis aufgebracht.

Ein weiterer wichtiger Berührungspunkt des Islam mit dem Judentum besteht in den Speisegesetzen. Mohammed erlaubt den Gläubigen, alles zu essen, was Gott den Menschen geschenkt hat. «Er hat euch nur verboten, was tot ist, Blut, Schweinefleisch, und was anderen geweiht ist als dem einen Gott» (Koran II, 167). Alle diese Verbote kennt selbstverständlich auch das Judentum, das aber auch viele andere Dinge für nicht erlaubt hält. Dazu meint die islamische Tradition, die zusätzlichen Verbote seien den Juden von Gott nur als Strafe auferlegt worden, hätten jedoch für die Gläubigen keine Geltung. Trotz dieses bewußten Kontrastes zum Judentum in den Speisegesetzen wird andererseits wieder die Gemeinschaft betont, wenn den Moslems das von Juden geschlachtete Fleisch erlaubt ist.

Es sind aber nicht nur Einzelgesetze, in denen der Islam auf die jüdische Tradition zurückgeht. Vielmehr ist hier die Bedeutung des Gesetzes an sich zu betonen, das vielfach nach denselben Prinzipien wie im rabbinischen Judentum entfaltet wird, wobei vielleicht nicht zufällig gerade der Irak, die Heimat des babylonischen Judentums, das wichtigste Zentrum ist. Analog zum rabbinischen Judentum gilt auch im Islam das Studium des Gesetzes als religiöse Handlung, als Gebet; ebenso ist hier wie dort der «Heilige» nicht etwa ein Priester, Mönch oder Aszet, sondern eben derjenige, der sich ganz dem Studium des religiösen Gesetzes hingibt. [...]

Auch in den biographischen Traditionen über Mohammed findet sich rabbinisches Material wieder. So wird von Mohammed erzählt, ein Mann habe sein Pferd am Zügel festgehalten und den Propheten gefragt, was er tun müsse, um in das Paradies zu gelangen. Die Antwort Mohammeds ist im wesentlichen ein Hinweis auf die Nächstenliebe. Man kann hierin eine Übertragung der Erzählung von Hillel sehen, der einem Mann das jüdische Gesetz erklären soll, während dieser auf einem Fuß steht. Ebenfalls auf Mohammed angewendet wird die Legende von Choni dem Kreiszieher [so benannt, weil er nach der rabbinischen Legende, wenn er um Regen betete, einen Kreis um sich zog und diesen erst dann zu verlassen gelobte, wenn Gott ihn erhört hatte], der durch seine Beharrlichkeit Gott nötigt, Regen zu senden.

Die Wege, auf denen diese Traditionen in den Islam gelangt sind, lassen sich oft nicht mehr feststellen. Zum Teil sind es verbreitete jüdische Traditionen, die schon in der Umwelt Mohammeds bekannt waren, zum Teil mögen sie auch über vor allem syrische Christen bekannt geworden sein; ein Großteil jedoch dürfte durch Juden vermittelt worden sein, die zum Islam übergetreten sind.

Niketas Choniates

Kaiser Manuel verteidigt den Gott Muhammeds

Folgendes tat Kaiser Manuel I. in seinen letzten Lebensjahren. Der Katechismus enthält neben anderem eine Verdammung des Gottes Muhammeds, weil es von diesem heißt: «Er hat nicht gezeugt und ist nicht gezeugt» und daß er «in starrer Einheit verharrt». Manuel setzte es sich in den Sinn, diese Verdammungsformel in allen Bekenntnissen für die Katechumenen zu tilgen, und begann beim Formular der Sophienkirche. Seine Begründung klang recht überzeugend. Er sagte nämlich, es sei ein Ärgernis für die zu unserem Glauben übertretenden Muhammedaner, daß Gott überhaupt verdammt werde. Manuel berief also den hochehrwürdigen Theodosios, damals Patriarch, und die Erzbischöfe, die in der Hauptstadt weilten. Ihnen teilte er nach einer umständlichen Einleitungsrede seine Absicht mit, mußte aber erleben, daß alle ablehnten und seinem Vorschlag nicht geneigt waren. Es könne nichts Gutes dabei herauskommen, lehrten sie; Manuels Vorschlag lenke von der richtigen Gottesvorstellung ab, dieses angebliche Ärgernis sei Gott wohlgefällig, die Verdammnis treffe ja überhaupt nicht den Gott, der Himmel und Erde erschaffen, sondern jenen ungezeugten, unzeugenden, unbeweglichen Gott, den der teuflische Schwätzer Muhammed erfunden habe. Die Christen glaubten ja an einen Gottvater, die verwerflichen und albernen Behauptungen Muhammeds jedoch verböten einen solchen Glauben überhaupt. Übrigens könne man sich unter dem «Unbeweglich-einen» ohnehin nichts Klares vorstellen.

Doch mochten sie sich die Seele aus dem Leib reden, Manuel blieb fest. Er verfertigte, als ob sie von ihm selbst verfaßt wäre, mit Hilfe einiger wortgewandter, immer schlau ihren Vorteil nutzender Höflinge eine Schrift, in welcher er die Unsinnslehre – Glaubenslehre möchte ich sie denn doch nicht nennen – Muhammeds in Schutz nahm und heftig gegen die früheren Kaiser und Geistlichen loszog, weil sie seiner Meinung nach uneinsichtig und unüberlegt es gewagt hatten, den wahrhaftigen Gott mit einem Verdammungsurteil zu belegen. Diese Schrift ließ er im Palast des Patriarchen öffentlich verlesen. Seine Ausführungen klangen so überzeugend, daß er seine Zuhörer beinahe gewonnen hätte; und es wäre wohl jener von Muhammed erkorene, unbeweglich-eine Gott, wer er auch immer sein mag, als wahrer Gott anerkannt worden, wäre nicht der Patriarch mit aller Entschiedenheit eingeschritten. Er hatte den Worten, die eine gefährliche neue Lehrmeinung einführen wollten, keinerlei Aufmerksamkeit geschenkt und redete den übrigen zu, vor diesem Gift auf der Hut zu sein.

Einhard

Die Gesandtschaft Hārūn ar-Rašīds zu Karl dem Großen

Der Kaiser zog von Spoleto nach Ravenna, und nachdem er hier einige Tage zugebracht hatte, weiter nach Pavia. Hier erhielt er die Nachricht, daß Gesandte des Perserkönigs *(regis Persorum)* Harun des Beherrschers der Gläubigen von Pisa angekommen seien; er schickte ihnen entgegen und ließ sie sich zwischen Vercelli und Ivrea vorstellen. Einer von ihnen war ein Perser aus dem Morgenland und der Gesandte des genannten Königs, der andere, zwei nämlich waren es, war ein Sarazene aus Afrika und der Gesandte des Emirs Abraham, welcher auf der Grenze Afrikas in Fostat herrschte. Sie berichteten, daß der Jude Isaak, den der Kaiser vor vier Jahren mit seinen Gesandten Lantfrid und Sigimund an den König der Perser abgeschickt hatte, mit großen Geschenken auf der Rückreise begriffen sei [...] Am 20. Juli dieses Jahres kam Isaak mit dem Elefanten und den übrigen Geschenken des Königs der Perser an und übergab sie in Aachen dem Kaiser. Der Elefant führte den Namen Abulabaz. [...]

Des Kaisers Gesandter Radbert starb auf der Rückreise aus dem Morgenlande; der Gesandte des Perserkönigs mit Namen Abdella erschien mit den Mönchen Georg und Felix aus Jerusalem, die im Auftrag des Patriarchen Thomas kamen – dieser Georg ist Abt auf dem Ölberg, von Geburt ein Deutscher und heißt eigentlich Egibald –, vor dem Kaiser und überbrachte die Geschenke, die der obengenannte König dem Kaiser geschickt hatte, nämlich ein Zelt und verschiedenfarbige Vorhänge für den Vorhof von ungemeiner Größe und Schönheit; es war nämlich alles aus feinstem Leinen, die Vorhänge sowohl als die Schnüre dazu, bunt gefärbt. Außerdem bestanden die Geschenke des Königs in vielen und kostbaren seidenen Gewändern, in Wohlgerüchen, Salben und Balsam. Auch ein höchst kunstvoll aus Messing gearbeitetes Uhrwerk war dabei, in dem der Lauf der zwölf Stunden nach einer Wasseruhr sich bewegte mit ebensoviel ehernen Kügelchen, die nach Ablauf der Stunden herunterfielen und dadurch ein darunter liegendes Becken erklingen ließen, ferner waren darin zwölf Reiter, die am Ende der Stunde aus zwölf Fenstern herauskamen und durch ihre Bewegung ebenso viele zuvor offenstehende Fenster schlossen; noch vieles andere befand sich an dieser Uhr, was jetzt aufzuzählen zu weitläufig wäre. Außerdem befanden sich unter den Geschenken zwei Messingleuchter von ausgezeichneter Größe und Form. Das alles wurde in der Pfalz zu Aachen vor den Kaiser gebracht. Der Kaiser hielt den Gesandten und die Mönche eine Zeitlang bei sich und ließ sie dann nach Italien abreisen, wo sie die Zeit zur Überfahrt abwarten sollten. [...]

Während er [Karl der Große] hier [in Norddeutschland bei einem Feldzug gegen die Dänen] etliche Tage verweilte, starb plötzlich jener Elefant, den ihm der Sarazenenkönig Harun geschickt hatte.

Alfred Haverkamp

Die Araber als Vermittler antiker Wissenschaft

Wichtige Neuansätze in Wissenschaft und Bildung des europäischen Westens im hohen Mittelalter beruhten auf einer erneuten und umfassenden Aneignung antiker Traditionen, insbesondere der griechischen Philosophie und Naturkunde und des spätantiken römischen Rechts. Dieser Lernvorgang wurde im Westen Europas im 12. Jahrhundert eingeleitet und erhielt in demselben Säkulum bereits eine festere Gestalt, die für das folgende Jahrhundert bestimmend blieb. In diesem Zusammenhang kann mit guten Gründen von einer «Renaissance» im Sinne einer «Wiedergeburt» der Antike im 12. Jahrhundert gesprochen werden. Diesem Zeitraum kann somit eine welthistorisch bedeutsame Mittlerrolle zwischen Antike und Moderne zugewiesen werden. Im Unterschied zu den vorhergehenden Wiederaufnahmen antiker Traditionen in der Karolingerzeit und an der Wende vom 10. zum 11. Jahrhundert begründete die «Renaissance» des 12. Jahrhunderts im westlichen Europa eine nicht mehr unterbrochene Kontinuität wissenschaftlichen Denkens, das in der scholastischen Methode ein festes Fundament erhalten hat. Insofern war diese «Wiedergeburt» für die Geschichte Europas mindestens ebenso bedeutungsvoll wie die «Renaissance» an der Schwelle vom Mittelalter zur Neuzeit, als eine Rückwendung zur Antike um ihrer selbst willen zunächst in Italien eingeleitet und vollzogen wurde.

Bei einer solchen Zuordnung ist jedoch zu betonen, daß die «Renaissance des 12. Jahrhunderts» in den zentralen Bereichen der Philosophie und der Naturkunde auf der Rezeption und Verarbeitung von muslimischen und jüdischen Gelehrten beruhte. Diese hatten vor allem seit dem 9. Jahrhundert die Tradition der griechischen Philosophie – insbesondere des Aristoteles, die im lateinischen Westen nur teilweise berücksichtigt worden war – aufgenommen und nicht zuletzt in der Medizin selbständig weiterentwickelt. Die großen naturwissenschaftlichen und medizinischen Lehrbücher aus dem islamischen Kulturkreis wurden bereits zwischen 1070 und 1087 durch die Übersetzungen des Constantinus Africanus – wahrscheinlich eines getauften Juden – für die Medizinschule von Salerno zugänglich gemacht. Daran knüpfte seit der Mitte des 12. Jahrhunderts die Übersetzerschule im spanischen Toledo an. Unter den dort tätigen Gelehrten ragte der Lombarde Gerhard von Cremona (1114–1187) mit Übersetzungen arabischer Schriften hervor, mit denen er dem lateinischen Westen Abhandlungen der Griechen – wie Hippokrates, Archimedes, Galen und Pseudo-Aristoteles – erschloß.

Auch am sizilischen Hofe Kaiser Friedrichs II. wurden viele allgemein naturkundliche Schriften aus dem Arabischen übertragen. Andere kleinere Übersetzungszentren, wie beispielsweise in Toulouse, erweiterten den Kenntnisstand. Dazu trug auch der Zeitgenosse Abälards, Adelard von Bath (ca. 1070–1146), bei. Nach seiner Schulbildung in Nordfrankreich unternahm er weite Reisen, die ihn bis nach Salerno, Sizilien und Antiochien führten. Er kam so mit der aus arabischen Quellen vermittelten antiken Naturforschung in enge Berührung. Aus seinen Bemühungen, die Bildungswelt der Araber zu erforschen («Arabum studia scrutari»), erwuchsen Bearbeitungen und Übersetzungen mehrerer astronomischer, astrologischer und mathematischer Werke aus dem Arabischen und Griechischen, darunter auch eine Euklidübersetzung. In den Zonen des lebendigsten Kontaktes der Mittelmeerkulturen – in Spanien, auf Sizilien und in der Provence – wurden seit dem Ende des 11. und verstärkt seit der Mitte des 12. Jahrhunderts auch die bis dahin im christlichen Westen unbekannt gebliebenen Schriften des Aristoteles von muslimischen, jüdischen und christlichen Gelehrten aus dem Arabischen – zumeist mit den arabischen Kommentaren – und bald auch aus dem Griechischen in die westliche Gelehrtensprache des Lateinischen übertragen. Des öfteren wurde auch eine hebräische Vorlage benutzt.

Zu Anfang des 13. Jahrhunderts waren somit die meisten Schriften des Aristoteles in Westeuropa bekannt. Die Wirkungsgeschichte seiner Werke und ihrer überwiegend arabischen Kommentare setzte in größerem Umfang aber erst im weiteren Verlauf des 13. Jahrhunderts ein. Sie wurde wesentlich durch die aristotelisch beeinflußten Abhandlungen muslimischer Gelehrter – vor allem des im islamischen Osten lebenden Avicenna (ca. 980–1037) und des überwiegend in Córdoba wirkenden Averroës (1126–1192) – und nicht zuletzt durch den jüdischen Arzt und Philosophen Maimonides (1135–1204) bestimmt. Die naturphilosophischen Schriften des Aristoteles und deren arabische und jüdische Kommentare enthielten Lehren, die teilweise mit dem christlichen Glaubensverständnis unvereinbar waren. Schon im Jahre 1210 verbot daher eine Pariser Synode die Lektüre dieser aristotelischen Schriften. Solche Verbote wurden in den nächsten Jahrzehnten wiederholt. Dennoch wurde schon im Jahre 1255 das Studium derselben Werke für die ganze Artistenfakultät der Pariser Universität verbindlich vorgeschrieben. Gestützt auf Aristoteles und vor allem Averroës, vertraten bald Pariser Philosophen – wie der 1276 aus seinem Lehramt entfernte Siger von Brabant – eine rationale Philosophie und begründeten Thesen, die in offenem Gegensatz zu den christlichen Glaubenslehren standen. Sie wurden 1270 und erneut 1277 auf Pariser Synoden verurteilt, ohne daß damit derartige Denkansätze insbesondere unter Medizinern und Juristen fortan unterbunden werden konnten.

Johann Wolfgang von Goethe

Lob des Ostens

Herrlich ist der Orient
Übers Mittelmeer gedrungen;
Nur wer Hafis liebt und kennt,
Weiß, was Calderon gesungen.

Nabil Osman

Arabische Lehnworte im Deutschen

Algebra, die; - [arab. al-ǧabr: Wiederherstellung]: Algebra kam im 9. Jahrhundert durch die Araber nach Spanien und von dort aus nach dem übrigen Europa. Das arabische Wort ist eine Abkürzung von al-ǧabr wal-muqābala, dem Titel eines algebraischen Lehrbuchs von Muḥammad ibn Mūsa, dem Erfinder der Algebra. Im 12. Jahrhundert kam die latinisierte Bezeichnung Algebra et Almuqabala in Europa auf. Die Abkürzung Algebra wurde dann von der Vergleichungslehre auf das Buchstabenrechnen übertragen.

Laute, die; -, -n [arab. al-ʿūd: Instrument aus Holz]: Zupfinstrument mit bauchigem Klangkörper und sechs Saiten, gestimmt wie eine Gitarre.

Die Araber kannten ein musikalisches Instrument, das aus dünnen Spänen in der Form eines halbierten Kürbisses zusammengesetzt war. Am Klangkörper saß ein Hals mit vier bis fünf Saiten. Sie nannten es ʿūd, mit dem arabischen Artikel al-ʿūd. Dieses Wort ergab it. liuto, afrz. leüt und breitete sich in Deutschland aus als spätmhd. lūte, nhd. Laute. «Wie die Laute, das Begleitinstrument der Liebeslieder, aus dem islamischen Orient zu uns gekommen ist, so ist wahrscheinlich der mittelalterliche Minnesang überhaupt orientalischen Ursprungs.»

Magazin: das; -s, -e [arab. maḫzan: Speicher, Warenniederlage]: Lagerraum, Lagerhaus, Speicher, Verkaufsstelle.

Das arabische Wort gelangte auf zwei Wegen in die Sprachen Europas. Einerseits wurde es durch die Araber in Spanien dem Iberoromanischen vermittelt; daher pg. armazém, sp. almacén, akat. almatzem. Andererseits kam es durch den Handel mit Nordafrika nach Europa; daher kat. magatzem, it. magazzino (seit 14. Jh.), gen. magazzin, siz. magasenu, malasenu. Das deutsche Wort Magazin wurde im 16. Jahrhundert von gleichbed. it. magazzino abgeleitet. Seit dem 18. Jahrhundert wird es in der aus dem Französischen entlehnten Bedeutung ‹Laden› verwendet; dazu selten in der Verbform *magazinieren* ‹einlagern›. Nach englischem Vorbild ist Magazin seit 1747 die Bezeichnung für eine Zeitschrift.

Franco Cardini

Kaffee und Kipferln

Der Kaffee beispielsweise teilte mit seinem Konkurrenten und Verwandten, dem Tee, das paradoxe Schicksal, die «Eroberer zu erobern» – die Rache des militärisch oder technologisch Schwächeren, der dem Gegner als dem Gierigeren und Stärkeren dennoch etwas von der eigenen Kultur aufzuzwingen vermag. Ausgehend von Äthiopien und Arabien, Ägypten und der Türkei, begann der schwarze Trank über Deutschland, Italien und Frankreich seinen Siegeszug in Europa, und sein Anbau veränderte die Landwirtschaft Südamerikas in tiefgreifender Weise. Der Tee wiederum eroberte von Indien aus England und von China und Zentralasien aus Rußland und Polen: vom Südosten her über die türkisch-mongolischen Khanate jenseits des Kaspischen Meers und gleichzeitig von Süden her über Persien und den Kaukasus. Kaffee und Tee ist es zu verdanken, daß Europa im 17. und 18. Jahrhundert vor dem Alkoholismus gerettet wurde. Diese Getränke veränderten die Alltagsgewohnheiten, die Etikette und die zwischenmenschlichen Beziehungen von Grund auf.

Der Kaffee hatte in Europa anfangs keinen leichten Stand. Schon in den letzten zwanzig Jahren des 16. Jahrhunderts wurde er in Europa angebaut, allerdings nur in botanischen Gärten. Diplomaten wie der Venezianer Gianfrancesco Morosini oder Reisende wie der Römer Pietro della Valle beschrieben die merkwürdige türkische Sitte, das eigenartige Gebräu zu trinken. Es entbrannten heftige Debatten: Die einen behaupteten, Kaffee erleichtere die Atmung und die Verdauung, andere warnten davor, daß er die inneren Organe schädige und *impo-*

tentia coeundi verursache, wieder andere (wie zum Beispiel der Leibarzt der Medici Francesco Redi) gelobten, auch in Zukunft Wein dem «bitteren und verderblichen Kaffee» vorzuziehen. Als im Jahr 1683 Colbert starb, verbreitete sich das Gerücht, bei seiner Obduktion habe man festgestellt, daß sein Magen von dem üblen schwarzen Getränk verbrannt gewesen sei.

Bei seinem in anderer Hinsicht unglücklichen Besuch beim Sonnenkönig hatte Süleyman Aga die Mode des Kaffeetrinkens populär gemacht, die sich von Paris aus rasch in ganz Frankreich ausbreitete. In Venedig und in Marseille horteten Anfang des 18. Jahrhunderts Gewürzhändler die kostbaren Bohnen – und die Weinproduzenten und -händler machten sich ernsthafte Sorgen um ihre Existenz. Der große William Harvey und sein Schüler William Ramsey meinten, der Kaffee sei ein wertvolles Werkzeug im Kampf gegen das allgemein grassierende soziale Übel der Trunksucht. Endgültig etablierte sich der Kaffeegenuß nach der Belagerung von Wien 1683. Der Legende zufolge eröffnete der einfache Soldat Franz Georg Kolschitzky dank der aus Kara Mustafas Lager erbeuteten und mit Kaffeebohnen gefüllten Säcken das erste europäische Kaffeehaus. Die Angewohnheit, den Kaffee mit Milch und Honig versetzt zu trinken, sollte jeden guten Muslim erschaudern lassen. Im Begeisterungstaumel über die Befreiung Wiens, so heißt es, sei auch das Kipferl erfunden worden, dessen Halbmondform an den zerschmetterten Islam erinnern sollte – und von nun an zum Morgenkaffee gegessen wurde.

Jean Marteilhe

Türkische Leidensgenossen auf der Galeere

Nach der Flucht Goujons mußte ich zusätzlich zu meinem Amte als Schreiber des Kommandanten und Majors noch das eines Verteilers der Lebensmittel der Galeerensträflinge übernehmen, das ich bis zum 1. Oktober des Jahres 1712 ausübte, da man uns von Dünkirchen nach Marseille verlegte. [...]

Ich muß bemerken, daß unsere Brüder aus den französischen Kirchen der Vereinigten Staaten der Niederlande den Reformierten, die auf den Galeeren Frankreichs litten, von Zeit zu Zeit eine Geldunterstützung zukommen ließen. Dieses Geld kam gewöhnlich über Amsterdam, von wo ein Geschäftsmann es durch einen seiner auswärtigen Handelspartner den Orten zukommen ließ, wo sich Häfen mit Galeeren befanden. [...] Wenn ich an dieser Stelle von der Treue und Zuneigung, die die Türken uns bewiesen, rede, will ich dafür ein Beispiel anführen, das den Türken betrifft, der mir bei jenen Gelegenheiten in Dünkirchen Dienste leistete.

Ich habe oben schon erwähnt, daß ich beauftragt war, die Unterstützungen in Empfang zu nehmen und sie an unsere Glaubensbrüder zu verteilen.

Ich war in meiner Bank angekettet, ohne die Freiheit zu haben, in die Stadt zu gehen, und zwar aus Bosheit der Schiffspriester, welche uns jene Vergünstigung nicht einräumten, die doch die anderen Galeerensträflinge, die wegen verbrecherischer Delikte verurteilt waren, genossen, indem sie einen Sou an den Profoß und ebensoviel an den Wächter zahlten, der sie in die Stadt begleitete.

Wie sollte ich es nun anfangen, um das Geld zu erhalten? [...] Ich war damals noch zu neu, um von dem Wohlwollen der Türken uns Reformierten gegenüber etwas zu wissen. Als ich jedoch dem Türken meiner Bank mein Herz ausschüttete, so sagte er mir mit Freuden seine Dienste zu, indem er die Hand an seinen Turban legte (was bei ihnen ein Zeichen der Herzensergießung vor Gott ist) und Gott von ganzer Seele dafür dankte, daß er ihm die Gnade gewähre, Barmherzigkeit zu üben selbst auf die Gefahr seines Lebens; denn der Türke wußte gar wohl, daß man ihn, falls er bei dieser Dienstleistung uns gegenüber ertappt würde, zu Tode geprügelt haben würde, um das Geständnis aus ihm herauszubringen, welcher Kaufmann uns Geld auszahlte.

Dieser Türke jedoch, der Jussuf hieß, diente mir über Jahre in jener Angelegenheit sehr treulich, ohne je die geringste Belohnung von mir annehmen zu wollen, da er behauptete, daß er dadurch sein gutes Werk vernichten und daß Gott ihn dafür bestrafen würde. [...]

Man muß dazu wissen, daß die Türken, wenn sie Gelegenheit haben, sich mildtätig zu erweisen oder andere gute Werke zu vollbringen, die Freude, die sie darüber empfinden, verschiedenen Leuten, ihren ‹Papas› (so nennen sie ihre Theologen, deren ganze Wissenschaft im Koranlesen besteht), mitteilen, wobei sie dieselben um ihren Rat in bezug auf die guten Werke fragen, die sie verrichten wollen.

Obgleich ich nun meinen Jussuf inständigst gebeten hatte, niemandem etwas von dem Dienst zu sagen, den er mir leistete, so konnte er, aus Gründen seiner Religion, sich doch nicht enthalten, die Sache seinen ‹Papas› mitzuteilen, wie ich nach seinem Tod erfuhr.

Als diese guten Leute daher sahen, daß ich in Verlegenheit war, weil ich nicht wußte, wem ich mich anvertrauen sollte, kamen sie alle nacheinander zu mir und boten mir ihre Dienste an, indem sie mir so fromme Gesinnungen und so viel Zuneigung zu den Leuten unserer Religion, die sie ihre Brüder in Gott nannten, an den Tag legten, daß ich davon bis zu Tränen gerührt war.

Ich wählte einen von ihnen namens Ali, der vor Freude außer sich war, daß er ein für ihn so gefährliches Amt erhielt. Er diente mir in demselben während vier Jahren, das heißt bis zu der Zeit, da man uns von Dünkirchen wegbrachte, und er benahm sich dabei mit einem Eifer und einer Uneigennützigkeit ohnegleichen.

Dieser Türke war arm, und ich habe verschiedene Male versucht, ihn zu der Annahme von einem oder zwei Talern zu bewegen, wobei ich ihm sagte, daß diejenigen, welche uns das Geld schickten, wünschten, daß diejenigen, welche uns dienten, auch einen Nutzen davon haben sollten. Doch er verweigerte das Geschenk immer standhaft, indem er in seinem blühenden Stile sagte, daß das Geld ihm die Hände verbrennen würde. Und wenn ich ihm entgegnete, daß ich, wenn er das

Geld nicht nähme, mich eines anderen bedienen würde, so geriet der arme Türke fast in Verzweiflung, indem er mich mit gefalteten Händen bat, ihm den Weg zum Himmel nicht zu verschließen.

Es sind das Leute, welche die Christen ‹Barbaren› nennen und die dies in ihrer Moral so wenig sind, daß sie vielmehr diejenigen beschämen, die ihnen diesen Namen geben.

Jedoch muß man diese Türken von denjenigen unterscheiden, die, obgleich von derselben Religion, doch nicht dieselben Sitten haben. Die letzteren sind die Türken Afrikas, namentlich die der Königreiche Marokko, Algier, Tripolis usw., welche gemeiniglich liederliches, spitzbübisches, grausames, meineidiges, verräterisches und zu allen Schandtaten fähiges Gesindel sind. Deshalb hüteten wir uns, ihnen etwas anzuvertrauen.

Aber die Türken Asiens und Europas, namentlich die aus Bosnien und den an Ungarn und Transsilvanien angrenzenden Ländern, wie die von Konstantinopel usw., deren es eine große Menge auf den Galeeren Frankreichs gibt, die von den Kaiserlichen zu Sklaven gemacht worden und nach Italien und von da zur Bemannung der Galeeren nach Frankreich verkauft worden sind, sind im allgemeinen von sehr gutem Körperbau, weiß von Gesicht und blond von Haaren, führen sich gut auf, beobachten eifrig die Vorschriften ihrer Religion und sind redliche, ehrenhafte Leute, die sich besonders durch große Wohltätigkeit auszeichnen. Ja, sie übertreiben die Wohltätigkeit. Ich habe welche gesehen, die ihr ganzes Geld für einen in einen Käfig eingeschlossenen, zahmen Vogel hingaben, um sich das Vergnügen und den Trost zu verschaffen, ihm die Freiheit zu geben. Wenn sie ihre Mahlzeit einnehmen, so ist es die größte Schmach, die man ihnen antun kann, wenn diejenigen, welche vorübergehen, es mögen Christen, Türken oder andere, Freunde oder Feinde sein, nicht mit ihnen essen oder nicht wenigstens etwas von ihren Speisen kosten. Sie trinken weder Wein noch starken Likör. Auch essen sie nie Schweinefleisch, weil ihre Religion ihnen dies verbietet.

Die Türken Afrikas hingegen, die ich oben beschrieben habe und die man gewöhnlich Mauren nennt, betrinken sich trotz des Verbotes ihrer Religion in viehischer Weise und begehen, wenn sie können, die schrecklichsten Verbrechen. Deshalb hassen die asiatischen Türken, die man ‹feine Türken› nennt, die afrikanischen Mauren tödlich und gehen nie mit ihnen um.

8. Kreuzzüge, Reconquista, Türkenkriege

Gunther von Pairis

Aufruf zum Kreuzzug

Verstattet mir ein Wort an Euch, meine Herren und meine Brüder, gestattet mir ein Wort – wahrlich nicht meines, sondern Christi: Christus selbst gibt mir die Worte ein, ich bin nur sein zerbrechliches Werkzeug. ... O Unglück, o Tränen, o Abgrund von Leid! Das heilige Land, durch das Christus seine Schritte lenkte, ... ist in die Hand der Ungläubigen gegeben; ... des Reiches Sitz und Würde ist auf die Heiden gekommen! ... Deshalb, Ihr starken Krieger, kommt jetzt Christus zu Hilfe! ... Wenn Ihr aber fragt, was Ihr an sicherem Lohn für solche Mühen erhoffen dürft, so verspreche ich Euch gewißlich: Es wird jeder, der das Zeichen des Kreuzes nimmt und reine Buße tut, jeglicher Sünde fortan ledig sein, und gleichgültig, an welchem Ort, zu welcher Zeit und durch welches Geschick er das gegenwärtige Leben verlieren mag, er wird das ewige Leben gewinnen! Ich schweige jetzt davon, daß jenes Land, das Ihr aufsuchen werdet, bei weitem reicher und fruchtbarer ist als dieses hier; und es ist leicht möglich, daß viele auch unter Euch dort selbst in den Dingen der Zeitlichkeit ein glücklicheres Schicksal finden, als sie es nach ihrer Erinnerung hier erfahren haben.

Usāma ibn Munqiḏ

Fränkische und syrische Ritter

Die Franken – Allāh lasse sie im Stich – haben keine andere Tugend als die Tapferkeit. Nur die Ritter haben bei ihnen eine Vorrangstellung und einen hohen Rang. Bei ihnen zählen nur die Ritter. Sie haben den Rat inne, von ihnen kommen die rechtlichen Entscheidungen und Urteile. Ich prozessierte einmal mit ihnen wegen ein paar Ziegen, die der Herr von Bāniyās [am Antilibanon] aus dem Wald genommen hatte, als zwischen uns und ihnen gerade ein Waffenstillstand war und ich mich in Damaskus befand. Ich sprach zu König Fulk ibn Fulk [Fulko V., Graf von Anjou und König von Jerusalem]: «Der da hat ungerecht gegen uns gehandelt und unsere Tiere weggenommen, da doch die Zeit des Lämmerns ist. Die Ziegen haben geworfen, und ihre Lämmer sind gestorben. Erst nachdem er den Tieren geschadet hat, hat er sie uns zurückgegeben.» Daraufhin sagte der König sechs oder sieben Rittern: «Macht euch auf und richtet über ihn!» Sie verließen seinen Audienzsaal und zogen sich zurück. Sie berieten so lange, bis die Meinung aller über diese Sache übereinstimmte. Dann kehrten sie in den Sitzungssaal des Königs zurück und sprachen: «Wir haben entschieden, daß der Herr von Bāniyās eine Strafe zu entrichten hat, weil er ihren Ziegen geschadet hat!» Und der König befahl ihm, die Strafe zu entrichten. Er bat mich inständig und bedrängte mich so lange, bis ich endlich vierhundert Dinar von ihm nahm. Dieses Urteil konnte, nachdem es die Ritter gefaßt hatten, weder der König noch ein anderer Führer der Franken ändern oder widerrufen, denn der Ritter ist bei ihnen etwas Großes.

Zu mir sprach der König: «Usāma! Bei meinem Glauben! Ich habe mich gestern sehr gefreut!»

Allāh erfreue den König! Weshalb warst du froh?»

«Man hatte mir gesagt, daß du ein großer Ritter bist. Doch habe ich es vorher nicht geglaubt.»

«Mein Herr!» erwiderte ich. «Ich bin ein Ritter von meinem Stamm und meinem Volk!»

Wenn der Ritter aber schlank und groß ist, bewundern ihn die Franken besonders.

Steven Runciman

Saladins Triumph

Der Morgen des Freitag, 3. Juli 1187, war heiß, und es regte sich kein Lüftchen, als das christliche Heer die grünen Gärten von Sephoria verließ, um über die baumlosen Bergrücken zu ziehen. Raimund von Tripolis hatte nach Feudalbrauch als Herr des Lehens das Recht, die Vorhut zu befehligen. Der König befehligte die Mitte, und Rainald, die Ritterorden und Balian von Ibelin bildeten den Nachtrab. Es gab kein Wasser entlang der Straße. Es währte nicht lange, und Männer und Pferde litten gleicherweise unter fürchterlichem Durst. Ihre Qualen verlangsamten den Vormarsch. Muselmanische Scharmützler griffen unablässig Vorhut und Nachhut an, schossen einen Hagel von Pfeilen in ihre Mitte und jagten wieder davon, ehe sich ein Gegenangriff bewerkstelligen ließ. [...]

Als der Morgen des Sonnabend, 4. Juli 1187, dämmerte, war das königliche Heer eingeschlossen. Nicht eine Katze, so berichtet der Chronist, hätte durch das Netz zu schlüpfen vermocht.

Der Angriff der Mohammedaner begann kurz nach Tagesanbruch. Das christliche Fußvolk dachte nur an eines – Wasser. In dichten, wogenden Massen versuchte es, den Abhang hinunter zum See durchzubrechen, der ihm weit unten entgegenglitzerte. Die Fußtruppen wurden einen kleinen Hügel hinaufgedrängt und sahen sich von den Flammen und vom Feind umzingelt. Viele von ihnen wurden auf der Stelle niedergemacht; viele andere wurde gefangengenommen; und ihr Anblick, da sie verwundet und mit geschwollenen Lippen umherlagen, war so qualvoll, daß fünf von Raimunds Rittern sich zu den mohammedanischen Führern begaben und baten, man möge sie alle töten, um ihrem Elend ein Ende zu machen. [...]

Der Bischof von Akkon war gefallen. Das Heilige Kreuz, das er in die Schlacht getragen, befand sich in den Händen eines Ungläubigen. Von den Pferden der Ritter waren nur noch ganz wenige am Leben. Als die Sieger die Hügelspitze erreichten, fanden sie die Ritter, den König unter ihnen, am Boden liegend, zu sehr erschöpft, um noch weiterzukämpfen, und kaum mit genug Kraft, um ihre Schwerter zur Übergabe auszuhändigen. Ihre Führer wurden in das Zelt verbracht, das auf dem Schlachtfeld für den Sultan errichtet worden war.

Hier empfing Saladin König Guido und seinen Bruder, den Konnetabel Amalrich, Rainald von Châtillon und seinen Stiefsohn Humfried von Toron, den Großmeister des Tempelritterordens, den alten Marquis von Montferrat, die Herren von Dschebail und Botrun und viele der geringeren Barone des Königsreichs. Er begrüßte sie huldvoll. Er ließ den König an seiner Seite niedersitzen, und da er seinen Durst gewahrte, reichte er ihm einen Becher Rosenwasser, das mit Schnee vom Berg Hermon gekühlt war. Guido trank davon und reichte den Becher weiter an Rainald, der neben ihm stand. Gibt man einem Gefangenen Speise oder Trank, so bedeutet es nach den Regeln arabischer Gastfreundschaft, daß er seines Lebens sicher ist; also sagte Saladin rasch zum Dolmetscher: «Sag dem König, daß er diesem Mann den Trunk gereicht hat, nicht ich.» Dann wandte er sich zu Rainald, dessen gottlose Straßenräuberei er nicht verzeihen konnte, und gemahnte ihn an seine Verbrechen, seine Hinterlist, seine Gotteslästerung und seine Habgier. Als Rainald eine trotzige Antwort gab, ergriff Saladin selbst ein Schwert und schlug ihm den Kopf ab. Guido erbebte, da er meinte, er sei als nächster an der Reihe. Aber Saladin beruhigte ihn: «Ein König tötet keinen König. Aber dieses Mannes Niedertracht und Unverschämtheit gingen zu weit.» Sodann gab er Befehl, daß keinem der weltlichen Barone ein Leid geschehen dürfe und alle während ihrer Gefangenschaft zuvorkommend und achtungsvoll zu behandeln seien. Aber die Ordensritter gedachte er nicht zu verschonen, mit Ausnahme des Großmeisters der Templer. Eine Rotte fanatischer muselmanischer *Sufis* hatte sich seinen Truppen angeschlossen. Ihnen wies er die Aufgabe zu, die gefangenen Tempel- und Hospitaliter-Ritter umzubringen. Sie erledigten sie mit Vergnügen. Als dies vollbracht war, zog er mit dem Heer von Hattin ab; die Toten auf dem Schlachtfeld wurden den Schakalen und Hyänen überlassen. […]

Am Tag, da Saladins Truppen in Askalon einzogen, ereignete sich eine Sonnenfinsternis; und in der Dunkelheit empfing Saladin eine Abordnung der Bürger von Jerusalem, die er zu sich gerufen hatte, um die Bedingungen zur Übergabe der Stadt zu besprechen. Aber es wurde nichts besprochen. Die Abgeordneten weigerten sich, die Stadt auszuliefern, in der ihr Gott für sie gestorben war. [...]

Am 20. September 1187 schlug Saladin sein Feldlager vor der Stadt auf und begann die Nord- und Nordwestmauern anzugreifen. [...] Am 29. September war eine große Bresche in die Mauer geschlagen. Die Verteidiger bemannten sie, so gut sie konnten, und kämpften mit wütender Verbissenheit; aber es waren ihrer zu wenige, um die Bresche gegen die feindlichen Horden lange zu halten. Die fränkischen Soldaten wollten einen gewaltigen Ausfall machen und wenn nötig ihr Leben lassen. Aber der Patriarch Heraklios war nicht gesonnen, zum Märtyrer zu werden. Wenn sie es täten, erklärte er ihnen, lieferten sie ihre Weiber und Kinder der unvermeidlichen Sklaverei aus, und einem so gottlosen Schritt könne er seinen Segen nicht erteilen. Balian unterstützte ihn; er erkannte, daß es töricht war, noch mehr Menschenleben zu vergeuden. Am 30. September begab er sich selbst ins feindliche Lager, um von Saladin Bedingungen zur Übergabe zu erbitten.

Saladin hatte die Stadt in seiner Gewalt. Er konnte sie erstürmen, wann immer er es wünschte; und innerhalb der Stadt waren viele, die er sich zu Freunden machen konnte. Die rechtgläubigen Christen, die die Mehrheit des niederen Volkes ausmachten, hatten der lateinischen Kirche von jeher ihren stolzen Hochmut verübelt. Es war nie zu einer klaren Spaltung gekommen. Die Königsfamilie und der weltliche Adel hatten der orthodoxen Geistlichkeit stets Freundlichkeit und Achtung bezeugt. Aber die hohe Geistlichkeit war ausschließlich lateinisch gewesen. Die einheimischen Christen waren genötigt worden, an den großen Andachtsstätten ihres Glaubens Gottesdiensten beizuwohnen, deren Sprache und Ritual ihnen fremd waren. Sie blickten sehnsuchtsvoll auf die Tage zurück, da sie unter gerechten mohammedanischen Herrschern ihre Andacht hatten verrichten dürfen, wie es ihnen beliebte. Saladins vertraulicher Berater in seinen Verhandlungen mit den christlichen Fürsten war ein orthodoxer Gelehrter aus Jerusalem namens Joseph Batit. Er nahm jetzt mit den rechtgläubigen Gemeinden in der Stadt Fühlung; und sie versprachen, Saladin die Tore zu öffnen.

Ihr Eingreifen war nicht vonnöten. Als Balian vor Saladins Zelt erschien, erklärte dieser, er habe geschworen, Jerusalem mit dem Schwert zu nehmen, und nur bedingungslose Übergabe könne ihn von diesem Eid entbinden. Er erinnerte Balian an die von den Christen im Jahr 1099 begangenen Massenmorde. Warum sollte er anders verfahren? Während sie miteinander sprachen, tobte die Schlacht; und Saladin deutete auf seine Standarte, die inzwischen auf der Stadtmauer aufgepflanzt worden war. Aber im nächsten Augenblick wurden seine Leute zurückgetrieben; und Balian warnte Saladin, daß die Verteidiger, wenn er keine ehrenhaften Bedingungen gewähre, in ihrer Verzweiflung und ehe sie ihr Leben hingaben, alles in der Stadt zerstören würden, was den Mohammedanern heilig sei, einschließlich der Gebäude im Tempelviertel, und daß sie ihre sämtlichen mohammedanischen Gefangenen abschlachten würden. Saladin war zu Großmut bereit, wenn nur seine Macht anerkannt wurde, und er wünschte auch, daß Jerusalem so wenig Schaden nehmen solle wie möglich. Er willigte ein, daß Bedingungen vereinbart würden, und bot an, jeder Christ in der Stadt solle sich freikaufen können, und zwar zum Preis von zehn Dinaren für einen Mann, fünf für eine Frau und einen für ein Kind. [...]

Auf Balians Befehl legte die Besatzung ihre Waffen nieder; und am 2. Oktober 1187 zog Saladin in Jerusalem ein. Es war der 27. Tag des Radschab, der Jahrestag, da der Prophet im Schlaf Jerusalem aufgesucht hatte und von dort in den Himmel hinaufgetragen worden war.

Die Sieger verhielten sich korrekt und menschlich. Wo die Franken achtundachtzig Jahre zuvor durch das Blut ihrer Opfer gewatet waren, wurde nicht ein Gebäude geplündert, nicht ein Mensch verletzt. Auf Saladins Befehl patrouillierten Wachtposten in den Straßen und bei den Stadttoren und verhinderten alle Ausschreitungen gegen die Christen. Inzwischen bemühte sich jeder Christ, das Geld für seine Auslösung zu beschaffen, und Balian leerte das Schatzamt aus, um die versprochenen 30000 Dinare aufzubringen. Die Hospitaliter und Templer konnten nur mit Mühe veranlaßt werden, ihre Reichtümer herauszugeben; und der Patriarch und sein Kapitel kümmerten sich nur um sich selbst. Die Mohammedaner waren empört, als sie sahen, wie Heraklios die zehn Dinare für seine eigene Auslösung zahlte und dann gebeugt unter der Last des Goldes, das er bei sich trug, und gefolgt von Wagenladungen mit Teppichen und silbernem Tafelgeschirr die Stadt verließ. Dank der Reste von Heinrichs II. Stiftung konnten die siebentausend Armen freigesetzt werden; aber vielen Tausenden hätte die Sklaverei erspart bleiben können, wären nur die Ritterorden und die Kirche etwas freigebiger gewesen. Bald flossen zwei Ströme von Christen durch die Stadttore hinaus: jene, deren Lösegeld von ihnen selbst oder durch Balians Bemühungen bezahlt worden war, und jene anderen, die sich kein Lösegeld leisten konnten und in die Gefangenschaft zogen. So herzzerreißend war ihr Anblick, daß sich el-Adil an seinen Bruder wandte und sich als Belohnung für seine Dienste ein Tausend von ihnen erbat. Es wurde ihm gewährt, und er ließ sie unverzüglich frei. Der Patriarch Heraklios, höchlichst angetan von einer so billigen Art, Gutes zu tun, fragte nun, ob auch er einige Sklaven haben dürfe, die er befreien könne. Man gewährte ihm siebenhundert; und Balian erhielt fünfhundert. Dann gab Saladin selbst bekannt, daß er jeden alten Mann und jegliche alte Frau auf freien Fuß setzen werde. Als die fränkischen Damen, die sich ausgelöst hatten, in Tränen zu ihm kamen und fragten, wohin sie nun gehen sollten, da ihre Männer oder Väter entweder erschlagen oder gefangen seien, gab er ihnen als Antwort das Versprechen, er werde jeden gefangengehaltenen Ehegatten freilassen, und den Witwen und Waisen machte er Geschenke aus seiner eigenen Schatzkammer, einer jeden gemäß ihrem Stand. Seine Barmherzigkeit und Güte standen in seltsamem Gegensatz zu den Missetaten der christlichen Eroberer des Ersten Kreuzzugs.

Einige seiner Emire und Soldaten waren weniger gutherzig. Man hörte von Christen, die verkleidet von Mohammedanern aus der Stadt geschmuggelt und draußen um all ihre Habe erpreßt wurden. Andere muselmanische Herren gaben vor, entkommene Sklaven erkannt zu haben, und verlangten privat hohe Lösegelder, ehe sie ihre Opfer laufenließen. Aber wo immer Saladin auf solche Gepflogenheiten stieß, verfügte er harte Bestrafung. [...]

Die orthodoxen Christen und Jakobiten verblieben in Jerusalem. Ein jeder hatte außer seinem Lösegeld noch eine amtliche Kopfsteuer zu zahlen; allerdings wurde vielen der Ärmeren diese Zahlung erlassen. Die Reichen unter ihnen kauften einen großen Teil des Besitzes auf, der durch den Abzug der Franken herrenlos geworden war. Der Rest wurde von Mohammedanern und von Juden gekauft, die Saladin zur Niederlassung in der Stadt ermutigte. Als die Nachricht von Saladins Sieg nach Konstantinopel gelangte, schickte Kaiser Isaak Angelos ihm eine Gesandtschaft, um ihn zu beglückwünschen und ihn um Rückgabe der Heiligen Stätten an die Orthodoxe Kirche zu bitten. Sein Ansuchen wurde nach einiger Verzögerung bewilligt. Viele von Saladins Freunden drängten ihn, die Heilige Grabeskirche zu zerstören. Aber er verwies sie darauf, daß es die Stätte, nicht das Gebäude sei, welche die Christen verehrten; und sie würden nach wie vor dorthin pilgern. Überdies hatte er gar nicht den Wunsch, die Pilger abzuschrecken. Tatsächlich war die Kirche nur drei Tage lang geschlossen. Die fränkischen Pilger wurden gegen Zahlung einer Gebühr eingelassen.

Die christlichen Flüchtlinge hatten die Stadt noch nicht verlassen, als das Kreuz vom Felsendom herabgeholt, alle Anzeichen christlicher Andacht getilgt und die el-Aqsa-Moschee von allen Spuren ihrer Besetzung durch die Tempelritter gesäubert wurde. Beide Gebäude wurden mit Rosenwasser besprengt und dem Gottesdienst des Islam neu geweiht. Am Freitag, dem 9. Oktober 1187, nahm Saladin mit einer riesigen Andachtsgemeinde an einem Dankgottesdienst in der Moschee teil.

Alain Demurger

Deus non vult – Zweifel am Sinn der Kreuzzüge

1189: Die Predigttätigkeit für den dritten Kreuzzug war im vollen Gange und rief Begeisterung hervor. Doch auch einer anderen Stimme gelang es, sich Gehör zu verschaffen:

«Deus non vult ...», Gott will ihn nicht. Zum ersten Mal wurde kohärente Kritik am Kreuzzug geübt, von dem englischen Geistlichen Ralph Niger. Bis dahin hatten Niederlagen einige Zweifel aufkommen lassen, aber es gab andererseits auch Siege. Doch 1187 war alles auf einen Schlag zusammengebrochen. Wie sollte man es anfangen, Jerusalem zurückzuerobern? Fragen kamen hoch, und zuweilen zweifelte man überhaupt am Sinn des Unternehmens: immer noch Jerusalem? Gab es nichts Besseres zu tun im Abendland selbst, wo sich mit furchterregender Geschwindigkeit die Häresien der Waldenser und der Katharer ausbreiteten? [...]

Die Kritik am Kreuzzug wurde auf verschiedenen Ebenen geübt. Im allgemeinen stellte man das anfängliche Ziel, die Befreiung und den Schutz des Heiligen Grabes, nicht in Frage. Daraus erklärt sich das Weiterleben des Kreuzzugsgedankens noch im 14. und 15. Jahrhundert, erklären sich die zahlreichen Projekte zur Rückgewinnung des Heiligen Landes, die Pläne eines Philipp VI. von Valois oder des Herzogs von Burgund, Philipps des Guten, und schließlich auch die Kreuzzugsexpeditionen gegen die Türken eines Johann Ohnefurcht im Jahre 1396 oder eines Jacques Coeur 1456. Die Kreuzzüge, die zur Befreiung des Grabes Christi aufriefen, blieben populär, zumindest bei Hofe und in der Aristokratie. Die anderen erzeugten nur wenig Widerhall; dies gilt selbst für Unternehmungen, die mit der spanischen *Reconquista* verbunden waren, die freilich ziemlich eingeschlafen war. Die Kritik wandte sich gegen die Mißbräuche, die von der Kreuzzugspredigt heraufbeschworen worden waren. [...]

Es gab indes Kritik, die sich gegen die Fundamente des Kreuzzugsgedankens überhaupt richtete. Die Substanz der beiden Argumentationen – vorgebracht von Dichtern und Troubadours – läßt sich so resümieren: Warum soll man losziehen und gegen die Sarazenen kämpfen, wo es einem daheim doch so gut geht? Peirol meint in seinem *Joyeux adieu à la Terre sainte,* daß er mit seiner Wallfahrt nach Jerusalem sein Gelübde erfüllt habe; nun sehne er sich nur noch danach, nach Marseille zurückzukehren. «Wenn ich nur wirklich erst wieder jenseits des Meeres wäre, ich würde Akkon und Tyrus, Tripolis und die Kriegsleute, das Hospital, den Tempel und König Johann zum Teufel jagen.» Ruteboeufs *Décroisé* ist noch deutlicher: «Man kann sehr gut auch in diesem Land Gott näherkommen ohne großen Schaden ... Ich sage, ein geborener Tor ist, wer sich in die Knechtschaft eines anderen begibt, wenn er Gott hier näherkommen und von seinem Erbe leben kann.» Manche Geistliche begriffen diese Geisteshaltung sehr gut. Humbert von Romans zählte einige derartige Widerstände gegen den Kreuzzug auf: die Angst vor dem Meer, die Heimatliebe oder ganz einfach die Liebe.

Eine zweite kritische Strömung, die missionarische Richtung, wandte sich gegen die Methode. Wollte man die Sarazenen bekehren? Der Kreuzzug schien nicht das rechte Mittel dazu; Mission und friedliche Predigttätigkeit mußten eher ermöglichen, dieses Ziel zu erreichen. Im Jahre 1273 verfaßte ein Dominikaner aus Akkon, Wilhelm von Tripolis, eine Apologie der Missionstätigkeit; er zeigt die gemeinsamen Punkte zwischen dem Islam und dem Christentum auf und meint, die Bekehrung der Sarazenen stehe unmittelbar bevor. Er ist gegen den Kreuzzug, kritisiert Bernhard von Clairvaux und mißbilligt die Expeditionen Ludwigs IX.

Diese pazifistische und missionarische Richtung entwickelte sich in den Bettelorden, bei den Franziskanern und den Dominikanern. Gegen sie sprachen die Tatsachen: Im Heiligen Land traten die Christen zum Islam über, nicht umgekehrt. Der Islam war eine kohärente, mit dem Christentum rivalisierende Religion, deshalb war es vergebliche Liebesmüh, auf die Bekehrung der Muslims zu warten; sie mußten wohl doch durch den Kreuzzug bekämpft werden. [...]

Schließlich kam es vor, daß Gott selbst Gegenstand der Kritik wurde. Der Templer von Tyrus meint in seinem Bericht über die Eroberung Damiettes 1249, die Kreuzfahrer hätten Kairo einnehmen können: «Wenn Gott es hätte zugestehen wollen (...). Doch Gott will den Christen nichts mehr zugestehen.» Der provenzalische Troubadour Austorc d'Orlac griff den Klerus an und meinte, man solle Mohammedaner werden, «denn Gott und die hl. Maria wollen, daß wir wider das Recht besiegt werden». Ein anderer Troubadour namens Daspol warf Gott vor, die Sarazenen zu beschützen, denn sie seien die Sieger. Gott täte nichts, um ihnen den Gedanken einzugeben, sich zu bekehren. Der Templer Ricaut Bonomel dichtete sein *I're dolors* in den tragischen 1260er Jahren, in denen Sultan Baibars so viele Siege davontrug:

> [...]
> Ein rechter Tor ist, wer gegen die Türken kämpft
> Denn Jesus Christus wendet sich keineswegs gegen sie;
> Denn sie besiegten und besiegen weiter, und dies zu meinem großen Schmerz.
> Franken und Tataren, Armenier und Perser.
> Und hier besiegen sie uns jeden Tag,
> Denn Gott schläft, der doch zu wachen pflegte.
> Und Mohammed wirkt mit aller Kraft
> und läßt Melicadefer *[Baibars]* wirken.
>
> Es scheint nicht, daß er je auf den Kampf verzichtet,
> im Gegenteil, er hat's geschworen und sagt es offen
> Daß fürderhin, soweit es in seiner Kraft steht, in diesem Land
> kein einziger Mann bleibt, der an Jesus Christus glaubt;
> Vielmehr mache er eine Moschee
> aus der Kirche der Heiligen Maria.
> Und da ihr Sohn statt Gram und Weh
> Gefallen daran findet und es will, muß dies auch uns gefallen.

Hans-Rudolf Singer

Die Nasriden und das Ende der islamischen Herrschaft in Spanien

Yūsuf I. (1333–1354), einer der begabtesten Sultane der Dynastie, unternahm es, den Staat zu konsolidieren und ihm Glanz zu verleihen: Bester Zeuge dessen ist die Palaststadt der Alhambra, deren heute noch beeindruckende Bauten hauptsächlich aus seiner und seines Nachfolgers Zeit stammen, so die monumentale «Puerta de la Justicia» aus dem Jahre 1348 oder die im folgenden Jahre errichtete Madrasa in der Stadt selbst (nahe der Capilla Real). Yūsuf ließ es sich – wie auch seine Nachfolger – angelegen sein, gute Beziehungen zu Aragon zu unterhalten.

Die beiden Regierungen des folgenden Sultans, Muḥammads V. (1354–1359, 1362–1391), dürfen zusammen mit der seines Vorgängers unbedenklich als Höhepunkt und Blütezeit des Nasridenreiches angesehen werden; kurz danach setzte der Verfall ein. [...]

In dieser Zeit (1350) besuchte der wohl berühmteste Reisende der islamischen Welt, Ibn Baṭṭūṭa (1304–1369 oder 1377) aus Tanger, Granada. Sein Bericht, der zwar nicht sehr ergiebig ist und erstaunliche Auslassungen aufweist (so verliert er etwa über die Alhambra kein Wort!), enthüllt uns Fakten, die uns sonst sicher verborgen geblieben wären: z.B. die Existenz von Sufi-Zirkeln, die in und um Granada ihre Niederlassungen hatten; dort fanden sich Derwische auch aus fernliegenden islamischen, aber nichtarabischen Ländern wie Transoxanien, Churasan, selbst Indien. Den bedeutendsten literarischen Repräsentanten dieser Epoche – während der auch Ibn Ḫaldūn versuchte, in Granada Fuß zu fassen – stellt zweifelsohne der ebengenannte Ibn al-Ḫāṭīb dar, dem wir eine ganze Reihe wertvoller historischer, aber auch medizinischer und anderer Werke verdanken. Nach seinem Tode reißen die authentischen Nachrichten über die Geschichte und Kultur des Reiches und des spanischen Islams überhaupt fast völlig ab. [...]

Die Thronbesteigung des energischen Abūl-Ḥasan ʿAlī 1464 (des «Muley Hacén» der spanischen Chroniken), der die rebellischen Banū Sarrāǧ züchtigte, das Heer reorganisierte und Sicherheit und Ordnung im Lande wiederherstellte, schien neuerlichen Aufschwung zu verheißen, aber die Heirat der Erben der Kronen von Kastilien und Aragonien, Isabella und Ferdinand im Jahre 1469 (nachmals die «katholischen Könige» genannt), bedeutete das Ende einer Zeit des Stillstandes der Reconquista. Der Schlußakt der «guerra de Granada» wurde von den Städten Kastiliens ermöglicht. Mit dem Handstreich gegen die Festung Zahara, das Tor zum Unterlauf des Guadalquivir, wurde er eingeläutet. 1482 bereits fiel Alhama zwischen Granada und Málaga in christliche Hand. In diesen Feldzügen sollten «Compagnien» deutscher Kanoniere, die bei diversen Belagerungen eingesetzt wurden, eine nicht unerhebliche Rolle spielen.

Im muslimischen Lager herrschte Uneinigkeit, ja Bürgerkrieg: 1482 riefen die Granadiner den Sohn ihres Monarchen, Abū ʿAbdallāh Muḥammad («Boabdil»), zum König aus, der bei einem Angriff auf Lucena im selben Jahr in Gefangenschaft geriet und sich, als Vasall der Krone Kastiliens freigelassen, in Guadix installierte. Aber auch sein Onkel Muḥammad «el Zagal» beanspruchte die Krone, bis er 1489 nach Afrika ging. Inzwischen waren 1485 Ronda und im Jahr darauf Loja, 1487 Velez Málaga und Málaga erobert worden; Baza kapitulierte 1489. Die «katholischen Könige» belagerten nun Granada, und seit August 1491 geführte Geheimverhandlungen endeten mit der Kapitulation am 2. Januar 1492. Fast acht Jahrhunderte islamischer Herrschaft in al-Andalus waren zu Ende.

Heinrich Heine

Nach dem Fall Granadas

Almansor: «Ali, sprich, was bringst du?»
Sprach schnell mein Vater. – Oh, da stürzten Bäche
Blutdunkler Tränen über Alis Wangen,
Und schluchzend sprach er: «In Granada haben
Don Ferdinand und Isabell den Einzug
Gehalten, unterm Schalle der Drommeten,
Und König Boab[d]il hat ihnen knieend
Die Schlüssel überreicht auf goldnem Becken,
Und auf Alhambras Turm steht aufgepflanzt
Kastiliens Fahne und Mendozas Kreuz.»
Hassan hält sich die Augen zu:
Oh! eine Gnade nur verlang ich, Allah!
Lösch aus in meinem Hirn dies Bild des Greuels!
[...]
Almansor: Bald hörten wir daß auch der große Zegri,
In feiger Todesangst, das Kreuz umklammert;
Daß vieles Volk dem Beispiel Großer folgte,
Und Tausende ihr Haupt zur Taufe beugten; –
Hassan: Der neue Himmel lockt viel alte Sünder.
Almansor: Wir hörten daß der furchtbare Ximenes,
Inmitten auf dem Markte, zu Granada –
Mir starrt die Zung' im Munde – den Koran
In eines Scheiterhaufens Flamme warf!
Hassan: Das war ein Vorspiel nur, dort wo man Bücher
Verbrennt, verbrennt man auch am Ende Menschen.

Winfried Schulze

Türkenfurcht im 16. Jahrhundert

So ist es kein Wunder, daß im späten 16. Jahrhundert – wie in den vergangenen 100 Jahren – der Türke als Inbegriff des Bösen schlechthin gilt. Er ist zugleich Maßstab des Bösen: «Schlimmer als der Türke» wird als diskriminierende Feststellung von universeller und anerkannter Gültigkeit verwendet. Das Bild des türkischen Staates, das im Bewußtsein der Deutschen des späten 16. Jahrhunderts bestand und durch immer neues Material bestätigt und verfestigt wurde, war einmal das Ergebnis des traditionellen christlich-mohammedanischen Gegensatzes, der in den Kreuzzügen begründet und mit dem Vordringen der Türken seit der Eroberung von Konstantinopel verbunden worden war. Eng damit verknüpft war zum anderen das Bewußtsein der religiösen Feindschaft. Drittens verband sich mit den Türken die Vorstellung von erheblicher militärischer Stärke, Eroberungsgier und Grausamkeit im Kampf gegen die Christen. Viertens galten die Türken als treulos und wortbrüchig, als Menschen, die die Verträge und Versprechen mißachteten. Fünftens bestand zwischen dem christlichen Mitteleuropa und den Türken ein kultureller Gegensatz, so daß türkisches soziales Verhalten in seiner Fremdartigkeit unverstanden blieb und negativ bewertet wurde. Schließlich war dem Osmanischen Reich die geburtsständische Ordnung des christlichen Europas fremd, so daß auch auf diesem Gebiet der Eindruck der absoluten Kontroversität gesellschaftlicher Normen und Strukturen zwischen Christen und Türken bestätigt wurde.

Auf diese sechs Punkte lassen sich im wesentlichen alle Polemiken, Vorwürfe und Kritiken der türkischen Verhältnisse reduzieren. Dieses Gesamtbild lief hinaus auf die Formel vom «Erbfeind», d.h. dem geborenen Feind, bei dem es keines aktuellen feindseligen Akts bedurfte, um ihn zum Feind zu erklären. Türke zu sein genügte, um Feind der Christenheit zu sein. Seine ideologische Überhöhung fand dieser «Erbfeind» im Bild des «Anti-Christ» in der katholischen wie in der lutherischen Auffassung. Dieses Feindbild entstand in seinen Grundzügen schon in der Renaissanceepoche und hielt sich im wesentlichen das gesamte 16. Jahrhundert hindurch.

Es soll im folgenden an einigen Beispielen verdeutlicht werden, in welcher konkreten Form die genannten Grundzüge des «Feindbildes» vermittelt wurden. Die Gebete des späten 16. Jahrhunderts vermitteln dabei in ihrer einfachen Reimsprache einen guten Eindruck des zeitgenössischen Türkenbildes. So heißt es im Gebet David Teuchers aus dem Jahre 1595:

«Der türk hat sich gemachet auf,
mit starker hand und großem hauf,
mit mord und feur zu kämpfen,
und traut auf seine grausamkeit,
rhumpt auch sein gwalt und hochkünheit,
will Christi lehre dämpfen.

Er leugnet das du JESUS Christ,
ein sohn des himmlisch vaters bist,
und will ganz auch nicht gleuben,
den heilig geist von ewigkeit,
in der waaren dreyfaltigkeit,
will uns des auch berauben.

Er ist *unser Feind in gemein,*
ist auch der widersacher dein ...

Deutlich vermischen sich in diesem Gebet die Ebenen von militärischer Bedrohung und religiöser Kontroversität und schaffen einen «feind in gemein», bei dem kein Differenzieren zwischen machtpolitischer und religiöser Absicht mehr möglich ist. Johann Basilius Herold sprach von «natürlicher Feindschaft» zwischen dem Reich und den Türken.

Der Eroberungswille dieses Feindes galt als unbezähmbar und grenzenlos, wenn man Johann Baptist Fickler glaubt, der von der Erfahrung ausgeht, «daß der türck von tag zu tag weiter greifft und uns zueylet». «Wirdt Ungern vom türcken eingenommen oder überwunden, so ist weder Italia noch Teutschland sicher, und der Rhein wirdt Franckreich auch nit beschützen können.» Johann Cornelius von Friedensberg schreibt: «Diser nun mehr mechtige feind feyret nicht auß unersettigem ehrgeitz, uber die gantze welt zu herrschen, reisset ein glied nach dem andern vom leibe ab wie in allem dem, so er de facto besitzet von jahren zu jahren von zeit zu zeit geschehen also binnen nahe 300 jahren, da er seine macht hervor gethan.»

Und an anderer Stelle charakterisiert er das türkische Vorgehen bei den Eroberungen folgendermaßen: «So ist auch offenbar, daß der türcke keinen bestendigen frieden helt, alles sein intent und gewalt ist allein zu erweiterung seiner herrschunge gerichtet, und sichert und hilfft kein anstant, keine induciae oder portae gelten bey ihme, wie dessen nachrichtung und beweis gnug auß den historien und erfahrung vorhanden, dadurch ihr reich so weit vermehret.»

In allen Veröffentlichungen über die Türken, die auf große Verbreitung angelegt waren, wie z.B. den «Neuen Zeitungen», wurde die Grausamkeit im Kampf immer wieder hervorgehoben: Rücksichtslosigkeit gegen Frauen und Kinder, alle erdenklichen Greueltaten und erbarmungsloses Verschleppen aller nicht ermordeten Christen unter das «tyrannische Joch» und die «viehische Servitut» des osmanischen Reiches waren die Kampfesweisen, die in allen Einzelheiten immer wieder geschildert wurden. So berichtet die «Neuwe Zeytung» aus Möttling 1578 von grausamen Verstümmelungen an Frauen, «das es möcht ein stein zersprungen sein».

Insbesondere die türkische Nichtachtung familiärer Bindungen bei den Gefangenen und die Institution der «Knabenlese» bei eroberten Christen zur Ergänzung der Janitschareneinheiten waren Vorgänge, die, der abendländischen Christenheit ohnehin fremd, besonders geeignet waren, die Türken zum «Un-Menschen» der öffentlichen Kommunikation des 16. Jahrhunderts werden zu lassen.

9. Das Orientbild des Westens

Franco Cardini

Der Mythos von Poitiers

Daß Europa (wenn auch nicht ausschließlich) der Hort des Christentums sei, war eine falsche, wenngleich von allen mittelalterlichen Autoren geteilte Ansicht. Mit dieser Vorstellung war der Gedanke verbunden, daß alle, die auf europäischem Territorium lebten, aber keine Christen waren, als Fremde und Invasoren gekommen waren. So begrüßte der anonyme toledanische Geistliche, der um die Mitte des 8. Jahrhunderts mit seiner *Continuatio Hispanica* die *Historiae* des Isidor von Sevilla fortsetzte, die fränkischen Sieger der Schlacht von Poitiers 732 (die anderen Angaben zufolge in Wahrheit im Jahr 733 stattfand) als *Europenses.* Aber man darf sich fragen, ob er selbst sich als *Europensis* verstand, weil er ein Christ war, oder einfach nur, weil die Iberische Halbinsel nach römischem Geographieverständnis zu Europa gehörte. Oder ob er – womöglich mit wehmütigem Bedauern – sich selbst nicht mehr als *Europensis* sah, seit die Araber und Berber die iberische Halbinsel erobert und dem «Gebiet des Glaubens» *(dār al-Islām)* einverleibt hatten. Das wiederum würde bedeuten, daß es bewegliche Grenzen und gleichzeitig eine strikte Trennung zwischen Europa und dem *dār al-Islām* gab; dann könnte man die vom Islam eroberten Territorien und die von muslimischen oder neu zum Islam übergetretenen Gruppen besiedelten Gebiete nicht als «muslimisches Europa» bezeichnen.

Veraltet und müßig ist die Diskussion, ob Poitiers die muslimische Invasion des europäischen Kontinents zum Stillstand brachte oder ob nicht vielmehr die Invasoren müde waren und ihnen der Elan fehlte, weiter vorzudringen. Die Bedeutung dieser Schlacht wird heute allgemein als begrenzt eingeschätzt, und in Anbetracht der islamischen Expansion im 7.–10. Jahrhundert erscheint es unangemessen, überhaupt von einer Invasion zu sprechen. [...]

Der Mythos von Poitiers, dem Edward Gibbon in seinen Schriften Auftrieb gab, trug jedenfalls dazu bei, die gesamte

Geschichte Europas als die Geschichte der Auseinandersetzung mit dem Islam zu betrachten. Ohne Poitiers und den Heroismus Karl Martells, so wurde behauptet, würden Muezzins den Namen Allahs von den Türmen Oxfords herabrufen, in der berühmten Universität würde man den Koran studieren, und die gesamte Weltgeschichte wäre anders verlaufen.

Es verspricht wenig, die Bedeutung der Schlacht von Poitiers neu zu bemessen. So richtig der Hinweis ist, mit Zurückstufungen und Entmythisierungen vorsichtig zu sein – heute glaubt niemand mehr daran, daß es die Schlacht von Poitiers war, die das Blatt wendete. Der «Mythos» dieser Schlacht hat sich jedoch bis heute vor allem als massenmedialer Topos bewahrt, und ein solcher Topos ist schwer zu zerstören. Wir wissen, daß die fränkische und päpstliche Propaganda die Bedeutung des Siegs in der Schlacht zwischen Tours und Poitiers wenige Kilometer nordöstlich des Zusammenflusses von Vienne und Creuse hochspielte, um den Ruhm der Franken als «erstgeborenes Volk der Kirche Roms» zu mehren. Gleichzeitig stand die Absicht dahinter, die Verdienste des byzantinischen Basileus Leon III. Isaurikos in den Schatten zu stellen. Er hat es im Jahr 718 geschafft, daß die Muslime die im Jahr zuvor begonnene Belagerung Konstantinopels aufgaben; er stellte sich deren Seemacht entgegen, verteidigte seine Hoheit über das Schwarze Meer, die Ägäis und das zentrale Mittelmeer und stoppte die Muslime lange Zeit in ihrem weiteren Vordringen auf die Anatolische Halbinsel. Doch für die Anhänger der römischen Kirche war es undenkbar, die Verdienste Leons III., eines Ikonoklasten, anzuerkennen.

Gerhard Endreß

Aufstieg der Orientalistik

Das Wort «orientalist» taucht zuerst in England auf (1779 in einer Abhandlung über Edward Pocock); 1791 erscheint orientaliste» in Frankreich; «orientalisme» ist schon 1838 Gegenstand eines Artikels des ‹Dictionnaire de l'Académie française›. Gemeint ist zunächst das Studium des gesamten, des Nahen und des Fernen Ostens. Die Errichtung der Pariser École spéciale des langues orientales vivantes im Jahre 1795 sollte den praktischen Erfordernissen von Wirtschaft und Diplomatie dienen; die Sprachen des Nahen Ostens standen im Vordergrund: Arabisch, Persisch und Türkisch waren durch Lehrstühle vertreten. Damit wurde die «Orientalistik» im engeren Sinne als akademische Disziplin begründet. Hier ging die europäische Arabistik des frühen 19. Jahrhunderts bei Silvestre de Sacy (1758–1838) in die Schule. De Sacys arabische Grammatik, seine arabische Chrestomathie, seine Textausgaben arabischer und persischer Historiker und Literaten waren epochemachend. Vielfältig wirkte er durch den großen Kreis seiner Schüler aus allen Ländern Europas; auch die besten Arabisten Deutschlands – Wilhelm Freytag, Gustav Flügel, Heinrich Leberecht Fleischer und viele andere – zählten zu seinen Schülern.

Die Interessen Österreichs auf dem Balkan, diejenigen Englands in Indien förderten dort türkische und persische Studien. In Calcutta hatte William Jones 1784 die Asiatic Society of Bengal gegründet, welche nicht nur die Indologie, sondern auch das Studium der islamischen Kultur Indiens förderte; im College of Fort William, wo die Angestellten der ostindischen Kompanie 1800–54 in den Landessprachen unterwiesen wurden, gaben die einheimischen Lehrer Grammatiken und Texte heraus. Der Diplomat Sir John Malcolm lieferte mit seiner ‹History of Persia› (1815), z.T. nach persischen Originalquellen, eine umfassende Darstellung, die nicht nur dem historischen Interesse, sondern auch dem aktuellen Informationsbedürfnis der anglo-indischen Politik und Wirtschaft diente.

‹Fundgruben des Orients› veröffentlichte in Wien (1809–18) der vielseitige Joseph von Hammer-Purgstall (1774–1856); der sprachbegabte Liebhaber der islamischen Literatur hatte an der Wiener Orientalischen Akademie (1754 von Maria Theresia gegründet) Türkisch und Persisch, dann im Orient auch Arabisch gelernt und machte in seiner Zeitschrift – deren Beiträge er selbst zu einem erheblichen Teile bestritt – zusammen mit Mitarbeitern aus ganz Europa die verschiedensten Texte und Gegenstände aus den unerschlossenen Schätzen der islamischen Literaturen bekannt. Sein Werk erregt heute mehr durch seine Fülle als durch philologische Genauigkeit Bewunderung; aber seine umfänglichen Darstellungen der Geschichte und der Staatsverfassung des osmanischen Reiches sind noch immer von Wert, und sein Wirken vermittelte einem großen Kreise ein neues Bild des Orients. [...]

In Deutschland weckte die Romantik das Interesse an den «Verschiedenheiten des menschlichen Sprachbaues», am «Nationalcharakter der Sprache» (Wilhelm von Humboldt) und den Sinn für die eigentümliche äußere und innere Form der orientalischen Dichtung. Friedrich Rückert (1788–1866) – der bei Hammer-Purgstall Persisch lernte und erst in Erlangen, dann in Berlin als Professor für orientalische Sprachen wirkte – schuf aus dem Geist und Genie der Romantik bis heute unübertroffene Übersetzungen großer Literaturwerke des Nahen und des Fernen Ostens, darunter die erste Koranübersetzung, die eine Vorstellung von der Sprachgewalt des Originals vermittelte.

Rifāʿa al-Ṭahṭāwī

Der Arabist Silvestre de Sacy

So sehr es den Anschein haben mag, daß Ausländer die Sprache der Araber nicht wirklich verstehen können, wenn sie diese nicht ebensogut sprechen wie die Araber, so entbehrt dies doch jeglicher Grundlage. Zum Beweis (des Gegenteils) mag unter anderem dienen, daß ich in Paris mit einem hochgebildeten Manne der Franzosen namens Baron Silvestre de Sacy zusammentraf, berühmt in ganz Europa ob seiner Kenntnis der orientalischen Sprachen, vor allem des Arabischen und Persischen. Er gehört zur Prominenz von Paris und ist Mitglied einer Reihe von französischen und ausländischen wissenschaftlichen Gesellschaften. Seine Übersetzungen haben in Paris Verbreitung gefunden, und seine Meisterschaft in der arabischen Sprache ist stadtbekannt. Er hat sogar einen kurzgefaßten Kommentar zu den Makamen des Hariri unter dem Titel ‹Muḫtār al-šurūḥ› verfaßt. Er hat, wie man sagt, das Arabische, von den Anfangsgründen abgesehen, allein dank seiner gewaltigen Auffassungsgabe, seines scharfen Verstandes und seines reichen Wissens erlernt und hat demnach zu keiner Zeit Autoritäten wie Scheich Ḫālid – vom ‹Muġnī› gar nicht zu reden – in der bei uns üblichen Weise studiert und erklärt bekommen. Dabei kann er das ‹Muġnī› lesen, und warum auch nicht, wo er doch den Baiḍāwī zu wiederholten Malen durchgearbeitet hat! Sobald er jedoch etwas vorliest, ist seine Aussprache wie die der Nichtaraber, und er kann überhaupt arabisch nur mit einem Buch in der Hand sprechen. Und wenn er einen Ausdruck erklären will, dann verwendet er gar seltsame Wörter, deren richtige Aussprache ihm ganz unmöglich ist.

Gerhard Schulz

Goethes West-östlicher Divan im Urteil der Zeitgenossen

Im Februar 1815 war Charlotte Schiller bei der Großherzogin von Weimar zum Tee eingeladen. Auch Goethe war dabei und las orientalische Dichtung vor. Sie alle lehre er diese «wunderliche Welt» kennen, schrieb Frau von Schiller danach dankbar an Goethes Freund Karl Ludwig von Knebel und fügte hinzu:

«Sein Geist, der klar und reich die Verhältnisse durchblickt, weiß auch aus dieser Masse von Welt und von fremdartiger Phantasie zu sondern und Licht zu schaffen und es in ein Ganzes vors Auge zu bringen.» (22.2.1815) Und ein Jahr später, aus gleichem Anlaß, ergänzt sie: «Ich fühle wohl, wie es zuweilen der Phantasie wohltun kann, ganz fremdartige Motive wie Bilder aufzusuchen, um sich wieder zu beleben und Fremdartiges belebend zu erschaffen, wenn in der umgebenden Welt und ihren Bedingungen der Stoff nicht immer anspricht.» (25.2.1816) Viele spätere Beobachtungen und Urteile über den *West-östlichen Divan* sind in diesen beiden Sätzen keimhaft enthalten, Urteile über die Motivation Goethes für seine orientalisierende Dichtung, über seine Handhabung des neuen Stoffes und schließlich über das, was ihm an Bedeutendem damit gelang. Aber auch etwas von der Zurückhaltung vieler seiner Zeitgenossen, dieses Geschenk anzunehmen, drückt sich darin aus.

Als Charlotte Schiller ihn hörte, hatte Goethes schöpferische Begegnung mit dem Orient gerade erst begonnen. Orientalischer Stoff und orientalische Formen hatten seine Phantasie zu neuer, originaler Tätigkeit befreit. Nach und nach gelang es ihm, das Östliche ins Deutsche einzugemeinden, außerdem aber zum ersten Mal ein wirkliches Gedichtbuch zu schaffen, in dem das individuelle Gedicht zugleich Teil eines größeren Ganzen, einer Dichtung aus Gedichten darstellte. Aber das Fremde mußte notwendigerweise auch befremden. Als Poetenlaune und ästhetische Spielerei mochte es erscheinen zu einer Zeit, da nach dem Zurücktreten klassischer Muster und romanischer Moden Liedformen aus populärer deutscher Tradition das dominierende Modell neuer Lyrik geworden waren. Zugleich standen nationale Fragen an, also die Sorge um die Identität der Deutschen als Nation in den Tagen, da man auf dem Wiener Kongreß Länderhandel betrieb, ebenso wie die Sorge um die konstitutionelle Garantie von Bürgerrechten zur Zeit der Restauration feudaler Vorrechte. Die Flucht in den «reinen Osten» zu Patriarchen und Tyrannen konnte unter solchen Umständen sehr wohl ein schlechtes Bild machen:

«Nein, das sind keine Weingesänge, das sind keine Liebeslieder! [...] Das zahme Dienen trotzigen Herrschern hat sich Goethe unter allen Kostbarkeiten des orientalischen Bazars am begierigsten angeeignet. Alles andere *fand* er, dieses *suchte* er; Goethe ist der gereimte Knecht wie Hegel der ungereimte.»

Das schrieb Ludwig Börne am 27. Mai 1830, als er sich, in der vollständigen Ausgabe letzter Hand von 1827, mit Goethes *Divan* bekannt gemacht hatte. Er sah, voreingenommen, durch die Verse hindurch und über sie hinweg auf eine Persönlichkeit, der er, wie andere von Börnes Generation auch, die Unterwerfung unter die Hohen aus Eitelkeit und Sorge um die Unantastbarkeit des Künstlers anzusehen glaubte. [...]

In Heines *Romantischer Schule* (1835) hingegen klang es anders. Der *Divan* enthalte, so heißt es dort, die

«Denk- und Gefühlweise des Orients, in blühenden Liedern und kernigen Sprüchen; [...] es ist ein Selam, den der Okzident dem Oriente geschickt hat, und es sind gar närrische Blumen darunter: sinnlich rote Rosen, Hortensien wie weiße nackte Mädchenbusen, spaßhaftes Löwenmaul, Purpurdigitalis wie lange Menschenfinger, verdrehte Krokosnasen, und in der Mitte, lauschend verborgen, stille deutsche Veilchen. Dieser Selam aber bedeutet, daß der Okzident seines frierend mageren Spiritualismus überdrüssig geworden und an der gesunden Körperwelt des Orients sich wieder erlaben möchte.»

Heine hatte sich also eher die saint-simonistische Einheit von Sensualismus und Spiritualismus aus Goethes Buch herausgelesen. Denn Heine war Lyriker, und ein Anzeichen dafür, wie man mit der Übermacht romantischer Töne fertig werden konnte, ohne ihnen abzusagen, ließ sich in diesem Buch entdecken, das für Heines lyrisches Werk von fundamentaler Bedeutung wurde, obwohl er es nicht nachzuahmen versucht hat. Aber er war auch der Verfasser der *Reisebilder,* und die wechselseitige Ergänzung von Vers und Prosa konnte ihm gute Wege weisen. Daß sich hier Neues ereignete, spürte er deutlich.

Das große deutsche Lesepublikum jedoch kümmerte sich nicht um dieses Buch, und man kann es deswegen nicht einmal ohne weiteres des stumpfen Banausentums bezichtigen. Die Deutschen hatten andere Sorgen, als die erste Fassung des *West-östlichen Divan* zur Michaelismesse 1819 erschien. In denselben Tagen, am 21. September 1819, wurden Metternichs Karlsbader Beschlüsse gegen «demagogische» und revolutionäre Umtriebe gefaßt. [...] Und während Goethe weiter an seinem Gedichtbuch bis zur endgültigen Fassung von 1827 arbeitete, versammelten sich in Deutschland die Philhellenen, um gegen die Übermacht des Orients auf griechischem Boden zu protestieren.

Aber nicht nur auf solcher Unzeitgemäßheit des *Divan* beruhte die Gleichgültigkeit der meisten deutschen Leser. Auch das viele Fremde in den Versen selbst, die orientalische Kostümierung, die Bilder und Metaphern einer bisher unerschlossenen dichterischen Welt, die zahlreichen Anspielungen auf orientalische Mythen, Legenden und literarische Werke, auf islamische und parsische Theologie waren dazu angetan, die Zurückhaltung gegenüber diesen Gedichten zu fördern. [...] Die bedachtsame Altersweisheit der Sprüche wiederum erschien nicht ohne Sprödigkeit und schulmeisterliche Belehrung, und was schließlich die Liebesgedichte eines alten Mannes anging, so baute gerade die ironische Maske, die die Gedichte erst möglich machte, zugleich auch eine Barriere für deren unmittelbares Verständnis auf. [...]

Für Goethe wurde der *West-östliche Divan* zum idealen Gefäß, das seine Gedanken, Erfahrungen und Empfindungen auf dieser Lebensstufe, an der Neige eines reichen Lebens, in schöner Form faßte. Junge Kritiker durften mit seinem ins Positive gekehrten Relativismus unzufrieden sein angesichts dessen, was die Zeit bewegte. Für ihn selbst aber mußte es genügen, und er bekannte sich zu den Grenzen seiner Natur. Am 11. Mai 1820, rund acht Monate nach dem Erscheinen der ersten Fassung des *Divan,* schreibt er an Zelter:

«Indessen sammeln sich wieder neue Gedichte zum Divan. Diese mohammedanische Religion, Mythologie, Sitte geben

Raum einer Poesie wie sie meinen Jahren ziemt. Unbedingtes Ergeben in den unergründlichen Willen Gottes, heiterer Überblick des beweglichen, immer kreis- und spiralförmig wiederkehrenden Erdetreibens, Liebe, Neigung zwischen zwei Welten schwebend, alles Reale geläutert, sich symbolisch auflösend. Was will der Großpapa weiter?»

Johann Wolfgang von Goethe

Das Große im Kleinen

Ich sah mit Staunen und Vergnügen
Eine Pfauenfeder im Koran liegen:
Willkommen an dem heil'gen Platz,
Der Erdgebilde höchster Schatz!
An dir, wie an des Himmels Sternen,
Ist Gottes Größe im Kleinen zu lernen,
Daß er, der Welten überblickt,
Sein Auge hier hat aufgedrückt,
Und so den leichten Flaum geschmückt,
Daß Könige kaum unternahmen,
Die Pracht des Vogels nachzuahmen.
Bescheiden freue dich des Ruhms,
So bist du wert des Heiligtums.

Maxime Rodinson

Der Orientale als exotisches Wesen

Im 19. Jahrhundert manifestierten sich drei Tendenzen: die utilitaristische und imperialistische Haltung des Westens, die von der Verachtung für andere Kulturen geprägt war; der romantische Exotismus, beherrscht von der Verzauberung durch einen magischen Orient, der durch seine wachsende Armut noch an Charme gewann; die spezialisierte Gelehrsamkeit, die sich vor allem mit dem Studium vergangener Epochen befaßte. Trotz des äußeren Scheins ergänzten sich diese drei Tendenzen eher, als daß sie sich widersprachen.

Der romantische Exotismus entstand nicht aus einer Veränderung der Beziehungen zwischen West und Ost, wie behauptet wurde – übrigens war der orientalische Exotismus nur ein Einzelfall –, sondern aus einer inneren Entwicklung des westlichen Empfindungsvermögens. Er bestand nicht nur aus dem Gefallen an der Fremdartigkeit, sondern auch aus der Betonung des Besonderen, dessen, was am meisten aus dem Bild hervortrat, das man sich von der Fremde gemacht hatte. Die Fremde war immer schon das Merkwürdige gewesen, nun aber begeisterte man sich für das Allermerkwürdigste. Diese Neigung war eine Frucht der Aufklärung; man gefiel sich im Gefolge Rousseaus darin, die Empfindungen, das Individuelle, das Naturhafte, das Unverbildete zu verherrlichen. Die englische Vorromantik mit ihrer Vorliebe für die sogenannte primitive Dichtung hat hier ihre Wurzel, eine Sphäre, die wohl die Interessen von William Jones beeinflußte. Dasselbe gilt für den Sturm und Drang in Deutschland, den Herder (1744–1803) mitbestimmt hat. Er beschäftigte sich unter anderem mit orientalischer Literatur und wies in seinen Aufsätzen zur Universalgeschichte dem muslimischen Beitrag einen wichtigen Platz zu, waren doch die Araber «die Lehrer Europas» gewesen. [...]

Diese Tendenz trug sicher zum neuen Aufschwung der orientalistischen Studien bei, der die Züge einer echten Renaissance annahm und der umgekehrt der Romantik eine Fülle von Material lieferte. [...]

Selbstverständlich wurde die literarische und künstlerische Auseinandersetzung mit dem Orient von den Ereignissen angeregt, die den muslimischen Orient betrafen, insbesondere auch von der «orientalischen Frage», die eines der großen Probleme der europäischen Politik im 19. Jahrhundert war. Der romantische Exotismus erhielt seinen stärksten Impuls bezeichnenderweise zur Zeit des griechischen Freiheitskampfes, der Byron anzog (er starb 1824 in Griechenland) und der die erste orientalistische Malerei inspirierte – *Le Massacre de Scio* von Delacroix wurde 1824 ausgestellt. Der Orient der Romantiker, dessen Bild sich für lange Zeit im breiten Publikum hielt, war in diesem Gemälde und in den *Orientales* (Hugo schrieb das erste Gedicht dieser Sammlung 1825) bereits vollständig enthalten: ein Übermaß an Farbe, Pracht und barbarischer Wildheit, Harems und Serails, abgehackte Köpfe, Frauen, die in Säcken in den Bosporus geworfen werden, Feluken und Brigantinen, die die Flagge des Halbmonds führen, Rundungen azurner Kuppeln und weiß aufragende Minarette, Odalisken, Eunuchen und Wesire, kühle Quellen unter Palmen, Giaurs mit aufgeschlitzten Kehlen und gefangene Frauen, die den stürmischen Leidenschaften des Siegers preisgegeben sind. Diese farbenprächtigen Bilder befriedigten auf billige Weise die tiefen Instinkte, die verworrene Sinnlichkeit, den unbewußten Masochismus und Sadismus der ruhigen westlichen Bürger, wie es Heine schon erkannte. Selbst wenn die Abendländer in den Orient reisten, so suchten sie dort dieses Bild, wählten unbarmherzig das Spektakuläre aus und übergingen das, was nicht zur vorgefaßten Meinung paßte.

Dieses Bild, von der europäischen Sensibilität ihrer inneren Entwicklung gemäß gefärbt, stand auch für die Wirklichkeit einer Situation. Im 19. Jahrhundert war der muslimische Orient noch ein Feind, aber ein in absehbarer Zeit besiegter Feind. 1853 konnte Nikolaus I. Sir Hamilton Seymour gegenüber vom «kranken Mann, vom schwerkranken Mann» sprechen, den Europa «auf dem Hals» hatte, nämlich das Osmanische Reich. Aber schon lange vorher war an der europäischen Überlegenheit nicht mehr zu zweifeln gewesen. Seit dem 18. Jahrhundert war der Rückzug der Türken in die Balkanländer offenkundig und erreichte mit der Unabhängigkeit Griechenlands das Herzgebiet des Reichs. Mit der Einnahme Algiers durch die Franzosen im Jahr 1830 und mit der Etablierung der Engländer in Aden im Jahr 1839 setzte die Kolonialisierung ein, ganz zu schweigen vom fernen Indien und von Malaysia, wo die englische Herrschaft nun ebenso gefestigt schien wie jene der Holländer in Indonesien. Der Orient, ganz eindeutig der europäischen Überlegenheit ausgeliefert, auf längere Sicht vielleicht sogar der Europäisierung, rührte nun gerade durch seine Schwäche. Für seine Wildheit hatte man nicht einmal mehr Entrüstung übrig. Es ist leicht und angenehm, dem Feind, der kapituliert, die Ehren zu erweisen. Die Barbarei wurde zu einem Charakteristikum der Sitten, für das man sich gefahrlos begeistern konnte.

Die orientalischen Länder erschienen als die degenerierten Zeugen einer Vergangenheit, für die man schwärmen konnte, während die Politiker und die Geschäftsleute alles taten, um den Verfall noch zu beschleunigen. Der Gedanke, diese Länder wiederaufzurichten, sie zu modernisieren, weckte keine Begeisterung. Das hätte nur den Anstrich von Exotik gefährdet, der doch ihren Reiz ausmachte. [...]

Der Orientale, der im Mittelalter zwar ein furchtbarer Feind gewesen war, aber auf derselben Stufe gestanden hatte, der für das 18. Jahrhundert und die aus ihm hervorgegangene Ideologie der Französischen Revolution unter seiner Verkleidung vor allem ein Mensch gewesen war, wurde nun zu einem besonderen Wesen, eingemauert in seine Besonderheit, zu deren Lob man sich gerne herabließ. So entstand die Vorstellung vom *homo islamicus,* die auch heute noch weit davon entfernt ist, erschüttert zu werden.

Karl Lebrecht Immermann

Persische Mode

«Groß Merite ist es jetzo nach Saadi's Art zu girren;
Doch mir scheint's egal gepudelt, ob wir östlich,
westlich irren.
Sonsten sang beim Mondenscheine Nachtigall *seu*
Philomene;
Wenn jetzt Bülbül flötet, scheint es mir denn doch
dieselbe Kehle.

Von den Früchten, die sie aus dem Gartenhain von
Schiras stehlen,
Essen sie zu viel, die Armen, und vomieren dann
Ghaselen.»

Jacob Burckhardt

Gedanken über den Islam

Doch hatte die Cultur dabei das unaussprechliche Glück, daß Staat und Kirche nicht in ein erdrückendes Eins zusammenrannen und daß dann die Barbaren weltliche, zunächst meist arianische Reiche errichteten.

Dieß Zusammenrinnen geschah im Islam, welcher seine ganze Cultur wesentlich beherrscht, bedingt und färbt. Er hat nur einerlei unvermeidlich despotisches Staatswesen, nämlich die vom großen Khalifat auf alle Dynastien wie selbstverständlich übergangene weltlich-geistliche, gewissermaßen theocratische Machtvollkommenheit. Alle Macht stammt in dem Sinne von Gott wie bei den Juden. Der Islam mit seiner Trockenheit und trostlosen Einfachheit ist der Cultur wohl vorwiegend eher schädlich als nützlich gewesen und wäre es auch nur weil er die betreffenden Völker gänzlich unfähig macht, in eine andere Cultur einzumünden. Die Einfachheit erleichterte sehr seine Verbreitung, war aber mit höchster Einseitigkeit verbunden; diese bedingt vom starren Monotheismus. («Denn alle Kunst und Wissenschaft ist im Momente ihrer Production pantheistisch, nicht monotheistisch» – Lasaulx, p. 71)

Das Beste vielleicht, was vom Cultureinfluß des Islam sich sagen ließe, wäre: daß er die Thätigkeit als solche nicht proscibirt, die Beweglichkeit (durch Reisen) veranlaßt, und ganz wüste orientalische Gaukelmagie ausschließt.

Aber auch die trübste christliche Contemplation und Ascese war der Cultur nicht so schädlich als der Islam, sobald man Folgendes erwägt:

Abgesehen von der allgemeinen Rechtlosigkeit vor dem Despotismus und seiner Polizei, von der Ehrlosigkeit Aller derer, die mit der Macht zusammenhängen (Prevost-Paradol, France nouvelle, p. 358):

Entwicklung eines diabolischen Hochmuths gegenüber vom nichtislamitischen Einwohner und gegenüber andern Völkern bei periodischer Erneuerung des Glaubenskrieges.

Die einzigen Ideale des Lebens sind die beiden Pole: der Fürst und der cynisch-ascetische Derwisch-Sufi.

In der Bildung: das Vordrängen der Sprache und Grammatik über den Inhalt; die sophistische Philosophie; (nur ihre häretische Seite frei und bedeutend); dann, im Verhältniß zu einer ganz ungehemmten Empirie, doch nur mangelhafte Pflege der Naturkunde und erbärmliche Geschichtswissenschaft (weil alles außer dem Islam gleichgültig und alles innerhalb des Islam Partei- oder Sectensache ist).

In der Poesie: Haß des Epischen, weil die Seele der Einzelvölker drin fortleben könnte; Firdusi ist nur per Contrebande da. Dazu noch die Tendenz, das Erzählende nur als Hülle eines allgemeinen Gedankens werth zu achten, als Parabel.

Der Rest flüchtete sich in das figurenreiche, aber gestaltenlose Mährchen.

Ferner: kein Drama; der Fatalismus macht die Herleitung des Schicksals aus Kreuzung der Leidenschaften und Berechtigungen unmöglich, – ja vielleicht hindert schon der Despotismus an sich die poetische Objectivirung von irgend Etwas.

Keine Comödie, schon weil es keine gemischte Geselligkeit giebt und weil Witz, Spott, Parabel, Gaukler etc. die ganze betreffende Stimmung vorwegnahmen.

In der bildenden Kunst nur die Architectur ausgebildet, zuerst durch persische Baumeister, dann mit Benützung der byzantinischen und überhaupt jedes vorgefundenen Styles und Materials.

Sculptur und Malerei existiren so gut wie gar nicht, weil man die Vorschrift des Koran nicht nur innehielt, sondern weit über den Wortlaut übertrieb.

Daneben freilich das täuschende Bild von blühenden, volkreichen, gewerblichen islamischen Städten und Ländern wie

z. B. besonders Spanien unter und nach den Ommayaden, mit Dichterfürsten, edelgesinnten Großen etc.

Über jene Schranken hinaus, zur *Totalität des Geistigen* drang man auch hier nicht durch, und Unfähigkeit zur Wandelung, zur Einmündung in eine andere, höhere Cultur war auch hier das Ende.

10. Der Einbruch der Moderne

Alexander Schölch

In der Euphorie des Fortschritts

Die sozio-ökonomische Transformation Ägyptens unter Muḥammad ʿAlī und die osmanischen Reformen während der ersten *tanẓīmāt*-Periode, dann aber vor allem die forcierte europäische Penetration und ihre Auswirkungen auf die Gesellschaften des Vorderen Orients seit der Jahrhundertmitte forderten auch zur intellektuellen Auseinandersetzung mit diesen Wandlungsprozessen heraus. Natürlich gab es viele Intellektuelle und ʿUlamāʾ (wahrscheinlich war es sogar die überwiegende Mehrheit der religiösen Gelehrten), die sich dem Einbruch Europas und den institutionellen Veränderungen im Verwaltungs-, Rechts- und Erziehungssystem kategorisch widersetzten bzw. die sich den neuen Vorstellungen in passivem Widerstand verschlossen. Doch sie konnten den Wandel nicht aufhalten. Die Entwicklung ging über sie hinweg. Ins Rampenlicht traten vor allem jene ʿUlamāʾ und anderen Intellektuellen, welche Antworten auf die akuten Probleme ihrer Zeit suchten, nicht jene, die dem Wunschbild einer intakten, unveränderlichen islamischen Ordnung nachhingen.

Das Hauptproblem derer, die sich der Realität des neunzehnten Jahrhunderts stellten, war das der Selbstbehauptung gegenüber dem expandierenden Europa. In diesem Kontext stellte sich einerseits die Frage, welche technischen Errungenschaften und wissenschaftlichen Erkenntnisse, welche Ideen und welche Institutionen von Europa unter dem Aspekt der Selbstbehauptung übernommen werden konnten, ja mußten, andererseits das Problem, in welcher Form «der Rückhalt im Eigenen» möglich war, wie die islamischen Normen auch zur Basis der politisch-gesellschaftlichen Erneuerung und Stärkung gemacht werden konnten. Die ʿUlamāʾ hatten die konkrete Frage zu beantworten, wie weit die Reformen und die Orientierung an europäischen Vorbildern gehen durften, ohne daß die Scharia als Grundlage des Gemeinwesens in Frage gestellt wurde.

Hourani stellt als Repräsentanten der «ersten Generation» der Analytiker und intellektuellen Protagonisten des Wandels den tunesischen Staatsmann Ḫayr ad-dīn (1810–1889), den ägyptischen *ʿālim* Rifāʿa aṭ-Ṭahṭāwī (1801–1873) und den libanesischen Christen Buṭrus al-Bustānī (1819–1883) vor. Ṭahṭāwī, der von 1826 bis 1831 Imam der ersten großen ägyptischen Studienmission in Paris gewesen war, schrieb sein Hauptwerk über den Weg, den Ägypten seiner Meinung nach einschlagen mußte, als er im Dienste des Vizekönigs Ismāʿīl (1863–1879) stand. Vor dem konkreten Hintergrund der ägyptischen Entwicklung führte er Grundgedanken in die soziopolitische Reflexion ein, die für Jahrzehnte bestimmend bleiben sollten bzw. die von anderen weiterentwickelt wurden: die Vorstellung vom Wandel als einem Grundprinzip des sozialen Lebens und vom Herrscher als dem Initiator des Wandels; die Notwendigkeit der Beratung des Herrschers, und zwar nicht durch die ʿUlamāʾ, sondern auch durch die Repräsentanten der neuen Wissenschaften (Ingenieure, Ärzte, Agrarexperten etc.); die Notwendigkeit und Möglichkeit, die Scharia im Lichte der Erfordernisse der Zeit neu zu interpretieren; das politische Ziel des Allgemeinwohls, das durch wirtschaftlichen Fortschritt erreicht werden konnte, vor allem im Bereich der Landwirtschaft; das Erfordernis einer guten Erziehung und Ausbildung; die Bedeutung der Liebe zum Vaterland *(waṭan)*, womit bei Ṭahṭāwī der spezifisch ägyptische Patriotismus gemeint war. Zur Förderung ihres materiellen Wohlstands müßten sich die Ägypter die modernen wissenschaftlichen Erkenntnisse aneignen; die Europäer, die sie vermittelten, seien daher im Lande willkommen. Die religiösen Grundlagen des Gemeinwesens würden dadurch nicht tangiert. In vielen Bereichen hätten die Europäer einst wissenschaftliche Erkenntnisse von den Arabern übernommen; bis zu einem gewissen Grade holten diese jetzt ihr eigenes Erbe zurück.

Bei seiner Verarbeitung und auch Legitimierung des Transformationsprozesses, den Ägypten durchlief, brauchte Ṭahṭāwī als *ʿālim* von keinen Skrupeln geplagt zu sein, weil Muḥammad ʿAlī und Ismāʿīl es vermieden, auch da, wo sie rabiate Neuerer waren, die Prinzipien der Scharia *expressis verbis* anzutasten.

Sie ergriffen praktische Maßnahmen, ohne die Veränderungen in feierlichen Proklamationen zu begründen und zu rechtfertigen, wie dies die *tanẓīmāt*-Politiker in Konstantinopel taten. Vor allem die osmanischen Reformedikte von 1839 und 1856 entstanden eben auch unter europäischem Druck bzw. richteten sich an die europäischen Regierungen. [...]

Die intellektuelle Verarbeitung des Fortschritts im Vorderen Orient mußte schon bald auf zwei Entwicklungen reagieren: Auf der einen Seite gebärdete sich dieses Europa, von dem man zu lernen bereit war, seit der Mitte der siebziger Jahre zunehmend aggressiver, ja es wurde zu einer akuten militärischen Bedrohung. Zum anderen brachte die Politik des Fortschritts und der Europäisierung dualistische Strukturen hervor. Ein Teil der Gesellschaften des Vorderen Orients wurde ganz oder partiell von ihr erfaßt, ein Teil blieb von ihr weitgehend unberührt. In den «modernen» Bereichen von Verwaltung und Wirtschaft, Rechtswesen und Erziehung schien die Scharia keine Bedeutung mehr zu haben. Islamische Normen schienen untauglich oder überflüssig zu sein für diejenigen, die vom Wert der universellen Errungenschaften des neunzehnten Jahrhunderts überzeugt waren. Die wirkungsmächtigsten Denker, welche diese Probleme erkannten und eine Antwort darauf suchten, waren Afġānī und ʿAbduh.

Hier ist nicht der Platz, das bewegte Leben und die rastlosen politischen Aktivitäten von Ǧamāl ad-dīn «al-Afġānī» (der Afghane) (1839–1897) zu schildern, der in Wahrheit persisch-schiitischer Herkunft war. Es soll lediglich die Bedeutung der Phase herausgestrichen werden, während derer er in Ägypten wirkte (1871–1879), weil er in Kairo einen Kreis von Schülern um sich sammelte, deren einflußreichster wiederum Muḥammad ʿAbduh wurde. Angesichts der Gefahren der europäischen Expansion propagierte Ǧamāl ad-dīn die Notwendigkeit der Einheit der Muslime, einen revolutionären Panislamismus. Die notwendige Stärke würde dem Orient aus der Praktizierung eines richtig verstandenen Islam erwachsen. Der richtig verstandene Islam, und dies war Afġānīs zweite wichtige Lehre, sei durchaus mit der Übernahme europäischer Errungenschaften in Übereinstimmung zu bringen; als Verstandesreligion *par excellence* sei der Islam voll vereinbar mit den wissenschaftlichen Erkenntnissen der Zeit.

Diesen Gedanken der Rationalität des Islam führte der ägyptische *ʿālim* Muḥammad ʿAbduh (1849–1905) weiter. Er baute den gebildeten Muslimen die intellektuelle Brücke, welche die scheinbare Kluft zwischen dem technisch-wissenschaftlichen Fortschritt und der traditionellen religiös-kulturellen Welt des Islam überwand. ʿAbduh fragte nicht mehr, wie Hourani treffend formuliert, ob der fromme Muslim mit den Institutionen und Ideen der modernen Welt leben könne; sie waren da, sie waren unwiderrufliche Tatsachen geworden. Vielmehr fragte ʿAbduh, ob jemand, der in dieser Welt lebte, noch ein frommer Muslim sein könne. Seine Antwort war ein emphatisches Ja. Da der Islam eine rationale Religion sei, könne er auch die moralische Basis einer fortschrittlichen Gesellschaft bilden.

Rifāʿa al-Ṭahṭāwī

Die Überlegenheit der Franken

So läßt sich denn, je weiter man in der Zeit zurückgeht, ein Rückstand der Menschen in menschlichen Fertigkeiten und zivilisatorischem Wissensstand konstatieren und, je weiter man die Zeit nach vorne verfolgt, zumeist ein Aufstieg und Fortschritt der Menschen in diesen Dingen. Und an Hand dieses Aufstieges und durch Messung seiner Stufen und unter Anrechnung der Ferne vom oder der Nähe zum Urzustand läßt sich die gesamte Menschheit in mehrere Kategorien einteilen: Die erste Kategorie ist die der schweifenden Wilden, die zweite die der rauhen Barbaren, die dritte die der Gebildeten, der Verfeinerten, der Kultivierten, der Zivilisierten und Urbanisierten verschiedener Art und Richtung. [...]

Zur dritten Kategorie gehören Ägypten, Syrien, der Jemen, das Osmanische Reich, Persien, die Länder der Franken,

Nordwest-Afrika, Sennar, der größte Teil Amerikas und viele der Inseln im (Pazifischen) Ozean. Alle diese Völker führen ein zivilisiertes Leben und verfügen über politische Systeme, Wissenschaften und Industrien, Rechts- und Handelswesen; sie sind kundig in der Handhabung von Maschinen und wissen, wie man schwere Lasten auf leichteste Weise transportiert, und sie sind mit Seefahrt und dergleichen vertraut.

In dieser dritten Kategorie gibt es freilich Unterschiede hinsichtlich des Standes ihrer Wissenschaften und Künste, des Niveaus ihres Wohlstandes, der Befolgung eines bestimmten Rechtssystems, des Fortschrittsgrades ihres Gewerbefleißes. Die Länder der Franken, zum Beispiel, haben die höchste Stufe der Meisterschaft in den mathematischen, physischen und metaphysischen Disziplinen – in der Theorie wie in der Anwendung – erreicht. [...]

Zur Zeit der Kalifen waren wir das vollkommenste aller Länder. Der Grund dafür ist darin zu suchen, daß die Kalifen Gelehrte, Künstler und andere Personen zu fördern pflegten, wobei einige von ihnen sich sogar selbst mit Wissenschaften und Künsten beschäftigten. Siehe etwa al-Ma'mūn, Hārūn al-Rašīds Sohn: Er unterstützte nicht nur die Kalendermacher während seiner Regierungszeit, sondern beschäftigte sich darüber hinaus selbst mit der Astronomie; war es doch er, der unter anderem die Inklination des Tierkreises zum Äquator bestimmte und die experimentelle Feststellung machte, daß sie 23 Grad 35 Minuten beträgt. Desgleichen der Abbaside Ja'far al-Mutawakkil, welcher Iṣṭifān zur Übersetzung griechischer Werke anregte, wie etwa Dioscorides' Buch über die Arzneimittel. Auch ersuchte der Herrscher von Andalusien, 'Abd al-Raḥmān al-Nāṣir, den Herrscher von Konstantinopel namens Armanius, ihm einen Griechisch und Latein sprechenden Mann zu senden, auf daß er ihm Sklaven als Übersetzer ausbilde, worauf ihm der römische Kaiser einen Mönch namens Nikolas schickte. Und dergleichen mehr.

Aus all dem ersieht man, daß sich die Wissenschaften in einem Zeitalter nur dann entfalten, wenn der Herrscher seinen Untertanen Förderung angedeihen läßt. Heißt es doch in den Weisheitssprüchen: Die Menschen folgen dem Brauche ihrer

Fürsten. Die Macht der Kalifen zerbröckelte, und ihre Herrschaft brach zusammen – siehe Andalusien, das nunmehr seit etwa dreihundertfünfzig Jahren im Besitz der spanischen Christen ist –, während die Macht der Franken in diesem Zeitraum dank ihres Geschicks, ihrer Gabe der Organisation, ja dank ihrer Gerechtigkeit, ihrer Kenntnis der Kriegskunst und ihrer Vielseitigkeit und Erfindungsgabe erstarkt ist. Und wären die Muslime nicht von Gottes Allmacht unterstützt, sie wären ein Nichts im Verhältnis zur Macht, dem Besitz, dem Reichtum, dem brillanten Können usw. der Europäer.

Friedemann Büttner/Inge Klostermeier

Ägyptens erste Schuldenkrise

Ausländer waren Mohammed Ali immer willkommen gewesen, solange sie nur dem Land nützlich sein konnten: französische Offiziere, italienische Ingenieure, griechische Kaufleute. Mit Konzessionen und Privilegien ausgestattet, oft auch mit Grundbesitz entlohnt, waren Europäer und Levantiner schon zu einer Wirtschaftselite geworden, ehe die Briten nach 1840 die Öffnung des ägyptischen Marktes erzwangen.

Unter Mohammed Alis Nachfolgern kontrollierten Ausländer in den kommenden Jahrzehnten in wachsendem Maße Transport, Verarbeitung und Vermarktung der Baumwolle und den übrigen innerägyptischen Handel. Gestützt auf die sog. «Kapitulationen», in denen das Osmanische Reich Bürgern europäischer Staaten immer weitergehende Vorrechte hatte einräumen müssen, konnten Ausländer in der Wirtschaft praktisch tun und lassen, was ihnen beliebte. Von Zoll- und Steuerpräferenzen abgesehen, genossen sie im Schutz ihrer Konsulate sogar Exterritorialität und eine eigene Gerichtsbarkeit. Viele Ausländer nutzten ihre privilegierte wirtschaftliche und rechtliche Position, um das Land auszuplündern. Mißtrauen gegenüber Ausländern, wie es Mohammed Alis Nachfolger Abbas I.

nachgesagt wurde, war darum nicht unberechtigt. Der eigentliche «Ausverkauf» Ägyptens begann jedoch erst unter Abbas' Nachfolger Mohammed Said, dessen Einfältigkeit der französische Konsul Ferdinand de Lesseps zum größten Geschäft ausnützte, das je zum Nachteil Ägyptens abgeschlossen wurde:

Als derjenige, der de Lesseps bzw. dessen Suezkanal-Gesellschaft die Konzession für den Bau des Suezkanals erteilte, durfte Said auch Hauptaktionär werden und sich heftig verschulden. Damit das Projekt wirklich zustande kam, mußte Said sich zudem verpflichten, alle Aktien aufzukaufen, die sich in Frankreich nicht verkaufen ließen – den teuren ausländischen Kredit dazu besorgte ihm de Lesseps. Und während die europäischen Aktionäre zunächst vor allem ihre Gewinnerwartungen in das Geschäft einbrachten, mußte Said als seinen Beitrag den Kanal erst einmal graben lassen. Da die Suezkanal-Gesellschaft für den späteren Betrieb und nicht für den Bau zuständig war, stellte sie für die ägyptischen Arbeiter nicht einmal Werkzeug bereit, geschweige denn Verpflegung, Unterkunft oder medizinische Versorgung. Unter unsäglichen Mühen, zum Teil mit bloßen Händen, haben vor allem Bauern, die ohne Rücksicht auf ihre Feldarbeiten «dienstverpflichtet» worden waren, den Kanal zwischen Rotem Meer und Mittelmeer gegraben. Etwa 100000 Ägypter sollen dabei ums Leben gekommen sein. Und von den Gewinnen, die mit ihrem Werk erzielt wurden, konnte Ägypten dann nicht einmal profitieren – denn nicht lange nachdem 1869 der Kanal als großes internationales Ereignis mit viel Pomp eröffnet worden war, mußte Saids Nachfolger Ismail den ägyptischen Anteil an den Kanal-Aktien an England verkaufen, um Schulden abzahlen zu können. [...]

Vom Wunsch beseelt, Ägypten zu einem Teil Europas zu machen, ließ sich Ismail zudem von geschäftstüchtigen Beratern zu einer Vielzahl von Projekten anstiften, die ihn diesem Ziel näherzubringen schienen: In Kairo und Alexandria entstanden Stadtviertel nach europäischen Vorbildern, in Kairo sogar eine Oper. Die meisten dieser Projekte waren teuer, aber kaum kurzfristig profitabel, und auch die Infrastrukturinvestionen zahlten sich nur sehr langsam, vielfach erst nach seiner

Regierungszeit aus. Nach dem Preiseinbruch auf den Baumwollmärkten am Ende des amerikanischen Bürgerkriegs blieb Ismail darum wenig anderes übrig, als die Landwirtschaft in Oberägypten auf Zuckerrohr umzustellen, vor allem aber seine Projekte mehr noch als schon zuvor über Kredite zu finanzieren.

Die Kreditkonditionen, die die europäischen Geldgeber Said und Ismail einräumten, sind typisch dafür, wie europäische Banken und Handelshäuser im 19. Jh. durch ungleiche Verträge politisch geschwächte Staaten bzw. deren Potentaten immer tiefer in die wirtschaftliche Abhängigkeit trieben. Zwar lagen die nominalen Zinsen bei durchaus branchenüblichen Sätzen, hinzu kamen jedoch so hohe Gebühren, Provisionen und Abschläge, daß am Ende in der Regel nicht einmal 70 % der Kreditsumme ausgezahlt wurden.

Neben Krediten, mit denen die Investitionen, aber auch nachgeschobene Forderungen der Suezkanal-Gesellschaft oder die luxuriöse Hofhaltung Ismails bezahlt wurden, mußten in immer kürzeren Abständen Kredite zur Finanzierung der Schulden aufgenommen werden. Bereits unter Said war ein Großteil der Staatseinnahmen auf Jahre hinaus verpfändet. Als die phantastisch angewachsenen Schulden Ismail schließlich über den Kopf zu wachsen drohten, wandte er sich hilfesuchend an die Hauptgläubigerländer, die ihm eine Schuldenverwaltung unter britisch-französischer «Doppel-Kontrolle» aufnötigten. Als sich Ismail gegen deren drastische Maßnahmen zur Finanzierung des Schuldendienstes sträubte, wurde er zur Abdankung gezwungen. Sein Nachfolger Mohammed Taufik mußte dann 1880 einem Gesetz zustimmen, das auf Dauer die Hälfte der ägyptischen Staatseinnahmen für den Schuldendienst reservierte.

Nicht zuletzt Folgen dieses Gesetzes erhöhten die Unzufriedenheit in der Armee, in der Bürokratie und unter den ländlichen Notabeln und verstärkten die Agitation in der konstitutionellen Bewegung, die nach stärkerer politischer Beteiligung strebte. Als dies in einer Armeerevolte mit breiter öffentlicher Resonanz, dem sog. «Orabi-Aufstand», gipfelte, lieferte ein Hilferuf Taufiks Großbritannien 1882 den willkommenen

Vorwand, zum Schutz der Gläubigerinteressen «vorübergehend» Ägypten zu besetzen – und es für über 70 Jahre nicht mehr zu verlassen.

Peter von Sivers

Überlebensstrategien des tunesischen Handwerks

Die Errichtung eines Protektorats bedeutete, daß Frankreich der bestehenden tunesischen Verwaltung «Berater» zur Seite stellte, vorneweg einen dem Bey beigeordneten, «Residenzminister» genannten Kommissar. Diese Berater hatten zur Aufgabe, den Kapitalisten und der Produktion Frankreichs ein unterbevölkertes, technisch und wirtschaftlich rückschrittliches Land exklusiv zu sichern, dessen Ressourcen nicht gewinnbringend genutzt wurden – so erklärte es Ministerpräsident Jules Ferry 1885 ganz unumwunden vor der Pariser Nationalversammlung. Mit anderen Worten: Welche französischen Firmen auch immer in Tunesien investieren wollten, dort würden sie ein sicheres und stabiles Betätigungsfeld finden. [...]

Ähnlich wie in den intensiven Anbaugebieten um Tunis und Sfax änderte sich auch in der Hauptstadt zunächst wenig. Die traditionellen Handwerke existierten weiter, wobei betont werden muß, daß hier (ebenso wie im oben erwähnten Fes) ein schon lang etabliertes Gleichgewicht zwischen importierten und lokal produzierten Gegenständen existierte. Dieses besonders für Textilien typische und auf das achtzehnte Jahrhundert zurückgehende Gleichgewicht bedeutete, daß Massenware aus Europa kam und Qualitätsstoffe im Lande hergestellt wurden. Die Industrie der Filzmützen *(šāšiyyas)* ist ein gutes Beispiel. Sie existierte in Tunis schon vor der Vertreibung der Morisken und wurde möglicherweise von früheren Rückwanderern aus Iberien errichtet. In der Mitte des neunzehnten Jahrhunderts erlebte sie einen Aufschwung, als die osmanische Armee vom Turban auf die sogenannte *šāšiyyas stambūlī*, im Westen unter dem Namen «Fez» bekannt, umgerüstet wurde, und blieb bis zum Ersten Weltkrieg das führende Handwerk der Stadt.

An dieser Zunft ist interessant, daß sie geschickt die Marktstrategie der Exklusivität wählte, um zu überleben, sich dabei aber so spezialisierte, daß ihr eine Rückkehr zum Massenmarkt nicht mehr gelang. Filzmützen wurden in einer Abfolge langwieriger Arbeitsgänge hergestellt. Frauen strickten sie zunächst zu Hause. Eine wasserbetriebene Walkerei außerhalb von Tunis verdichtete sodann die Textur. Färbung (im Falle roter Mützen), Formung und Bestickung in Tunis schlossen sich an, bevor die fertigen Mützen verkauft wurden. Bis in die siebziger Jahre des neunzehnten Jahrhunderts war die seit zirka 1750 existierende Marseiller Konkurrenz relativ unbedeutend gewesen. Aber ähnlich wie die in der zweiten Hälfte des neunzehnten Jahrhunderts in den Markt eintretende österreichische Konkurrenz verlegte sich Marseille auf billige Ware, um den Massenmarkt zu erschließen. Tunis setzte auf Qualitätsware und erreichte 1880, daß europäische und tunesische Mützen deutlich voneinander getrennt ausgelegt und ausgezeichnet werden mußten. Im Jahr 1902 verkaufte das Ausland knapp 60000 Einheiten im Wert von 54000 Franken in Tunesien, während Tunis knapp 100000 Einheiten für 170000 Franken verkaufte. Die Zahlen von 1906/07 sind noch deutlicher: 80000 importierte Mützen kosteten 96000, 63000 lokale 337000 Franken. Sinkende Produktionszahlen erbrachten steigende Gewinne.

Aber nach dem Ersten Weltkrieg manövrierte sich das Filzmützenhandwerk in eine Sackgasse. In der dem Osmanischen Reich nachfolgenden Türkei ersetzte Kemal Atatürk den Fez durch gewöhnliche westliche Kopfbedeckungen. Statt seine eingefahrenen Produktionsweisen auf Filzhüte variabler Kreation umzustellen, machte die Zunft lieber ihre Mützen zum Symbol des beginnenden tunesischen Nationalismus. Die Mütze wurde als das Zeichen der Forderung nach nationaler Unabhängigkeit angepriesen, aber bezahlen konnten sie nur wenige. Ebenso wie die einheimische Landwirtschaft, so war auch das Handwerk Tunesiens um den Ersten Weltkrieg herum in einer ernsten Krise angelangt.

Ḥālī

Die Schwäche der indischen Muslime

Kein Ansehen bei den Völkern, kein Gewicht in den Sitzungen,
kein Vertrauen untereinander, kein Zusammenhalt gegenüber Fremden,
Schlaffheit in den Temperamenten, Dünkel in den Hirnen,
Niedrigkeit in der Phantasie, Abscheu vor den Tugenden,
Feindschaft verhüllt, Freundschaft zur Schau getragen,
berechnende Demut, berechnende Schmeichelei.

Wir sind weder vertrauenswürdige Regierungsbeamte
noch stolz gegenüber Hofleuten,
weder verdienen wir Achtung in den Wissenschaften,
noch sind wir in Handwerk und Industrie ausgezeichnet.
(Selbst) dem Dienertum haben wir keinen Rang gelassen.
Unser Handel erzielt keinen Profit.

Kerrin Gräfin von Schwerin

Islamische Reformhochschulen in Indien

Zwei Bildungsinstitutionen wurden zum Sammelpunkt indischer Muslims. In dem kleinen Ort Deoband nördlich von Delhi wurde 1865 eine traditionelle Madrasa mit dem vollen theologischen Ausbildungsgang des 'Alim (Gelehrten) gegründet. Ein Jahrzehnt später entstand das Mohammedan Anglo-Oriental College in Aligarh südöstlich der Hauptstadt. Beide haben einen geschlossenen Campus mit Studentenwohnheimen, Instituten, Bibliotheken im islamischen Baustil. Deoband besitzt einen internationalen Einzugsbereich. Sogar aus Saudi-Arabien kommen seine Schüler, da in Deoband eine fundamentalistische Reformbewegung betrieben wurde, die dem arabischen Wahhabismus nahestand. Aligarh war und ist die Bildungsanstalt für das aufstrebende muslimische Bürgertum; aber auch Hindus sind hier immatrikuliert.

Reform und Innovation waren im Islam seit dem 10. Jahrhundert nicht mehr vorgesehen. Die Quellen der islamischen Theologie und des Rechtes waren hinlänglich von Schriftgelehrten kommentiert und interpretiert, ein Konsens erreicht worden, die Meinungsbildung galt als abgeschlossen. Im Zusammenhang mit dem Niedergang der Muslim-Herrschaft in Indien hatte sich im 18. Jahrhundert unter den Gelehrten ein Unbehagen mit dem unbeweglichen, unkreativen System islamischen Rechts breitgemacht. Shah Waliullah von Delhi war es, der erklärte, ein jeder Gelehrter habe das Recht und die Pflicht, sich neuerlich mit den Quellen des Islam zu beschäftigen und nach weiser Berücksichtigung anderer Kommentare zu einem eigenen Standpunkt zu gelangen. Wenn diese Forderung auch gewiß keine sehr weitreichende Wirkung hatte, so war sie doch der Ansatz einer islamischen Reformation. Auch Shah Waliullah wollte den Quran allen des Lesens und Schreibens Kundigen zugänglich machen und übersetzte ihn ins Persische, die damalige Kultursprache Indiens.

Shah Waliullahs Wirken bildete die Grundlage für die Reformarbeit der Madrasa in Deoband und des College in Aligarh, deren Methoden und Ergebnisse allerdings sonst weit auseinander gingen. Beiden Schulen gemeinsam war auch das Bemühen, den indischen Islam von unislamischen Bräuchen, die dem schlechten Einfluß des Hinduismus zugeschrieben wurden, wie etwa die Heiligenverehrung, zu befreien.

Im Unterschied zu Deoband, deren Gründer während des Aufstandes gemeinsame Sache mit den Rebellen gemacht hatten, stand der Gründer von Aligarh auf seiten der Briten und suchte diese immer wieder von der Loyalität der indischen Muslims zu überzeugen. Er war von den Leistungen der westlichen Zivilisation tief beeindruckt. Er richtete ein Übersetzungsbüro ein und ließ englische Werke ins Urdu übersetzen. Er selbst lernte nicht Englisch. Seine Theologie folgte im großen und ganzen den Argumenten Shah Waliullahs. Kontroverser war seine Feststellung, daß europäische Wissenschaft, insbesondere Naturwissenschaft, keine Gefahr für den Islam darstelle, sondern sogar mit ihm in Einklang sei: Wort und Werk Gottes seien identisch. Seine Gegner nannten ihn und seine Anhänger darum «Netschari», d.h. Naturalisten. Übernatürliches wurde mit Logik und Ratio erklärt. Sayyid Ahmads Bestreben war, der zivilisierten Welt zu zeigen, daß die Muslims zu ihr gehörten. Politische Aktivitäten lehnte er mit dem Hinweis ab, die Muslims seien noch nicht bereit.

11. Krisen der Gegenwart

Heinz Halm

«Der Islam ist die Lösung!»

Die islamische Revolution in Iran 1979, die zur Errichtung einer Islamischen Republik führte, hat einer überraschten Weltöffentlichkeit das Phänomen des modernen politischen Islam vor Augen geführt. In den Jahrzehnten nach dem Zweiten Weltkrieg hatten die im Nahen Osten vorherrschenden politischen Ideologien – der panarabische Nationalismus, Nassers Arabischer Sozialismus oder die altiranische Großkönigsideologie des letzten Schah – die Existenz des politischen Islam fast völlig verdeckt. Islamische Ideologien wie die der 1928 in Ägypten gegründeten Muslim-Bruderschaft *(al-iḫwān al-muslimūn)* des Ḥasan al-Bannā oder die der «islamischen Gemeinschaft» *(ǧamāʿat-i islāmī)* des Indo-Pakistaners Abū l-Aʿlā Maudūdī (Mawdoodi, 1903–1979) blieben der westlichen Öffentlichkeit weitgehend unbekannt; in den nahöstlichen Krisen und Konflikten (Suezkrise, Palästina-Konflikt, Ölkrise) spielte der Islam keine Rolle.

Die politischen Ideologien auf islamischer Basis, allesamt Erscheinungen des 20. Jahrhunderts, lassen sich unter dem Begriff *Islamismus* fassen; die moderne Ideologie wird damit gegen die vielfältigen Formen des traditionellen Islam abgesetzt. (Das gängige Schlagwort *Fundamentalismus* ist dagegen ungenau und trifft den Sachverhalt häufig nicht.) Ihre Wurzeln sind vielfältig: Zersetzung der traditionellen gesellschaftlichen Strukturen durch die Kolonialherrschaft, Enttäuschung über das politische und ökonomische Versagen der nachkolonialen Regime (Algerien), antiwestliche und antimodernistische Ressentiments. Der Islamismus ist ein Krisensymptom, eine Reaktion auf konfliktträchtige, krisenhafte Entwicklungen in den nahöstlichen Ländern; in der europäischen Diaspora auch eine Reaktion auf Unterprivilegierung und eine Schutzmaßnahme gegen die als übermächtig und bedrohlich empfundene fremde Umgebung. Allen frühen islamistischen Bewegungen war die antikolonialistische Stoßrichtung gemeinsam; sie richteten sich gegen den britischen (später amerikanischen) und französischen Einfluß, den man als die die eigenen Werte und Normen zersetzende Gefahr verteufelte. Dabei galten der Kapitalismus des Westens und der atheistische Sozialismus des Ostblocks als zwei Seiten derselben Medaille; eine Erneuerung des Islam empfahl sich daher als «dritter Weg» zur Lösung aller Probleme; Schlagworte wie «Der einzige Weg ist der Islam» oder «Der Islam ist die Lösung» fassen diese Hoffnung bündig zusammen; als wichtigster Schritt auf diesem Wege, ja als notwendige Voraussetzung erscheint den Ideologen die Wiedereinführung der *šarīʿa* ohne jede Einschränkung, wobei allerdings über deren Form ganz unterschiedliche Vorstellungen herrschen können.

Bei der Hoffnung auf Erneuerung spielt die Erinnerung an die historische Größe und den Glanz des Kalifenreiches eine wichtige Rolle: Als der Islam noch ungebrochen herrschte und die Muslime nur ihren eigenen Normen verpflichtet waren, da waren sie stark und groß und marschierten an der Spitze der Wissenschaft und des Fortschritts; erst ihre Uneinigkeit und die verderbliche Orientierung an fremden Werten und Normen hat ihre Schwäche und Rückständigkeit verursacht. Der ägyptische Muslimbruder Sayyid Quṭb (1966 in Kairo hingerichtet) verstieg sich zu der Behauptung, nach der Ära des Propheten und seiner vier ersten Nachfolger sei die islamische Welt erneut ins Heidentum der «Unwissenheit» *(ǧāhiliyya)* der vorislamischen Zeit zurückgefallen; damit wird die gesamte islamische Geschichte von fast vierzehn Jahrhunderten negiert.

Allerdings sind die islamistischen Bewegungen keineswegs nur auf eine verklärte Vergangenheit fixiert; daß sie ins Mittelalter zurückwollten, wie ein verbreitetes Vorurteil lautet, ist nicht zutreffend. Sie verstehen sich nicht nur selbst als Avantgarde der Moderne, ihre Ideologien enthalten auch objektiv eine ganze Reihe von modernistischen Zügen, die sich mit traditionellen, vor allem auf dem gesellschaftlichen Sektor oft auch reaktionären Vorstellungen in einer merkwürdigen Synthese mischen. So haben die islamistischen Ideologen, die häufig aus technischen Berufen kommen, keineswegs immer die Zustimmung der traditionellen *'ulamā'*, deren Autorität und Deutungsmonopol für den wahren Islam durch das Auftreten Unberufener in Gefahr gerät. In Iran ist Khomeinis revolutionär-islamische Ideologie von den meisten Groß-Āyatollāhs nicht akzeptiert worden; in Ägypten sind die höchsten Autoritäten der Azhar-Universität, an ihrer Spitze der *Šaiḫ al-Azhar*, durchaus nicht immer auf der Linie der Muslimbrüder.

Auch untereinander sind die verschiedenen Strömungen und Organisationen nicht einig. Das iranische Revolutionsregime, das dem Westen lange Zeit als der Inbegriff des islamischen «Fundamentalismus» galt, steht der Herrschaft der afghanischen Ṭālibān in Todfeindschaft gegenüber; deren «Steinzeitislam» wird von der iranischen Presse als unislamische Neuerung und als von den USA gesteuerter Versuch der Diskreditierung des Islam verteufelt.

Die von den verschiedenen islamistischen Strömungen vertretenen Staats- und Gesellschaftsentwürfe haben durchweg totalitäre Züge: die gottgewollte Ordnung – so wie ihre jeweiligen Anhänger sie verstehen – muß auf Erden unbedingt durchgesetzt werden; jeder Pluralismus ist des Teufels. Der erwähnte Sayyid Quṭb hat seine Ideologie in Form eines Korankommentars dargelegt; seine Ansichten erscheinen so als aus dem Koran herausgelesen und in der göttlichen Offenbarung verankert. Die Durchsetzung der islamischen Ordnung eignet sich daher als Herrschaftsinstrument, mit dem bestimmte Gruppen einer Gesellschaft ihre Vorherrschaft über andere legitimieren können; so im Sudan, wo die Herrschaft des arabischen Nordens über den nichtarabischen, nichtislamischen Süden mit religiösen Gründen motiviert wird.

Durch ihre Verbindung mit oppositionellen und revolutionären Gruppen hat die islamistische Ideologie in manchen Ländern eine beträchtliche Sprengkraft gewonnen und damit die älteren nichtreligiösen, nach links orientierten politischen Ideologien abgelöst. Nach Ansicht mancher westlicher Beobachter ist der Höhepunkt der islamistischen Flutwelle bereits vorüber; ob das so ist, bleibt abzuwarten; es scheint, daß die Situation in den islamischen Ländern des Nahen und Mittleren Ostens, Afrikas und Südostasiens durchaus unterschiedlich zu beurteilen ist. Auf jeden Fall wird der Islamismus als politische Kraft – wenn auch nicht als einzige und keineswegs überall maßgebende – noch längere Zeit eine Rolle spielen.

Werner Ende

Die «Herrschaft des Gottesgelehrten» – Khumainīs Staatsdoktrin

Mit der Vorstellung vom zwölften Imam als dem zu erwartenden Erlöser und Mahdi ist in der Zwölferschira aufs engste die Lehre verbunden, daß bis zu seiner Rückkehr aus der Verborgenheit jegliche politische Herrschaft – auch die eines Herrschers, der sich zur Zwölferschia bekennt – nur bedingt legitim sein kann. Die Einstellung der Gläubigen zu einer derartigen Herrschaft hängt davon ab, ob und in welchem Maße sie die Prinzipien des (zwölferschiitischen) Islams respektiert. Die Entscheidung darüber, ob dies der Fall ist, liegt – jedenfalls theoretisch – bei den schiitischen Gelehrten. Diesen kommt insofern eine Autorität zu, die direkt in den Bereich der Politik hineinragt. Die Vorstellung von einem konkreten Wächteramt der obersten *mujtahids* hat sich allerdings erst allmählich herausgebildet, war auch unter Theologen nie unumstritten (es gab stets eine quietistische, ja sogar eine «royalistische» Strömung) und hat erst im 20. Jahrhundert zu eindeutigen Forderungen hinsichtlich der Kontrollfunktion der qualifiziertesten Rechtsgelehrten geführt. Ihre bisher extremste Ausprägung hat diese Vorstellung in der Lehre Khumainīs von der (für den zwölften Imam, den Mahdi) stellvertretenden, direkten Machtausübung des bestqualifizierten Rechtsgelehrten (pers. *wilāyat-i faqīh)* gefunden. Diese Institution ist auch in der Verfassung der Islamischen Republik von 1979 verankert worden, hat aber, was die Auslegung durch Khumainī und seine Anhänger betrifft, inzwischen auch durch schiitische Theologen Kritik erfahren.

Khumainī hat versucht, seine Doktrin aus der Tradition des schiitischen Staatsdenkens herzuleiten. Bei den «Kirchenvätern» des 10. und 11. Jahrhunderts findet sich diese Lehre allerdings noch nicht. Vielmehr hatten diese die Konsequenz aus der Tatsache zu ziehen, daß, vom vierten Imam an, alle Imame, und ganz besonders der sechste Imam Jaʿfar aṣ-Ṣādiq, eine quietistische Haltung eingenommen haben. Die Gemeinde hatte sich, da die Wiederkehr des zwölften Imams auf sich warten ließ, mit der andauernden Realität illegitimer Herrschaft abzufinden. Ihre Rechtsgelehrten mußten somit auch die Frage entscheiden, inwiefern für einen Zwölferschiiten eine Tätigkeit im Dienste eines (unter dem Gesichtspunkt der Abwesenheit des zwölften Imams zwangsläufig) illegitimen Herrschers (sei er nun Sunnit oder Schiit) erlaubt sein könne. Dabei mußte zwischen dem illegitimen, aber gerechten und dem illegitimen, und zugleich ungerechten Herrscher unterschieden werden. Die Antworten der Gelehrten sind im Zusammenhang mit der konkreten historischen Situation zu sehen, in der sie gegeben wurden: Ihr Inhalt reicht von strikter Ablehnung jeglicher Zusammenarbeit bis zu der Entscheidung, daß ein Zwölferschiit selbst einem ungerechten illegitimen Herrscher dienen dürfe, wenn dies der Sicherheit bzw. Stärkung der zwölferschiitischen Gemeinde dienlich sei. Unter bestimmten Umständen könne dieser Dienst sogar zur Pflicht werden.

In der Tat haben Zwölferschiiten nicht nur unter Herrschern ihrer eigenen Konfession, sondern auch unter Sunniten hohe Positionen im Staat eingenommen. In diesem Zusammenhang erwies es sich als vorteilhaft, daß die Gelehrten der Zwölferschia die Lehre vom Erlaubtsein des bewußten Verschweigens des eigenen Bekenntnisses (*taqīya* oder *kitmān*) entwickelt haben. *taqīya* ist erlaubt, ja dringend geboten, wenn dies der persönlichen Sicherheit in einer feindlichen Umwelt oder dem Schutz der zwölferschiitischen Gemeinde und ihrer Interessen dient.

Khumainī hat sich bemüht, die in der soeben skizzierten Lehre angelegte Tendenz zum Quietismus zurückzudrängen. Er geht von der These aus, die Verborgenheit des zwölften Imams könne nicht bedeuten, daß die Gesetze des Islams bis zu dessen Wiederkehr außer Kraft gesetzt seien. Die Gegenwart der islamischen Welt sei aber gerade durch die weitgehende Zurückdrängung der *sharīʿa* gekennzeichnet. In dieser Situation werde Revolution zur Pflicht. Ziel dieser Revolution müsse die Etablierung einer wahrhaft islamischen Ordnung sein, wie sie zur Regierungszeit des Imams ʿAlī (656–61) bestanden habe. Die Regierung dieses islamischen Staates müsse durch einen anerkannten, gerechten Rechtsgelehrten *(faqīh)* oder ein Kollegium solcher Gelehrter kontrolliert werden. Hinsichtlich ihrer *Funktion* als Inhaber von Regierungsgewalt und Herren der Rechtssprechung unterscheiden sich diese Gelehrten, so Khumainī, nicht vom Propheten oder von den Imamen. In *dieser* Eigenschaft sind sie deren Nachfolger und Erben.

Khumainī untermauert seine Argumentation durch eine sehr weitgehende Auslegung von Koran 4:60 bzw. einer Äußerung des Imams Jaʿfar aṣ-Ṣādiq dazu. Demzufolge ist es den Gläubigen eindeutig verboten, sich zur Entscheidung ihrer strittigen Angelegenheiten an (den oder die) Götzen *(ṭāghūt)* zu wenden – worunter, wie Jaʿfar aṣ-Ṣādiq anläßlich eines bestimmten Falles gesagt haben soll, auch jeder Vertreter der illegitimen Staatsgewalt zu verstehen sei. Khumainī identifiziert nun Regime wie das des Schahs eindeutig mit dem *ṭāghūt*, erklärt also Gehorsam gegenüber diesem und ähnliche Regime zu einer Art Götzendienst.

Mit dieser Interpretation und mit dem gleichzeitigen Versuch, den legitimen Anwendungsbereich der *taqīya* zu begrenzen, hat Khumainī einem militanten Fundamentalismus zum Durchbruch verholfen, wie er in dieser Form im zwölferschiitischen Bereich bisher nicht bekannt war. Seine langfristige Wirkung im schiitischen und außerschiitischen Bereich ist noch nicht abzuschätzen.

Der von Khumainī repräsentierte schiitische Fundamentalismus ist auch durch ein auffallendes (zumindest verbales) Engagement für die sozial Unterdrückten gekennzeichnet. Er teilt dieses Engagement mit dem von Intellektuellen mit westlicher Ausbildung beeinflußten schiitischen Modernismus. Zu ihm bekennen sich große Teile des linken Flügels der islamischen

Revolutionsbewegung im Iran sowie entsprechende zwölferschiitische Bewegungen im Irak, im Libanon etc. Ideologische Kultfigur dieser Strömungen ist der 1977 in England verstorbene iranische Religionssoziologe ʿAlī Sharīʿatī. In seinen Schriften findet sich immer wieder der Hinweis auf den Prophetengefährten und Anhänger ʿAlīs, Abū Dharr al-Ghifārī, als Vorkämpfer eines eigenständigen, echt islamischen (schiitischen) Sozialismus.

Die Diskrepanz zwischen dem Islam- und Schia-Verständnis Khumainīs und Sharīʿatīs ist offensichtlich. Im Rausch der Revolution wurde sie zeitweilig verdrängt. Inzwischen sind die Gegenstände in praktisch-politischen Fragen, die sich daraus ergeben, offen zutage getreten.

Navid Kermani

Umsonst gerannt, umsonst gekämpft

Es gibt einen unabweislichen Grund, weshalb einem theokratischen Staatsmodell in Iran die Zeit abläuft: Ihm ist die Gesellschaft abhanden gekommen. Der Chomeinismus hatte Anfang der achtziger Jahre einen zwar nicht uneingeschränkten, aber starken Rückhalt in den Zentren der schiitischen Volksfrömmigkeit, also in den Klein- und Mittelstädten sowie im Basar und den ärmeren Vierteln der Großstädte. Es sind ebenjene Orte, an denen westliche Photographen jahrelang die einzig für sie in Frage kommenden Motive fanden: Frauen im Tschador, Männer mit Bart. Der urbanen Mittel- und Oberschicht sowie weiten Teilen der Landbevölkerung, deren Religiosität ganz unterschiedlich und mitunter nur wenig ausgebildet ist, blieb Chomeinis Ideologie dagegen immer fremd. Mag man die erste Gruppe als verwestlicht, die zweite als in ihren lokalen Traditionen verhaftet bezeichnen, so verbindet sie jedenfalls eine Haltung zur Religion, die in einem eminenten Sinne säkular ist: Der Islam ist in den Augen der meisten ihrer Angehörigen Privatsache, nicht Richtschnur der Politik oder Quelle staatlichen Gesetzes. Am Prozeß der politischen Willensbildung in der Islamischen Republik ist die Landbevölkerung schon deshalb niemals, das Bürgertum nur anfangs beteiligt gewesen. Sowenig sie das System unterstützen, so wenig gefährden sie es. Im Laufe der neunziger Jahre kristallisierte sich jedoch immer deutlicher heraus, daß auch jene Bevölkerungsschichten, auf deren Loyalität die Islamische Republik gründete, sich längst in Scharen von der eigenen politischen Elite abgewandt hatten. Manche Ursachen sind offenkundig: das Trauma des ersten Golfkrieges, die ökonomische Krise, die andauernde politische Unterdrückung, die Mißwirtschaft und Korrumpierbarkeit vieler Funktionäre, der nicht aufzuhaltende Fluß von Informationen und kulturellen Gütern aus dem Ausland. Vielleicht aber reichen die Gründe für den Wandel noch tiefer. Innerhalb eines Jahrzehnts waren die Iraner einer wohl einzigartigen Massierung historischer Ereignisse und Veränderungen ausgesetzt: einer Revolution, die in ihren Dimensionen nur mit der französischen und der russischen verglichen werden kann und zu einer Umkehr der politischen, sozialen und gesellschaftlichen Verhältnisse und Wertvorstellungen führte; einem Krieg, der länger dauerte als der Zweite Weltkrieg, ganze Provinzen verwüstete und fast eine Million Opfer allein auf iranischer Seite forderte; dazu einer nicht enden wollenden Serie von Terroranschlägen, denen fast immer Zivilisten zum Opfer fallen, Naturkatastrophen apokalyptischen Ausmaßes wie dem Erdbeben von 1990, bei dem mehr als sechzigtausend Menschen starben, einer Wirtschaftskrise, die weite Teile der Bevölkerung in ihrer Existenz bedroht, und schließlich Flüchtlingsströmen aus dem Land und in das Land, die Iran einerseits finanziell und intellektuell beinahe ruinierten und es andererseits zu dem Staat mit den meisten Flüchtlingen der Welt gemacht haben.

Besonders prägend dürfte für die Bevölkerung noch etwas anderes gewesen sein: die kollektiven Grenzerfahrungen der iranischen Gesellschaft, die Erfahrung des Todes und die Verzweiflung über seine Sinnlosigkeit. Auf Demonstrationen und auf dem Schlachtfeld haben viele Menschen selbst dem Tod, dessen Allgegenwart der Schmerzenskult der schiitischen Volksfrömmigkeit noch intensiviert, ins Auge gesehen. Praktisch jede Familie hat Märtyrer zu beklagen, Märtyrer der Revolution, Märtyrer des Krieges, Märtyrer des Widerstandes gegen das revolutionäre Regime, Märtyrer des Kampfes gegen die Konterrevolution. Und wofür? Weder geht es den meisten Iranern besser als vor zwanzig Jahren, noch sind sie freier. Umsonst all das Blut, umsonst die Opfer, umsonst gerannt, umsonst gekämpft, umsonst gelebt – diese Erfahrung prägt das Lebensgefühl vieler Menschen in Iran. Und das Rennen hat kein Ende. Da ist kein Ruhen und kein Verschnaufen. Nun ist es das tägliche Rennen um den Lebensunterhalt, zwei, drei Berufe gleichzeitig, vierzehn Stunden täglich, sechseinhalbmal die Woche, das ist der Alltag vieler, wenn nicht der meisten Iraner heute. «Ob die Menschen wohl dafür Revolution gemacht haben», fragte der Schriftsteller Abbas Maroufi 1994 in einem Editorial seiner Zeitschrift *Gardun,* «daß sich der Gedanke an Freiheit von selbst erledigt; daß, bevor sie dazu kommen, das Wort Freiheit nur in den Mund zu nehmen, die vierundzwanzig Stunden eines Tages schon zu Ende sind?»

Heinz Halm

Ǧihād

Durch die islamistischen Bewegungen hat auch der mittelalterliche Begriff des *ǧihād* eine Wiederbelebung und Umdeutung erfahren. Das Wort, das «Anstrengung, Einsatz» bedeutet – also nicht «heiliger Krieg» –, kommt in dieser Form oder in verschiedenen Formen des verwandten Verbums *ǧāhada* «sich einsetzen» mehrfach im Koran vor, aber durchaus nicht immer in kriegerischer Bedeutung. Allerdings wird auch der «Einsatz auf dem Wege Gottes» *(ǧihād fī sabīl Allāh)* den Muslimen als gottgefällig empfohlen; in Koran 9, 24 und 9, 81 werden diejenigen getadelt, die sich weigern, ihr Vermögen und ihre Person auf dem Wege Gottes, d.h. um Gottes willen, einzusetzen.

Welcher Art nun dieser «Einsatz» sein soll, das war und ist vielfältiger Interpretation offen. Die Koranstellen beziehen sich meist auf den Kampf gegen die heidnischen Mekkaner. Später hat man die Eroberungskriege *(futūḥ)* ebenso als *ǧihād* aufgefaßt wie alljährliche Raub- und Beuteexpeditionen an der Grenze oder Sklavenjagden. Aber schon der Theologe al-Ġazzālī (1058–1111) hat den bloß militärischen Einsatz für den Islam als den «kleinen *ǧihād*», den Kampf gegen die eigene Triebseele als den «großen» und eigentlich verdienstvollen bezeichnet.

Die Worthülse *ǧihād* läßt sich also mit mancherlei Inhalt füllen. Im modernen Sprachgebrauch wird es oft wie unser Wort *Kampagne* gebraucht, das ja auch ursprünglich aus dem militärischen Jargon stammt: *ǧihād* gegen die Armut, gegen die Krankheit, das Analphabetentum. Militante Gruppen kommen dagegen häufig wieder auf den militärischen Sinn zurück: Jeder Befreiungskampf, jedes Kommandounternehmen, jeder Selbstmordanschlag oder revolutionäre Umsturzversuch läßt sich leicht mit dem Etikett *ǧihād* versehen und so mit einer religiösen Legitimation ausstatten; dabei erhalten die bei solchen gewaltsamen Aktionen zu Tode Kommenden den Nimbus von Märtyrern.

Wie das griechische *martys* bedeutet auch das arabische *šahīd* (Plural *šuhadā'*) «Zeuge» im Sinne von «Blutzeuge». Das Wort kommt in dieser Bedeutung im Koran nicht vor, wohl aber das Versprechen der Belohnung:

> Und denen, die um Gottes willen (wörtlich: auf dem Wege Gottes) getötet werden, wird er ihre Werke nicht fehlgehen lassen. Er wird sie rechtleiten, alles für sie in Ordnung bringen und sie ins Paradies eingehen lassen, das er ihnen zu erkennen gegeben hat. (47, 4–6)

> Und du darfst ja nicht meinen, daß diejenigen, die um Gottes willen getötet worden sind, (wirklich) tot sind. Nein (sie sind) lebendig (im Jenseits), und ihnen wird bei ihrem Herrn (himmlische Speise) beschert. (3, 169)

Die islamische Vorstellung vom Märtyrer, die sich erst später in all ihren Facetten ausgebildet hat, unterscheidet sich von der christlichen wesentlich davon, daß nicht nur der passiv für seinen Glauben Duldende, sondern auch der aktiv sich Einsetzende und Kämpfende zum Märtyrer wird, wenn er im «Einsatz» sein Leben opfert.

Navid Kermani

E-Mail aus Ghom

Eines Morgens fand ich in meinem Computer eine E-Mail aus Ghom. Der Absender war «Ihr Bruder Saíd Montazeri». [...]

Im Anhang sandte er mir ein gescanntes Schreiben seines Vaters. Es war ein trauriger, aber nicht zorniger Brief. Daß er auf die aktuellen Ereignisse in Iran nicht direkt Bezug nahm, verstand ich; wenn sich der Großajatollah Montazeri kritisch über die aktuelle politische Lage äußerte, dann tat er das in seinen Stellungnahmen im Land selbst. Hier aber sprach er Leser in Deutschland an. Montazeri wollte Verständnis wecken für sein Land und seine Religion, damit man sie nicht mit den Herrschenden identifiziere. Sein Schmerz teilte sich in jeder Zeile mit.

«Bitte teilen Sie den Menschen der Welt in meinem Namen mit, daß Iran eine gemarterte, unterdrückte Nation ist, die lange Jahre die Peitsche des Despotismus und der ungerechten Herrschaft ihrer Kaiser erduldet hat. Der Erlangung ihrer Freiheit und Unabhängigkeit hat sie einen hohen Tribut gezollt, und sie hat ihr bestes geistiges Kapital geopfert, den Kolonialmächten und jenen, die ihnen zur Hand gingen, Widerstand zu leisten, bis sie schließlich im Jahre 1979 die zweitausendfünfhundertjährige Herrschaft der Monarchie mit ihrer großen Revolution zu Fall gebracht hat. Die iranische Revolution wollte nichts anderes als die Freiheit und Unabhängigkeit der Bevölkerung sowie eine demokratische und islamische Regierung; ihre Absichten waren und sind gut. Unser Volk hat keine anderen schwachen Länder zu erobern und zu unterwerfen gesucht und sich selbst im Laufe seiner Geschichte immer wieder gegen Usurpatoren und Marodeure zur Wehr gesetzt. Und eben jetzt erträgt es schwere Lasten, um die Reformen, nach denen es verlangt, zu verwirklichen und den Staub, der sich auf die Revolution gesetzt hat, zu entfernen. Und dennoch ist zu beobachten, daß die Masse des Volks, die in der Folge des aufgezwungenen Krieges gegen den Irak und zahlreicher anderer Schwierigkeiten wirtschaftlich ohnehin in nacktem Elend lebt, auch noch den ökonomischen und politischen Sanktionen und Boykottmaßnahmen einzelner mächtiger Staaten ausgesetzt ist, und zwar ebenjener Staaten, die vor nicht allzu langer Zeit noch das Kapital und die Bodenschätze dieses Landes geplündert und den Feinden dieser unterdrückten Nation zur Seite gestanden haben.

Wir hegen gegen kein einziges Land in der Welt Feindschaft und wünschen uns den Dialog und die Versöhnung mit allen Nationen und Staaten, allerdings unter der Bedingung, daß die anderen Staaten nicht beabsichtigen, unser Ansehen zu zerstören und unseren Interessen zu schaden.

Und bitte sagen Sie den Menschen der Welt auch dies: Der Islam ist eine Religion, die auf Barmherzigkeit und Liebe gründet und die Vervollkommnung und das Glück der Menschen will. Das Leben seiner ersten Führer war geprägt von Vergebung, Freundlichkeit, Opferbereitschaft sowie dem Streben auf dem Weg zur Glückseligkeit der Menschen in dieser und in jener Welt. Jedoch ist aufgrund der negativen Propaganda einiger seiner Gegner, aber auch der unrichtigen Taten mancher Muslime vielen Menschen das wirkliche Antlitz des Islams nicht genau bekannt, und man macht sich ein Bild von ihm als einer grausamen Religion, die die Freiheit des Menschen einschränkt und seinem Glück entgegensteht. Ich wünsche mir von allen verständigen Menschen dieser Welt und insbesondere von den Forschern und Denkern, daß sie sich durch das Studium der reichen und unverfälschten Quellen des Islams und seiner Geschichte ein eigenes, gerechtes Urteil bilden.

Die unrichtigen Taten mancher muslimischer Herrscher sowie jener, die heute behaupten, im Namen des Islams zu sprechen, dürfen nicht der Religion an sich zugeschrieben werden, ebensowenig, wie man die unrichtigen Taten mancher anderer Führer, die sie im Namen ihrer Religionen begangen haben, diesen zuschreiben darf. Und ich bitte die Menschen auch, nicht voreilig zu urteilen, wenn sie beim Studium des Islams mit Zweifeln konfrontiert werden, und daß sie sich über ihre Zweifel mit Islamwissenschaftlern und Experten austauschen, bevor sie ihr endgültiges Urteil fällen.

In der Hoffnung auf den Tag, an dem überall auf der Welt Frieden, Freundschaft, Gerechtigkeit und Freiheit herrschen, und darauf, daß die Menschheit auf dem Weg zu ihrer Glückseligkeit und Vervollkommnung einen Schritt vorankommt;

Friede sei mit Ihnen und die Barmherzigkeit Gottes,

Hossein Ali Montazeri»

Dietmar Herz / Julia Steets

Hamas

Der politische Islam verstand sich von Anfang an als Alternative zur *PLO*, und in Form des *Islamischen Djihad* und der *Moslembruderschaft* gelang es ihm – vor allem nach der Niederlage der *PLO* im Libanon 1982 –, seinen Einfluß in den besetzten Gebieten erheblich auszuweiten. *Hamas*, eine Art palästinensischer Variante der *Moslembruderschaft*, wurde Anfang 1988 gegründet und entwickelte sich unter ihrem spirituellen Anführer Sheikh Yassin schnell zur einflußreichsten radikalen islamischen Organisation. Der Name «Hamas» ist ein Anagramm, das in umgekehrter Reihenfolge aus den arabischen Anfangsbuchstaben des Wortes «Islamische Befreiungsbewegung» gebildet wurde. Er hat zugleich die Bedeutung «Eifer». Seit ihrer Gründung bis heute, da *Hamas* als größte Bedrohung des palästinensisch-israelischen Friedensprozesses gilt, haben sich einige zentrale Aspekte dieser Organisation verändert. Zunächst sah *Hamas* ihren Hauptgegner in der *PLO;* daher wurde sie von Israel auch nicht in ihrem Aufbau behindert; im Gegenteil, die israelische Regierung unterstützte *Hamas* in der Anfangsphase finanziell, um so die *PLO* zu schwächen. Doch mit Beginn der *Intifada* standen die guten Kontakte zu Israel der Popularität von *Hamas* und ihrem Bestreben, eine Führungsrolle in der Organisation des Aufstandes zu spielen, entgegen. 1989 kam es zu den ersten Angriffen auf israelische Einrichtungen; daraufhin gab die israelische Regierung ihre Unterstützung auf und ging dazu über, *Hamas* und ihre Organisationsstrukturen zu bekämpfen.

Während des palästinensischen Aufstandes hatten sich *PLO* und *Hamas* kurzfristig durch den gemeinsamen Gegner Israel verbunden gefühlt, doch änderte sich diese Beziehung mit dem Abschluß der Osloer Verträge grundlegend. Arafat und die *PLO* machten sich in den Augen der radikalen Islamisten durch den Friedensschluß zu Verrätern an der palästinensischen und der muslimischen Sache. Mit zahlreichen blutigen Terroranschlägen auf israelische Busse, Marktplätze und andere zivile Einrichtungen versuchten sie, den Friedensprozeß zu sabotieren – und erreichten immer wieder die Verzögerung israelischer Truppenrückzüge und den Abbruch der Verhandlungen. Auch wenn Anschläge dieser Art in den letzten zwei bis drei Jahren seltener geworden sind, gefährdeten sie doch lange Arafats Glaubwürdigkeit in den Augen der Israelis und damit den Erfolg des Friedensprozesses.

Arafat reagierte auf diese Herausforderung auf zweierlei Weise: mit heftiger Repression einerseits und dem Versuch der Kooptierung, Besänftigung und Einbindung andererseits. So verpflichtete sich Arafat in Verhandlungen mit Israel immer wieder zur konsequenten Bekämpfung des Terrorismus. Nach Anschlägen ließ er oft Hunderte von militanten *Hamas*-Anhängern verhaften und durch ein eigens eingerichtetes Militärgericht – unter Mißachtung rechtsstaatlicher Standards – zu oft drakonischen Strafen verurteilen. Allerdings mußten die *Hamas*-Mitglieder ihre Strafen nur selten in vollem Umfang verbüßen: Zeigten sie sich kooperationswillig, konnten sie die Gefängnisse oft bald schon wieder verlassen – eine Tatsache, die von Israel immer wieder heftig kritisiert wurde.

Gleichzeitig bemühte sich Arafat um die politische Einbindung der Organisation – in der Hoffnung, sie so zu einer konstruktiveren und weniger gewalttätigen Art der Opposition zu bewegen. Bestes Beispiel für diese Politik war sein Angebot an *Hamas*, sich 1996 an den Wahlen zum Palästinensischen Legislativrat zu beteiligen und so ihre Unterstützung durch etwa 15% der Bevölkerung in Parlamentssitze umzuwandeln. Dieses Angebot löste heftige Diskussionen innerhalb der radikalislamistischen Bewegung aus, da einerseits die Verweigerung der Teilnahme *Hamas* von einer Einflußnahme auf den politischen Prozeß ausschließen würde, andererseits aber die Partizipation in einem politischen System, das die Organisation eigentlich ablehnt, dieses legitimieren würde. Letztlich entschied sich die Organisation gegen die Teilnahme; dennoch ließen sich einige *Hamas*-Vertreter als unabhängige Kandidaten aufstellen, und vier von ihnen gelang der Einzug ins Parlament.

Arafats Doppelstrategie hatte bislang zumindest teilweise Erfolg: *Hamas* sah sich in den letzten Jahren gezwungen, die Radikalität ihrer Ziele und Methoden teilweise einzuschränken, um ihre Unterstützung in der Bevölkerung und ihre Einflußmöglichkeiten auf die Politik nicht zu verlieren. Denn die Terroranschläge auf israelische Zivilisten führten in der palästinensischen Bevölkerung oft zu spontaner Ablehnung und Entrüstung. Gleichzeitig hatten Anschläge meist die Abriegelung der Autonomiegebiete mit fatalen Konsequenzen für die Wirtschaft und den Lebensstandard der Palästinenser zur Folge. Auch sind sich viele Menschen der Tatsache bewußt, daß *Hamas* durch ihre terroristischen Aktionen das internationale Ansehen der Palästinenser schädigt, was angesichts der zentralen Bedeutung der internationalen Gemeinschaft für die wirtschaftliche Entwicklung und den Fortgang der Verhandlungen mit Israel sehr riskant erscheint. Schließlich konnte der Friedensprozeß selbst lange Zeit auf die Unterstützung der Bevölkerung zählen – Kritik richtete sich meist gegen konkrete Einzelheiten der Abkommen, nicht aber gegen das Prinzip der

Verhandlungen und der Einigung als solcher. *Hamas* scheint mittlerweile auch auf diese Linie eingeschwenkt zu sein und ist nunmehr bereit, Israel – unter bestimmten Bedingungen (die allerdings selten klar formuliert werden) – ein Existenzrecht zuzugestehen.

Letztlich hat der radikale politische Islam, der in den vergangenen Jahren vielen desillusionierten Palästinensern eine politische Heimat bieten konnte und als größte Gefahr für den Friedensprozeß galt, durch Arafats Vermittlung Einfluß auf die Politik und das öffentliche Leben in den Autonomiegebieten gewinnen können. Im Gegenzug hat er sich teilweise aber auch der öffentlichen Meinung angepaßt und so an Radikalität und Gewalttätigkeit verloren.

Dietmar Herz / Julia Steets

Nahostkonflikt: Siedlungen, Grenzen, Wasser

Ein weiterer zentraler Punkt in den Verhandlungen für einen endgültigen Status sind die israelischen Siedlungen, die sich im Gazastreifen, der Westbank und in Ostjerusalem befinden. Die israelische Regierung hatte nach der Besetzung dieser Gebiete im Krieg von 1967 begonnen, die Ansiedlung von Israelis in den besetzten Gebieten gezielt zu unterstützen. Dabei lassen sich drei Phasen der Siedlungspolitik unterscheiden.

In den Jahren nach dem Krieg überwogen strategische Interessen beim Bau der Siedlungen: Israel rechnete mit einem erneuten Angriff durch die arabischen Nachbarstaaten und befürchtete, allein durch seine mangelnde Größe in kürzester Zeit von fremden Armeen überrannt werden zu können. Siedlungen entlang des Jordan, also an der Grenze zu Jordanien, und im Süden des Gazastreifens, an der Grenze zu Ägypten, sollten dem Land die nötige «strategische Tiefe» verleihen, d.h., diese wehrhaften Siedlungen sollten in der Lage sein, die arabischen Armeen aufzuhalten, um Israel die Zeit für eine

Mobilisierung zu geben. Diese Ideen wurden vom damaligen Verteidigungsminister Yigal Allon im sogenannten Allon-Plan zusammengefaßt, der zwar nie offiziell angenommen wurde, aber dennoch als Richtlinie für die Politik galt.

Die zweite Phase der Siedlungspolitik begann mit dem Regierungswechsel 1977, der den Likud (eine konservative Sammlungspartei) an die Macht brachte. Der Likud übernahm viele Ideen der radikal-religiösen Siedlerbewegung *Gush Emunim* und formalisierte sie in dem nach seinem Autor benannten Drobles-Plan: Siedlungen sollten im ganzen Land entstehen, durch eigene Verbindungsstraßen, die von arabischen Orten aus nicht zugänglich waren, miteinander zu Blöcken verbunden werden und so die palästinensischen Bevölkerungszentren voneinander trennen. Vor allem Mitte der 80er Jahre stieg die Zahl radikaler, meist religiös motivierter Siedler, die sich im Gegensatz zu den früheren strategischen Siedlern auch in der Nähe palästinensischer Dörfer und Städte niederließen, mitunter sogar inmitten der Bevölkerungszentren, wie im Falle Hebrons. Diese Siedler sorgten wegen ihrer kompromißlosen Haltung zwar oft für Unruhen und erzielten große politische Wirkung, zahlenmäßig konnten sie aber die Erwartungen der Likud-Regierung nicht erfüllen.

Daher begann bereits während der Regierungszeit des Likud (bis 1984) eine dritte Phase der Siedlungsbewegung, bei der demographische Überlegungen im Vordergrund standen. Vor allem die Siedlungen, die in der Nähe Jerusalems gebaut wurden und mit deren Hilfe die israelische Regierung das demographische Gleichgewicht in Ostjerusalem zu ihren Gunsten verändern wollte, sollten Israelis anziehen, die sich weder als heroische Vorkämpfer des israelischen Militärs sahen noch religiösen Eifer besaßen, sondern für die Preis- und Komfortkriterien Priorität hatten. Günstige Kredite und Steuererleichterungen sowie der Bau von Schnellstraßen, die die Siedlungen direkt mit der Metropole verbanden, zogen Tausende von gemäßigten Israelis in die arabischen Gebiete und das annektierte und erweiterte Ostjerusalem.

Zum Zeitpunkt des Abschlusses der Osloer Prinzipienerklärung existierten aufgrund dieser Politik (laut einer Statistik der *Foundation for Middle East Peace*) 150 Siedlungen mit insgesamt 120000 Bewohnern in der Westbank (ohne Ostjerusalem), 16 Siedlungen mit 4500 Personen im Gazastreifen und 9 Siedlungen mit etwa 160000 Siedlern in Ostjerusalem. Trotz der Bestimmung der Prinzipienerklärung, daß beide Parteien den Status quo nicht durch unilaterale Aktionen verändern sollten, setzte sich der Ausbau von Siedlungen auch nach Beginn des Friedensprozesses fast unvermindert fort – demonstrativ unter der Regierung Netanjahu, etwas versteckter unter Rabin, Peres und Barak. Zum Zeitpunkt der Endstatusverhandlungen im Frühjahr und Sommer 2000 lebten daher bereits über 170000 Siedler in der Westbank und über 6000 im Gazastreifen; die Zahl der Siedler in Ostjerusalem ist umstritten, sie dürfte bei 180000 liegen.

Die Palästinenser verfolgen in den Verhandlungen offiziell das Ziel einer Aufgabe aller israelischen Siedlungen und der vollständigen Rückgabe der besetzten Gebiete einschließlich Ostjerusalems. Die Erfüllung dieser Maximalforderung wird allerdings nicht ernsthaft erwartet. Die palästinensischen Verhandlungsführer streben aber zumindest die Schaffung eines einheitlichen palästinensischen Gebiets an, was vor allem die Auflösung der *Gush-Emunim*-Siedlungen voraussetzen würde.

Für die israelische Regierung sind die Siedlungen von größtem Interesse. Einerseits spielen nach wie vor strategische Überlegungen eine Rolle (weniger die religiösen Motive). Andererseits ist der politische Druck aus der Bevölkerung sehr hoch. Gerade von den religiös motivierten Siedlern sind heftige – auch militante – Proteste zu erwarten. Während diese relativ kleine, radikale Gruppe in der Gesellschaft wenig Rückhalt hat und es daher unter Umständen möglich wäre, den Protest zu ersticken, kann die Regierung schwerlich die vielen hunderttausend gemäßigten Siedler in der Nähe der israelischen Metropolen im Stich lassen. Denkbar erscheint daher ein Kompromiß, der die Annexion der großen Siedlungsgebiete nahe der Grenze und die Aufgabe der kleineren, verstreuten und radikaleren Siedlungen beinhalten würde.

Von der Lösung des Siedlungsproblems hängt das grundsätzlichere Problem der Grenzziehung ab. Erklärtes Ziel der

Palästinenser ist die Gründung eines souveränen palästinensischen Staates – ein Ergebnis, das mittlerweile viele gemäßigte Israelis und anscheinend auch der ehemalige Premierminister Barak als Möglichkeit akzeptiert haben. Verhandlungsgegenstand ist daher eher das «Wie» und vor allem das «Wie groß» als das «Ob» des palästinensischen Staatsgebildes.

Eng mit der Frage nach den Siedlungen und dem Ausmaß des endgültigen israelischen Rückzugs aus den besetzten Gebieten verbunden ist das Problem der Wasserrechte. Wasser ist eine der wichtigsten und knappsten Ressourcen im Nahen Osten, von der die Entwicklungsmöglichkeiten der Bevölkerung sowie der Lebensstandard elementar abhängen. Da Wasser von der israelischen Regierung schon früh als strategischer Rohstoff erkannt wurde, brachte sie nach 1967 bewußt Quellen und Verteilungsmechanismen unter ihre Kontrolle; Siedlungen entstanden gezielt entlang der wichtigsten Wasserquelle, des Jordan, um den See Genezareth und in anderen Quellgebieten. Die Wasserversorgung liegt ausschließlich in der Hand einer israelischen Firma. Während der Besatzungszeit schränkte die israelische Regierung den Wasserverbrauch der palästinensischen Bevölkerung ein bzw. behielt deren Quoten ungeachtet des hohen Bevölkerungswachstums bei, so daß der Pro-Kopf-Verbrauch deutlich sank und auch die Landwirtschaft mit erheblichen Problemen konfrontiert war. Gleichzeitig wurden die Wasserquoten für die israelischen Siedlungen sehr großzügig berechnet. Der offensichtliche Unterschied nährte viele Ressentiments in der palästinensischen Gesellschaft und trug zum Ausbruch der *Intifada* bei.

Die Wasserfrage, die in der Prinzipienerklärung noch gar nicht als Thema der Endstatusverhandlungen definiert war, aber Ende 1999 mit auf die Liste der Tagesordnungspunkte für die Verhandlungen gesetzt wurde, gehört sicherlich zu den schwierigsten Aufgaben für die Verhandlungspartner. Dabei ist sie nicht nur für die Lösung des Konflikts zwischen Palästinensern und Israelis zentral, sondern auch für eine friedliche Beilegung des Nahostkonflikts insgesamt. So sind beispielsweise die Golanhöhen, um deren Rückgabe es bei den Verhandlungen mit Syrien geht, nicht nur strategisch interessant, sondern vor allem deshalb, weil auf dem Golan die Quellflüsse des Jordan entspringen und weil eine vollständige Rückgabe der Anhöhen für die Syrer einen direkten Zugang zum See Genezareth bedeuten würde.

Udo Steinbach

Zankapfel Euphratwasser

Ebenso wie der Kaukasus und Zentralasien sowie der Balkan stellt auch die dritte, an die Türkei angrenzende Region, der *Nahe und Mittlere Osten,* eine schwierige und herausfordernde Nachbarschaft dar, in der sich regionale und internationale Elemente mischen. Die Beziehungen mit Syrien sind seit langem nachhaltig gestört. Wenngleich die Wurzeln tief in die Geschichte zurückreichen, so sind die akuten Hintergründe für die anhaltend schlechten Beziehungen vornehmlich in der jahrelangen Unterstützung der *Arbeiterpartei Kurdistans* (PKK) durch die Führung in Damaskus sowie in der Befürchtung Syriens zu suchen, die Türkei könne mit dem Ausbau des Südostanatolien-Projekts, eines umfangreichen Bewässerungs- und Energieerzeugungsvorhabens, die Hand an die Gewässer von Euphrat und Tigris legen. Für Damaskus wurde die PKK in dem Maße ein wirksames Instrument gegen Ankara, in dem beide Seiten nicht zu einer Verständigung über die Wasserfrage kommen konnten. Wieviel Kubikmeter Wasser würde der Euphrat nach Vollendung des Südostanatolienprojekts von der Türkei nach Syrien hinüberfließen lassen? Die von Ankara ins Gespräch gebrachten 500 m^3/s erachtet Damaskus als nicht ausreichend. Vor dem Hintergrund des türkischen Anspruchs, die Verfügung über das Wasser in gleicher Weise als türkisches Recht zu betrachten, wie es die arabischen Ölproduzenten mit dem Erdöl tun, befürchtet man in Damaskus, Ankara könne versucht sein, das Wasser vollständig gemäß türkischen Interessen zu verbrauchen.

Die Befürchtungen hinsichtlich des Wassers werden auch von Bagdad geteilt. Doch ist das türkisch-irakische Verhältnis komplexer als das türkisch-syrische. Zwar ist es für den Augenblick eher durch gemeinsame Interessen geprägt. So hat Ankara ein erhebliches Interesse an einer Normalisierung der Gesamtsituation des Irak; sie würde die Wiederaufnahme des vollen Ölexports durch die türkischen Pipelines und damit eine Verbesserung der Wirtschaftssituation in der armen südöstlichen (kurdisch geprägten) Region des Landes bedeuten. Auch muß Ankara daran gelegen sein, daß Bagdad wieder die Kontrolle über den kurdischen Norden des Landes zurückgewinnt. An einem fortschreitenden Zerfall des Irak kann der Türkei mit Blick auf das Kurdenproblem im eigenen Land nicht gelegen sein. Auf der anderen Seite aber hat die kurdische Frage zur Belastung der Beziehungen geführt. Darüber hinaus belastet die Wasserfrage zunehmend die türkisch-irakischen Beziehungen. Denn nicht nur die Knappheit des Euphrat-Wassers hat Folgen für den Irak; das Zweistromland lebt auch von den Wassern des Tigris, der ebenfalls Teil des Südostanatolien-Projekts ist.

Martin Strohmeier / Lale Yalçın-Heckmann

Öcalans Niederlage – Ende des Kurdenkonflikts?

In einer ersten Aktion im August 1984 griff die PKK zwei Kleinstädte im Südosten an, brachte sie zeitweilig unter ihre Kontrolle und verbreitete ihre Propaganda. Bevorzugte Angriffsziele waren militärische und staatliche Einrichtungen; das Vorgehen der PKK forderte aber auch zahlreiche Opfer unter der Zivilbevölkerung. 1985 modifizierte die Regierung ein Dorfwächtergesetz, gemäß dem in den kurdischen Dörfern eine Miliz gegen die PKK-Angriffe gebildet wurde. Die Zahl dieser Dorfwächter *(korucu)* wuchs in den letzten 15 Jahren von knapp 20000 auf 60000. Zunächst hatten sie die Aufgabe, die Armee zu unterstützen, weil sie mit den örtlichen Verhältnissen vertraut waren; die *korucu* wohnten weiter im Dorf. Das System funktionierte nicht einheitlich: Während in einigen Gegenden die Dorfwächter relativ selbständig und unter der Führung eines Aga ihren Aufgaben nachgingen, wurden sie anderswo weitgehend von der Armee instruiert. Die Bezahlung erfolgte aus der Staatskasse. Dieses System erinnert an die spätosmanischen *Hamidiye*-Regimente und zeigt die Kontinuität des Umgangs mit dem Kurdenproblem. Dadurch wurde die Spaltung in der Bevölkerung vertieft, und die Einstellung zur PKK komplizierte sich. Mitunter sympathisieren Dorfschützer mit der PKK und unterstützen sie sogar insgeheim.

Die Jahre 1991 und 1992 standen im Zeichen einer Aufweichung der Fronten und verhärteten Positionen in der Kurdenfrage. Gewisse Entwicklungen und Statements von Politikern gaben Anlaß zur Hoffnung auf eine größere Offenheit im Umgang mit den Kurden. Zu diesen bald enttäuschten Hoffnungen zählte die Äußerung des damaligen Ministerpräsidenten Demirel, wonach «die kurdische Realität» in der Türkei anerkannt werden müsse. Prononcierter und konkreter ließ sich der türkische Staatspräsident Özal vernehmen. Seiner Initiative war es zu verdanken, daß das Sprachenverbotsgesetz von 1983 im Jahr 1991 aufgehoben und der mündliche Gebrauch des Kurdischen legalisiert wurde. Özal erkannte auch, daß weniger Beschränkungen für die kurdische Minderheit der Türkei mehr außenpolitische Bewegungsfreiheit bescheren könnten. Er hielt es für an der Zeit, die Tür für einen Dialog zwischen Regierung und Kurden mindestens einen Spalt zu öffnen; sogar das Wort «Föderation» gebrauchte er. Özal sah die Kurdenfrage im Zusammenhang mit einer neuen Standortbestimmung türkischer Politik im Nahen Osten und Zentralasien. Durch die strategische Unterstützung für die Amerikaner im Golfkrieg, für die sich Özal stark gemacht hatte, kann die Türkei seither auf die Rückendeckung der USA in der Kurdenfrage zählen.

Die stärkere Internationalisierung des Kurdenkonfliktes beruhte auf mehreren Faktoren. Erstens hat es die PKK vermocht, in Europa Interesse und Sympathie zu wecken, nicht nur unter ihren Anhängern, sondern auch generell unter Kurden und unter einem gewissen Teil der westeuropäischen Öffentlichkeit. Aktionen von militanten Kurden wie Selbstverbrennungsversuche, Autobahnblockaden und Konsulatsbesetzungen haben jedoch nicht nur Aufmerksamkeit auf sich gezogen, sondern auch Ablehnung hervorgerufen. Zweitens war der Golfkrieg 1991 mit seinen Folgen ein Katalysator für neue Entwicklungen in der Kurdenfrage. Der mit Fehleinschätzungen verbundene und bestenfalls halbherzige Versuch der USA, oppositionelle Kräfte im Irak, insbesondere die Kurden, zum Aufstand gegen das Regime Saddam Husains aufzustacheln, schlug fehl. Dies führte zu einer Massenflucht irakischer Kurden in die Türkei. In den Augen der erstaunten Weltöffentlichkeit präsentierte sich die Türkei als Zufluchtsort und Schutzpatron für verfolgte Kurden. [...]

Die sich nach 1990 abzeichnende größere Offenheit in der Kurdenfrage führte gleichzeitig zu einer größeren Unübersichtlichkeit der Mitspieler in dem Konflikt. Konnte schon immer nicht von einem alleinigen Konflikt türkischer Staat versus Kurden die Rede sein, so galt dies um so mehr seit Beginn der neunziger Jahre: Militär, Sicherheitsapparate, terroristische Organisationen, die gegen prokurdische Gruppen, kurdische Politiker und die PKK vorgingen, «kurdische Parteien» wie HEP, DEP und HADEP, die einen Spagat übten zwischen nationalistischen Interessen und den ihnen vom System gesetzten Grenzen; die PKK, die versuchte, eine Massenbewegung zu initiieren bzw. eine solche zu werden, wobei sie einerseits die kurdischen Parteien als Mittel benutzte, andererseits ihre militärischen Aktionen intensivierte; das politische Establishment, das sehr unterschiedliche Einstellungen zur Kurdenfrage hatte; nichtstaatliche Organisationen wie Menschenrechtsvereine, die sich für mehr Demokratie und gegen Repression einsetzten, und zwar nicht nur für die Kurden.

Darüber hinaus bildete die Auseinandersetzung den Nährboden für die Entstehung mafiöser Strukturen. Die Interessen aller Akteure haben sich zu einem schier unentwirrbaren Knäuel zusammengeballt. Zu dieser Unübersichtlichkeit trägt ein Chaos von Informationen und Desinformationen bei. Hinzu kommt, daß seit einem Vierteljahrhundert die türkischen Regierungen in der Regel schwach und nur von kurzer Dauer waren. In den letzten Jahren wurde die Instabilität noch gesteigert durch den letztlich erfolgreichen Versuch des Militärs, die islamischen Kräfte in die Schranken zu weisen, d.h. insbesondere die Wohlfahrtspartei (*Refah Partisi*, RP) unter Necmeddin Erbakan von der Macht zu entfernen. Es war nämlich die RP, die bei den Kommunalwahlen 1994 einen großen Zulauf unter der kurdischen Bevölkerung in Südostanatolien erreichte. Diese fühlte sich angezogen von dem Programm der RP, das so gut wie keine türkisch-nationalistischen Inhalte hatte, sondern die Wähler eher als Muslime und ohne Rücksicht auf ihre ethnische Herkunft ansprach. [...]

Zu Beginn des Kampfes der PKK war sowohl auf seiten des Militärs als auch der Regierung die Einstellung verbreitet, daß man mit der PKK schnell fertig werden könne. Diese Erwartung ist nicht eingetroffen. Obwohl der PKK immer wieder ein rasches Ende vorausgesagt wurde, hat sie militärische Erfolge erringen und zeitweise eine Mobilisierung der Bevölkerung erreichen können. Erst in den letzten Jahren ist die PKK in Bedrängnis geraten und schließlich weitgehend zerschlagen worden. In Militärkreisen wird die Ansicht vertreten, daß die PKK nur deshalb so erfolgreich war, weil sie internationale Unterstützung erfuhr, insbesondere in den Nachbarstaaten Griechenland und Syrien, und nicht etwa, weil sie über die Jahre hinweg zunehmend Rückhalt in der Bevölkerung gefunden hatte. Inzwischen haben sich aber selbst im Militär Zweifel eingeschlichen, ob der Sieg über die PKK gleichbedeutend mit einer Lösung der Kurdenfrage ist. Es hat sich damit abgefunden, daß ein solcher Krieg gegen eine Guerilla ohnehin nicht vollständig zu gewinnen ist. Appelle der Militärführung an die Wirtschaft, sich im Südosten zu engagieren und zu investieren, zeigen, daß sie den Konflikt für weitgehend beendet hält.

Die Verhaftung Öcalans wurde propagandistisch als Erfolg des türkischen Staates verkauft. Die Bilder vom gefesselten und eingeschüchterten Öcalan haben unter Kurden das Gefühl einer kollektiven Erniedrigung hervorgerufen und das Interesse der Weltöffentlichkeit an den Kurden erneuert. Im Vorfeld des Prozesses wurde noch einmal Front gemacht gegen den «Terroristenchef». Die Verhandlung nahm einen bemerkenswert fairen Verlauf, so daß es nicht zu dem vielfach befürchteten Schauprozeß kam. Daraus wurde in den Medien die Forderung abgeleitet, nunmehr eine politische Lösung der Kurdenfrage in Angriff zu nehmen.

Der Aufruf Öcalans an die PKK, den Krieg in der Türkei zu beenden, ist vom türkischen Staat bislang nicht gewürdigt worden, weil man schon immer auf der bedingungslosen Kapitulation bestanden hatte. Eine Bereitschaft Ankaras zum Kompromiß und Dialog zeichnet sich einstweilen nicht ab; im Gegenteil, der Aufruf wird eher als Eingeständnis der Niederlage der PKK aufgefaßt und hat nationalistische Kreise, die in allen Regierungsparteien vertreten sind, ermutigt, im sicheren Gefühl des Sieges über die PKK weiter auf Intransigenz zu setzen. Es wird entscheidend darauf ankommen, ob das mächtige Militär den zivilen Institutionen, dem Parlament und der Justiz, genügend Spielraum lassen wird, um eine Balance zu finden zwischen dem rigiden Selbstverständnis der Türkei als zentralistischem Einheitsstaat und den Forderungen eines großen Teils der kurdischen Bevölkerung nach Verwirklichung kultureller Rechte.

Günter Seufert

Die türkische Öffentlichkeit und der Bosnienkrieg

Für weite Kreise der Bevölkerung ist mit dem Zerfall der Nachkriegsordnung der christlich-muslimische Gegensatz an die Stelle des kapitalistisch-kommunistischen getreten. Bestätigt sieht man sich in dem lange hingenommenen Völkermord an den bosnischen Muslimen. Die Wirkung der bosnischen Tragödie auf die öffentliche und veröffentlichte Meinung der Türkei ist in ihrer Schwere nicht zu unterschätzen. Der Konflikt machte aus vielen atheistisch und der eigenen Kultur gegenüber kritisch eingestellten Menschen sogenannte ‹kulturelle Muslime›, und in den religiösen Kreisen hat er starke Bedrohungsgefühle ausgelöst. Besonders nach dem Fall der bosnischen Stadt Bihać scheint diese früher nur von konservativen Kommentatoren vertretene Haltung zur offiziellen geworden zu sein. Am 11. Dezember 1994 hat das Staatsfernsehen dreimal hintereinander eine Sendung ausgestrahlt, in der das Verhalten ‹des Westens› in Bosnien mit seiner «Kreuzzugsmentalität» begründet und ein Zusammenhang zwischen der duldenden Haltung des Westens in Bosnien und seinem großen Interesse an der Kurdenfrage hergestellt wurde.

In militanten islamistischen Gruppen wird der Gegensatz zwischen ‹Ost› und ‹West› schlicht als Krieg zwischen Christen und Muslimen begriffen. Beispiel dafür ist eine Rede anläßlich der Gedenkfeier für einen in Bosnien gefallenen türkisch-muslimischen Freischärler. Veranstalter des Abends war die Hisbullah, die im politischen Islam der Türkei nur eine marginale Position innehat.

Es war das Bestreben des Redners, den Krieg in Bosnien zu einem Religionskrieg zwischen Christen und Muslimen, den Gläubigen und den Ungläubigen, zu machen, zu einem Krieg, aus dem die Muslime zweierlei zu lernen hätten: 1. Alle Abstriche, die die Muslime, so wie hier die bosnischen, hinsichtlich ihrer Lebensführung, ihrer Kultur und ihres Glaubens zu machen bereit gewesen seien, hätten den imperialistischen Westen nicht daran gehindert, immer noch weitere Ansprüche zu stellen. Das sei der falsche Weg. 2. – und das ergebe sich aus dem ersten Punkt – gebe es kein friedliches Zusammenleben von Christen und Muslimen. Die weitverbreitete Redewendung «der Türke hat keinen Freund außer dem Türken» wurde vom Redner zu «der Muslim hat keinen Freund außer dem Muslimen» korrigiert. Der Redner zog einen Frontverlauf Serbien-Europa-Amerika, gleich Christen-Imperialisten und deren einheimische Kollaborateure, und Bosnien-Irak-Südosttürkei, gleich Islamische Welt-Unterdrückte. Er wiederholte die in verschiedenen islamistischen Zeitschriften gemachte Aussage, die Imperialisten würden letzten Endes im Blute der muslimischen Märtyrer ertrinken.

Nicht jeder sieht das so, doch säkulare und pro-islamische Politiker betonen gleichermaßen, daß es ‹der Westen› sei, der gegen ‹den Osten› Stellung beziehe und politische Konflikte zu religiösen mache. Der Unterschied besteht darin, daß der Konflikt den pro-islamischen Gruppen als Wiedervergegenwärtigung einer ‹grundlegenden Wahrheit›, des Gegensatzes zwischen dem Glauben und dem Unglauben, erscheint.

Thomas Bremer

Muslime in Bosnien – «Nation» oder «Religionsgemeinschaft»?

In Bosnien und Herzegowina sind die Muslime Nachkommen von bald nach der türkischen Eroberung des Landes (1463) islamisierten Christen. In den 1960er Jahren wurde in Jugoslawien beschlossen, für die aus einer islamischen Tradition kommenden Menschen (unabhängig davon, ob sie religiös waren oder nicht) die Bezeichnung «Muslime» als Nationalität einzuführen. Bis dahin hatten sich diese Menschen entweder als Serben oder als Kroaten deklarieren müssen. Aufgrund der engen Verbindung zwischen Serbentum und Orthodoxie einerseits und Kroatentum und Katholizismus andererseits hatten viele Muslime, die sich zunächst vor allem durch ihre Namen von Serben und Kroaten unterschieden, den Ausweg gewählt, sich «Jugoslawen» zu nennen.

Das muslimische Nationalbewußtsein ist durch die Einführung des Nationalbegriffs «Muslime» in großem Maße gestärkt worden. Es liegt jedoch auf der Hand, daß die Wahl eines religiösen Begriffs für eine Nation äußerst problematisch ist. Während des Bosnienkrieges, im Herbst 1993, hat dann auch eine «Volksversammlung» der Muslime in Sarajevo beschlossen, die Bezeichnung «Muslime» zugunsten von «Bosniaken» abzuschaffen. Doch auch der neue Begriff ist nicht unproblematisch, da er als Anspruch verstanden werden kann, das einzige konstitutive Volk in Bosnien zu sein. Tatsache ist jedoch, daß sich die muslimische Nation bereits vor Ausbruch des Bosnienkrieges konstituiert hatte.

Von der muslimischen Nation in Bosnien ist die dortige muslimische Glaubensgemeinschaft zu unterscheiden. Der bosnische Islam war bis zum Zweiten Weltkrieg fest in der Bevölkerung verwurzelt. Von zwei Reformansätzen in der Zwischenkriegszeit ist der zweite gelungen. Das damalige Oberhaupt der islamischen Gemeinschaft Bosniens konnte seine Gläubigen davon überzeugen, daß Islam und das Leben in der modernen Gesellschaft durchaus miteinander zu vereinbaren sind. Bereits vorher waren Erscheinungen wie die Verschleierung bei Frauen und die Beachtung der Bestimmungen religiöser Stiftungen weitgehend zurückgegangen. Bemerkenswert ist, daß es in der Glaubenspraxis der bosnischen Muslime viele Elemente aus dem Christentum gab. Erkennbar war dies u.a. auch daran, daß den Muslimen vor dem Zweiten Weltkrieg ausdrücklich geraten wurde, das Fest des serbischen Nationalheiligen Sava nicht mehr zu begehen und katholische Kirchen nur noch dann aufzusuchen, wenn sie dabei den Fez aufbehalten konnten.

Nach dem Zweiten Weltkrieg wurde der Islam immer mehr marginalisiert. Dazu trugen repressive Maßnahmen der Behörden bei, etwa mehrere große Prozesse gegen Anhänger des Islam. Einige hunderttausend Muslime aus Bosnien waren in der ersten Hälfte des Jahrhunderts bereits in die Türkei emigriert, so daß ein großer Teil der religiös aktiven Bevölkerung wegfiel. Die Behörden in Bosnien und Herzegowina galten als die unnachsichtigsten gegenüber religiösen Aktivitäten. In den 80er Jahren gab es nur noch einen geringen Prozentsatz der ethnischen Muslime, die den islamischen Glauben praktizierten. Daran änderte auch die Gründung einer islamisch-theologischen Fakultät in Sarajevo 1977 nichts. Die jüngeren Theologen konnten fortan im Lande ausgebildet werden (und nicht mehr, wie bislang, in Kairo oder anderen Städten des Auslands), so daß sich langsam eine Gruppe islamischer Intellektueller formierte. Bei ihnen war deutlich das Bemühen sichtbar, die Grundsätze des Islam mit den Erfordernissen einer modernen, westlich geprägten Gesellschaft zu verbinden. Nirgends gab es in Bosnien das, was man in anderen Staaten «Fundamentalismus» oder «Islamismus» nennt.

Die Situation änderte sich erheblich durch den Bosnienkrieg. Für die bosnischen Muslime, die sich in starkem Maße mit ihrem jetzt selbständigen Staat identifizierten, wurde der Islam das wichtigste Identifizierungsmerkmal. Viele von ihnen wandten sich dem Glauben wieder zu, zumal eben auch bei Serben und Kroaten die Religion häufig als identitätsstiftendes Merkmal betont wurde. Vor allem auf serbischer Seite wurde die Angst vor einem fundamentalistischen Islam in den Vordergrund gerückt, der angeblich in Bosnien drohte. Staatspräsident Izetbegović, bekennender Muslim, wandte sich auch an islamische Staaten um Unterstützung, als er keine militärische Hilfe durch die westlichen Staaten bekam. Islamische Länder, die Bosnien finanziell, materiell und in geringem Maße auch personell unterstützten, verlangten dafür eine größere Beachtung islamischer Vorschriften. Da der Krieg in den meisten islamischen Staaten als Vernichtungskrieg der Christen gegen den europäischen Islam wahrgenommen wurde, war die Minimierung christlicher Elemente in Bosnien (z.B. im Zusammenhang mit dem Weihnachtsfest und seiner Symbolik) eine der ersten Maßnahmen, die eine langsame Islamisierung des Landes andeuteten.

Heute ist der Islam in Bosnien (d.h. in den Landesteilen, in denen noch Muslime leben) erheblich erstarkt, obgleich viele Bewohner des Landes nach wie vor zentrale Glaubensvorschriften nicht beachten (z.B. Verzicht auf Alkohol und Schweinefleisch). Die christlichen Kirchen beklagen sich vor allem in der bosniakisch-kroatischen Föderation des Landes über die Bestrebungen, eine Islamisierung des öffentlichen Lebens zu erreichen, die von der Zentralregierung unterstützt werden. Die konkrete Umsetzung hängt dabei zumeist von den Verantwortlichen vor Ort ab. In der serbischen Entität gibt es praktisch kein islamisches Leben mehr. Fast alle Moscheen sind dort zerstört, ein großer Teil der Bewohner vertrieben oder getötet, und insbesondere die Angehörigen der Intelligenz, die islamischen Geistlichen eingeschlossen, waren die ersten Opfer von Mord und Gewalt.

Georg Stauth

Max Weber in Malaysia

Die Idee, islamische Werte als Katalysator für die Modernisierung von Staat und Gesellschaft einzusetzen, hat dem wirtschaftlichen Erfolg keineswegs geschadet. Dennoch handelte es sich hierbei um ein mit vielen Widersprüchen behaftetes Unterfangen. In Malaysia sprach man diesbezüglich von einer gewissen Paradoxie im «Mahathirismus».

Während der achtziger und neunziger Jahre versuchten sich viele nachkolonialen Gesellschaften endgültig von westlicher Bevormundung zu befreien. Der Islam trat im Kampf um kulturelle Anerkennung als Alternative zu westlichen Denkformen auf, gelegentlich auch als militant anti-westliches Programm. Studenten wie Angehörige der Mittelklassen nahmen an dieser Entwicklung teil. In mehreren Ländern begann so ein Wettlauf um die Authentizität islamischer Visionen und Prinzipien. Die *ummat* des Propheten, militanten Gruppen gleichsam als Vorbild für eine Art islamischen «Urkommunismus» dienend, und die Vorstellung eines auf der *shariah* gegründeten islamischen Rechtsstaates bildeten Extrempole innerhalb eines breiten Spektrums utopischer Gesellschaftsmodelle. Für Malaysia stand vor allem der Erfolg Singapurs Modell. Dort betonte die chinesische Führung unter Lee Kuan Yew mit Bezug auf unterschiedliche ethnische und religiöse Gruppen die sogenannten «asiatischen Werte». Das bedeutete nichts anderes als die autoritäre Durchsetzung bestimmter Rechtsverbindlichkeiten und staatliche Garantien für die kulturelle Integrität organisierter ethnischer Gemeinschaften. Die malaysische Politik der Islamisierung verlief in ähnlicher Richtung, mit dem Unterschied allerdings, daß sie die kulturelle Integrität im Grunde nur für die Malaien garantierte – wenn man die zahlenmäßig nicht so sehr ins Gewicht fallenden Araber und muslimischen Inder einmal außer acht läßt. Das Besondere des malaysischen Modells liegt jedoch in der Wirkung der «asiatischen» Komponente insgesamt – genauer gesagt, in der

Abb. 10. Auch die moderne Hochhausarchitektur in Malaysia ist islamisch geprägt: Dayabumi-Hochhaus, Kuala Lumpur

Wirkung auf den Islamisierungsdiskurs, den die malaysische Regierung führte.

Mahathir erkannte früh, daß seine *bumiputra*-Politik von der Verknüpfung mit islamischen Ideen profitieren würde. Es kam darauf an, eine gewisse Autoritätshörigkeit, gepaart mit Selbstgenügsamkeit, in den Dienst kapitalistischen Maximierungsdenkens zu stellen und zugleich ein islamisches Wissenschaftsprogramm aufzulegen. Ein auf der «Einheit Gottes» *(tawhid)* beruhendes Menschenbild, Multikulturalität, Ökologie und neue Technologie waren die «Eckpfeiler» der von ihm propagierten Staatsideologie. Malaiische Traditionen sollten als islamische weiterleben, Malaysias Menschen mußten lernen, «modernistisch» zu denken. Damit war auch – zumindest theoretisch – die Möglichkeit gegeben, oppositionelle Bewegungen unter Studenten und Intellektuellen zu «neutralisieren». Mit anderen Worten, Mahathir versuchte, unterschiedliche Vorstellungen frühzeitig zusammenzuführen und in den Dienst des übergeordneten Ganzen zu stellen [...]

Bereits in den sechziger und siebziger Jahren wurden Max Webers Thesen an malaysischen Hochschulen diskutiert. Um die kapitalistischen Impulse, die angeblich vom Protestantismus ausgingen, auch in Asien freizusetzen, beschwor man Asiens «eigene» Tugenden. Bald galt der Islam für Mahathir, damals noch Bildungsminister, als funktionales Äquivalent zum Protestantismus. Als Ministerpräsident stützte Mahathir seine Islamisierungspolitik dabei auf drei «Säulen»: Zum einen betrieb er die kulturelle «Institutionalisierung» des Islam. Anwar Ibrahim unterstützte ihn dabei. Letzterer wurde zunächst Kultur-, Jugend- und Sportminister, schließlich Bildungsminister (1986) und später Finanzminister und Vizepremier. Die vielen aus dem Boden gestampften *think tanks* entwickelten – im Wettbewerb miteinander – eine Art populärwissenschaftliche Islam-Programmatik. Diese Institutionen waren laizistisch-modernistisch orientiert, gehörten also nicht zur islamischen Orthodoxie. Unter anderem verbreiteten sie die Ideen modernistischer Denker wie etwa Malek Bennabi, Ismail R. Faruqi oder Fazlur Rahman. Dem geistigen Mentor Anwar Ibrahims, Professor Syed Naguib Muhammad al-Attas, einem Mann arabischer Herkunft, der vor allem die sufistischen Traditionen des malaiischen Islam vertrat, wurde sogar ein großes Institut zuteil, das orientalistische und islamwissenschaftliche Studien förderte und in den Wettbewerb mit westlichen Einrichtungen trat. An einer anderen Institution, dem Institut Kafahaman Islam Malaysia (Institut islamischer Erkenntnis in Malaysia, IKIM), werden orthodox-islamische Themen im Sinne Mahathirscher «Vorgaben» erörtert. Die Internationale Islamische Universität schließlich kooperiert mit verschiedenen Institutionen in den Ländern des Vorderen Orients. Damit entwickelten sich in Malaysia verschiedene, in gewisser Hinsicht einander widersprechende Lehrmeinungen. Dies wirkt sich auf das sublime Filigran der Machtverteilung in der Regierung aus, denn unterschiedliche Gruppen verorteten sich über ihre jeweiligen Institute in ebenso unterschiedlichen Lagern malaysischer Kulturpolitik.

Zugleich – die zweite «Säule» – sorgte man für eine Stärkung der «klerikalen» Traditionen. Am Pusat Islam, dem Islamischen Zentrum, wurden Personen, die im Nahen Osten ausgebildet worden waren oder von dort kamen, angestellt. Sie kümmerten sich um die Interpretation der *shariah* und berieten vor allem Ende der achtziger und Anfang der neunziger Jahre die Regierung – beispielsweise, wenn es in Kedah und Kelantan darum ging, *hudud*-Gesetze (koranische und andere Strafregelungen) zu legalisieren. Ferner bemühte man sich um eine Intensivierung des studentischen Austauschs mit dem Vorderen Orient. Besonders Kairo und Mekka standen hoch im Kurs. Im übrigen blühten die privaten Koranschulen, die oft von Rückkehrern aus Kairo und Mekka geleitet wurden.

Die dritte «Säule» bestand in einer gewissen «Internationalisierung» des Islam-Diskurses. Dies geschah durch eine systematische Einbindung international bekannter Intellektueller in lokale Debatten. Nicht nur aus Nordamerika und Großbritannien, sondern auch aus den Ursprungsländern des Islam im Nahen Osten, etwa aus der Türkei, aus dem Iran und aus Pakistan, wurden Geistes-, Sozial- und Naturwissenschaftler nach Malaysia eingeladen.

Heinrich Bergstresser/Sibylle Pohly-Bergstresser

Rivalisierende Muslimgruppen in Nigeria

Wie das Christentum paßte sich auch der Islam der afrikanischen Tradition an, wobei die Missionierung außerhalb des klassischen islamischen Verbreitungsgebietes in den südlichen Zentren zu völlig neuen Formen geführt hat. Im nördlichen Yoruba-Land, wo der Islam seit über 150 Jahren bekannt ist, sind die neuen islamischen Sekten besonders erfolgreich.

Die «Mashad Monastery and Mosque of Nigeria» und die «Ruhamau Islamic Society of Nigeria» sind typische Beispiele für die neuen, selbstbewußten islamischen Gemeinschaften in Nigeria. Auch sie richten ihre Bemühungen, wie ihre christlichen Konkurrenten, auf das Diesseits. So sieht sich der Führer der «Mashad Monastery» als erwählter Prophet Gottes, der weder Mohammed noch Jesus braucht, um mit Gott Verbindung aufzunehmen und Wunder zu vollbringen. Das Oberhaupt der «Ruhamau» greift nach Bedarf auf alte Kultformen und traditionelle Riten zurück, um seinen Gebeten zu Allah Nachdruck zu verleihen.

Kliniken gehören ebenso zum Besitzstand der Sekten wie großzügig errichtete Moscheen, riesige Wagenparks und ganze Straßenzüge mit Häusern. Sichtbarstes Zeichen von Reichtum, Einfluß und Selbstbewußtsein der Muslime im südlichen Nigeria ist die neue Moschee in Lagos, erbaut im Stil der traditionellen islamischen Architektur.

Diese Sekten stoßen auf den heftigen Widerspruch einiger islamischer Gruppen in den Universitäten des Nordens, die sich als Vertreter der reinen Lehre verstehen. Sie pflegen enge Beziehungen zu Saudi-Arabien und bekämpfen die Sekten und Bruderschaften als spiritistische Abweichler vom wahren Glauben. Sie sind allerdings eine Minderheit, die von der Bevölkerung mit großer Skepsis betrachtet wird, erweckt doch ausländischer Einfluß immer Mißtrauen. Das gilt auch für einige kleine schiitische Gruppen, die sich an den weiterführenden Schulen im Gefolge der iranischen Revolution gebildet haben.

Diese Gruppen haben erheblich zu den religiösen Spannungen in den nördlichen Landesteilen beigetragen.

In Nigeria kommt es immer wieder zu religiös motivierten Unruhen zwischen verschiedenen Gemeinden. In Erinnerung sind die blutigen Maitatsine-Unruhen, die zwischen 1980 und 1985 die Bewohner der städtischen Zentren des Nordens in Angst und Schrecken versetzten. Ihr Anführer Muhammadu Marwa, genannt Maitatsine, ein begnadeter und allseits bekannter Prediger, hatte in Kano Tausende von Anhängern um sich geschart. Die meisten waren Arbeitslose und Jugendliche ohne Ausbildung, also Opfer des neuen Reichtums. Marwa, der die Neureichen, die saturierten Gelehrten und die alteingesessenen islamischen Verbände für diese Entwicklung verantwortlich machte, trat im Namen Allahs mit seinen Anhängern gegen die islamische Oberschicht und die Regierung an. Die Sicherheitskräfte konnten den Aufruhr in Kano nur mit Waffengewalt niederschlagen, wobei 4000 Menschen ums Leben kamen, unter ihnen auch Marwa. Einige seiner Anhänger konnten dem Gemetzel entkommen und zettelten neue Aufstände in Maiduguri, Yola und Gombe an, die wiederum Hunderte von Opfern forderten.

Peter von Sivers

Algerien – der Schmutzige Krieg

In den Jahren 1993–95 begingen Sicherheitskräfte und Islamisten die schlimmsten Verbrechen des Schmutzigen Kriegs. AIS und GIA kontrollierten neben ihren Bergstrichen ganze Stadtteile in Algier und einem halben Dutzend von Provinzstädten. Keiner der übrigen Landesteile war sicher, nicht einmal die ölfördernde Ostsahara. Die Ausblutung der Dörfer ließ erst mit der Einführung der Selbstverteidigung durch bewaffnete Kommunalgarden Ende 1994 nach. Ende 1995 hatte der Krieg etwa 60000 Opfer, davon die Hälfte Zivilisten, gefordert. Die Zerstörungen gingen in die Milliarden Dollar, und die meisten Staatsdienste waren ernsthaft beeinträchtigt. Beobachter fingen an, von einem Bürgerkrieg zu sprechen.

Ende 1993 endete das Mandat des Hohen Staatsrats, und in einem Kompromiß einigte sich das Militär auf den aus dem Aurès (Aurās) in Südostalgerien stammenden Verteidigungsminister und demissionierten General, Liamine Zéroual ('l-Yamīn Zirwāl), als Übergangspräsidenten. [...]

Trotz des Mißtrauens zwischen Zéroual und den Parteien kam es schließlich im November 1995 zu Präsidentenwahlen, bei denen Zéroual gegen einen gemäßigten Islamisten und zwei weitere Kandidaten gewann.

Ein ernster Dialog zwischen allen, außer den Islamisten und den beiden Berberparteien, um ein Verfassungsreferendum und anschließende Parlamentswahlen begann. Die durch den arabischen Islamismus nervös gewordenen Berber der Kabylei (10% der Gesamtbevölkerung) waren inmitten eines Schulboykotts, mit dem sie um die Anerkennung von Tāmāzight als zweiter Nationalsprache kämpften. Die Regierung konzedierte 1995 lediglich eine Unterrichtskommission, und so hielten sich die Kabylen vom Dialog fern. Die neue Verfassung sah ein der marokkanischen Verfassung entlehntes, «Nationalrat» genanntes Oberhaus vor und wurde in einem Referendum 1996 angenommen. Ein Wahldekret führte das Proportionalsystem ohne Stichwahlen ein. Für 1997 anberaumte Gemeinde- und Regionalwahlen gaben der neugegründeten, die Generäle unterstützenden Nationaldemokratischen Sammlung (RND) über die Hälfte der Sitze. Die inzwischen weniger reformistisch gewordene FLN und die gemäßigte Islamistenpartei «Bewegung der Gesellschaft für den Frieden» (MSP, früher Ḥamās-Partei) stellten das Gros der übrigen Abgeordneten. Eine ähnliche Sitzverteilung charakterisierte den Nationalrat. Bei den Präsidentschaftswahlen 1999 trat Zéroual überraschend nicht an, vermutlich wegen des Widerstands der kompromißlosen Fraktion um den Generalstabschef Mohammed Lamari (al-ʿAmmārī).

Statt dessen wurde Abdelaziz Bouteflika (Būtaflīqa) gewählt. Bouteflika, 62jähriger früherer FLN-Befreiungskämpfer aus Tlemcen in Westalgerien und erfolgreicher Außenminister unter Boumedienne, war 1979 vom Militär zugunsten Bendjedids übergangen worden, hatte sich von der Politik zurückgezogen und war daher von der algerischen Misere relativ unbelastet. [...]

Gespräche Bouteflikas mit der FIS, der AIS und den gemäßigten Islamisten schlugen sich in einem offiziellen Waffenstillstand der AIS und der Freilassung Tausender Islamisten nieder. In einem von der Bevölkerung im September 1999 angenommenen «Versöhnungspakt» wurde allen, die ihre Waffen bis Januar 2000 streckten, die Amnestie versprochen. Etwa 1200 GIA-Islamisten gaben auf, aber 5000 machten weiter, und im Juli 2000 nahm der Terror wieder zu. In einer sensationellen Enthüllung im Juli 2000 erhob ein ehemaliger islamistischer Terrorist, Aḥmed Merah (Maraḥ), die Behauptung, die konservative Sozialistenfraktion habe Mitte der 80er Jahre die ersten Islamisten mit Waffen ausgerüstet, um Bendjedids Reformistenregierung zu Fall zu bringen. Bouteflika war weniger sensationell, aber definitiv wahrheitsgetreu, als er als erster Regierungsvertreter offiziell von mindestens 100000 Toten im Schmutzigen Krieg sprach und somit das Debakel zum ersten Mal in seinem vollen Ausmaß zugab. Sein erstes Jahr verbrachte Bouteflika hauptsächlich mit Auslandsreisen, um für Sympathie zu werben und die dahinsiechende Maghrebunion wiederzubeleben.

Die algerische Wirtschaft befand sich von 1985 bis 1996 im freien Fall. Ölkrise, Terror und Premierminister ʿAbd as-Salāms Versuche 1992/93, das Rad zum Sozialismus zurückzudrehen, trugen zu einem beispiellosen Niedergang eines der damals modernsten Industriesysteme in den Entwicklungsländern bei. Die offizielle Arbeitslosenrate stieg auf 28%. Der Wohnungsbau kam zum Stillstand, und im Durchschnitt lebten acht Personen in jedem verfügbaren Raum – in keinem anderen Land Nordafrikas und des Nahen Ostens war die Wohnungsnot schlimmer. Angesichts der geschlossenen Fabriken sank ein Drittel der städtischen Bevölkerung auf den informellen Sektor ab, wo sie ein mageres Fünftel der Einkommen verdienten. Die einzigen Lichtblicke in dieser Zeit waren die Geldüberweisungen von über 800000 Auslandsalgeriern und die Bereitschaft des IMF, die Rückzahlung von Algeriens Schulden aufzuschieben.

Dafür aber mußte Algerien 1995 ein dem marokkanischen und tunesischen ähnelndes Programm des *structural adjustment* akzeptieren. Entsprechend diesem Programm erließ die Regierung 1996 ein umfassendes Privatisierungsgesetz und beendete 1997 drastisch alle Subventionen für Lebensmittel. Das Privatisierungsgesetz, das nicht einmal einen befristeten Schutz für Arbeitsplätze enthielt, diente allerdings zunächst nur zur Schließung heruntergekommener Betriebe. Der Verkauf rentabler Firmen hat gerade erst begonnen. Die Gewerkschaften machten bei der Privatisierung nur zögernd mit, und im November 1998 drohten Hotelarbeiter mit der Brandschatzung eines Hotels, wenn die Privatisierung nicht beendet werde. Das Banken- und Finanzierungswesen harrt noch seiner strukturellen Anpassung, und die Assoziierung Algeriens an die EU mit einem Vertrag ähnlich dem Tunesiens oder Marokkos ist Zukunftsmusik.

Bei der Auffächerung der Wirtschaft und der Beteiligung in- und ausländischen Kapitals an algerischen Firmen lag das Land im Jahr 2000 zwar vor Libyen, aber weit hinter Tunesien und Marokko. In der Landwirtschaft, die 10% zum Bruttosozialprodukt beitrug, war ein Viertel aller Algerier beschäftigt. Sie deckte aber nur 25% des Lebensmittelbedarfs, und Einfuhren verschlangen einen ebenso hohen Anteil an den Exporterlösen. Nach Aufgabe der Agrarrevolution in den 70er Jahren blieb die unrentable Kleinparzellenwirtschaft ein großes Problem, an dem sich auch mit der vorgesehenen Privatisierung der Staatsdomänen nicht viel ändern wird. Die Bewässerungswirtschaft erreichte 11% der bebauten Fläche, aber ihre Produktion an Trauben, Wein und Zitrusfrüchten geht weniger in den Export, als es in den Nachbarländern der Fall ist. In der Industrie erwirtschafteten die Öl- und Erdgassektoren 95% der Devisen, wobei Öl zwei und Gas ein Drittel ausmachten. Die entsprechenden Reserven werden auf 19 bzw. 70 Jahre geschätzt. Die Sektoren Elektrotechnik, Lebensmittel, Baumaterialien, Chemie, Arzneimittel und Textilien verzeichneten 1998 erstmals in über einem Jahrzehnt Produktionssteigerungen. Die bisher nie sehr stabile Tourismusbranche mußte wieder von vorne anfangen. Algerien besitzt als einziges Maghrebland einen 1993 in Betrieb genommenen Atommeiler – ein anachronistisches Mahnmal einstmals ehrgeiziger Pläne für die Nation in der Weltgemeinschaft.

Reinhard Schulze

Postislamismus?

Die panikartige Reaktion der bürgerlichen Öffentlichkeit in Algerien angesichts der Wahlerfolge der Islamisten resultierte aus spezifischen Traditionen, welche das Land seit der Unabhängigkeit von 1962 prägten. Seit dem Tod von Houari Boumedienne hatte der FLN einen Staat ohne Volk regiert, während sich das Volk vom Staat verlassen fühlte. Die Kluft zwischen der Gesellschaft und dem Staat vermochte der FLN nicht mehr zu überbrücken, da er selbst zu einem Organ des Staates geworden war. Die islamische Propaganda wirkte – vor allem unter den Jugendlichen – wie ein Aufruf zur Befreiung, doch gelang es den bürgerlichen Parteien nicht, die Islamisten in die angestrebte Parteiendemokratie zu integrieren.

Allerdings gab es in anderen arabischen Ländern Erfahrungen, welche bewiesen, daß eine solche Integration durchaus möglich war. Sowohl in Ägypten und Jordanien wie im Jemen waren islamische Parteien oder Allianzen fest in die parlamentarische Vertretung integriert. Am 8. November 1989 war in Jordanien ein Parlament gewählt worden: Bei einer Wahlbeteiligung von nur 45% eroberten Kandidaten der Muslimbruderschaft und anderer islamischer Parteien 34 der 80 Sitze; fast genauso viele Sitze (32) erhielten nationalistische und linkssozialistische Bewerber. Bei den ägyptischen Parlamentswahlen am 6. und 9. April 1987 hatten islamische Kandidaten, die auf einer Liste mit der Sozialistischen Arbeitspartei und der Partei der Sozialistischen Liberalen kandidiert hatten, immerhin 17% der Stimmen und 56 Sitze errungen (gegenüber 69% der herrschenden Nationaldemokratischen Partei und 11% der Neuen Wafd-Partei). Der tatsächliche Anteil der Islamisten an der politischen Öffentlichkeit in den arabischen Staaten pendelte sich so zwischen 1987 und 1993 auf etwa 20–30% ein. Dies entsprach in vielen arabischen Ländern in etwa dem politischen Ausdruck der sozialen Schichtungen, welche die islamische Politik trugen: Islamische Parteien repräsentierten als städtische Parteien durchweg den kleinen Mittelstand, die Mehrheit der Studentenschaft sowie bestimmte Sektoren der Arbeiterschaft und der staatlichen Verwaltung. Dabei handelte es sich um genau jene gesellschaftlichen Gruppen, welche am stärksten unter der Verselbständigung des Staates zu leiden hatten. Ihnen war zwar ökonomisch ein gewisser Anteil am gesellschaftlichen Reichtum gegeben, doch waren sie von dem politischen Recht weitgehend ausgeschlossen. Die Unterstützung islamischer Parteien kann so als Hoffnung gewertet werden, eine politische Autonomie gegenüber dem Staat und der «Staatsklasse», aber auch gegenüber jener Generation zu erringen, welche die überkommenen Entwicklungsideologien geprägt hatte. Die schon lange zur Wirklichkeit gewordene Selbstverwaltung der Lebenswelten, die in keinem Bezug zur traditionellen Nationalkultur mehr standen und zu denen der Staat keine Beziehungen mehr unterhielt, sollte unter anderem durch islamische Parteien zu einer politischen Größe werden. Der von vielen Beobachtern skeptisch beurteilte Demokratisierungsprozeß in den arabischen Ländern, der sich in den zahlreichen Parlamentswahlen ausdrückte, war so nur ein Ausdruck eines allgemeineren gesellschaftlichen Pluralisierungsprozesses, der Gemeinschaften, Regionen, Generationen und soziale Klassen voneinander schied. Entsprechend wandelten sich die arabischen Nationalkulturen: Statt der früher betonten Einheitlichkeit der Kultur wurde nun mehr und mehr auf die Vielfalt der in einer gemeinsamen Nationalkultur eingebetteten Gruppenkulturen verwiesen.

Außerhalb der politischen Repräsentation agierten jetzt verstärkt islamische Splittergruppen, welche keineswegs bereit waren, den Prozeß der Integration der islamischen Öffentlichkeit in den Staat zu unterstützen. In Ägypten machten sie durch spektakuläre Aktionen auf sich aufmerksam; so wurden 1992 und 1993 in Oberägypten wiederholt Tourismuseinrichtungen angegriffen; in Kairo selbst erlag der streitbare Gegner der Islamisten, Farag Foda, einem Mordanschlag. [...]

Doch trotz dieser zeitweiligen Fehlschläge gelang in vielen arabischen Ländern nach zähen Auseinandersetzungen die Integration der ehemals autonomen islamischen Gruppierungen; dies bedeutete nicht deren soziale und politische Gleichschaltung, sondern eher die Aushandlung einer innergesellschaftlichen Konkurrenz im Bereich eines Rechtspluralismus. [...]

Der klassische Islamismus, der auf einer ideologischen Neudefinition der Gesellschaft gegründet hatte, hatte im Rahmen der Pluralisierung der öffentlichen politischen Ordnung und der Globalisierungskulturen, die den ökonomischen Prozeß der Globalisierung interpretierten, deutlich sein Profil verändert. An die Stelle der unitaristischen Gesellschaftsidee trat die islamische Begründung pluraler Ordnung, die sich entweder in der Bejahung eines politischen Pluralismus oder in der Forderung nach einem starken Lokalismus zeigte. Dieser «Postislamismus» förderte die Pluralisierung der islamistischen Debatten und begünstigte gleichzeitig einen islamisch gedeuteten sozialen oder regionalen Partikularismus. [...]

Der innergesellschaftliche Verhandlungsprozeß war in den arabischen Ländern nicht überall gleich fest verankert. Je nach den sozialen und ökonomischen Rahmenbedingungen und den Versuchen der älteren Politikergeneration, mißtrauisch der eigenen Bevölkerung gegenüber die Macht autoritär zu bewahren, konnten sich militante, nicht zivile Formen der Machtkonkurrenz erhalten. Tunesien verschloß sich einer demokratischen Öffnung, der Irak wurde zum Haushalt der Familie des Staatspräsidenten Ṣaddām Ḥusayn. Doch die Kampagnen um die Einführung des Frauenwahlrechts (Kuwait), die Debatten um die Rolle islamischer Wohlfahrtsorganisationen beim Aufbau einer Zivilgesellschaft (Marokko), die Auseinandersetzungen um einen Rechtspluralismus (Ägypten), die Diskussionen um eine Neubestimmung der politischen Repräsentation ethnischer Gemeinschaften (Libanon, Sudan, Somalia) und später die Regelung seit Jahrzehnten offener Grenzfragen (Saudi-Arabien, Mauretanien) trugen zur Ausprägung einer neuen Verhandlungskultur bei. Verhandlungen wurden selbst als Prozeß der zivilen Konfliktregelung angesehen und verlangten daher sehr viel mehr Zeit als die klassischen diplomatischen Verhandlungen zur Beilegung zwischenstaatlicher Konflikte. Den arabischen Monarchien wurde schon bald die Aufgabe zugewiesen, diesen Verhandlungsprozeß symbolisch zu vertreten und zu garantieren, ohne selbst wirklich Partei zu sein. Die Präsidialordnung in vielen arabischen Republiken förderte eine analoge Funktionsveränderung des Präsidentenamtes. Machtvolle Präsidenten wie Zéroual (Algerien), Mubārak (Ägypten) oder al-Bašīr (Sudan) trachteten danach, in einer ähnlichen Funktion anerkannt zu werden, und förderten ihrerseits den innergesellschaftlichen Verhandlungsprozeß. Die Frage, ob dieser den arabischen Gesellschaften eine Atempause verschaffen wird, um Lösungen für die eigentlichen sozialen, ökologischen und ökonomischen Probleme (z. B. Verarmung, Flüchtlingsintegration, Entflechtung von Wirtschaft und Politik, wirtschaftliche Öffnung im Rahmen des globalen Wettbewerbs, Förderung ausländischer Investitionstätigkeit, Akzeptanz der neuen Medientechnologie, die auch Informationspluralismus verlangt) zu finden, wird im 21. Jahrhundert beantwortet werden.

12. Muslime unter uns

Stefan Reichmuth

Muslime in Deutschland

Nach gegenwärtigen Schätzungen leben in Deutschland derzeit bis zu 3 Millionen Muslime. Die weitaus größte Gruppe (über 2 Millionen) ist türkischer Herkunft, gefolgt von Muslimen aus dem Balkan, den arabischen Ländern, Iran, Afghanistan und Pakistan sowie kleineren Gruppen aus anderen islamisch geprägten Regionen. Dazu kommt eine wachsende Gruppe deutschstämmiger und eingebürgerter Muslime, die mittlerweile die Zahl von 100000 erreicht haben dürfte, damit jedoch nach wie vor nur einen geringen Anteil der Muslime in Deutschland ausmacht. Die große Mehrheit gehört zu den Sunniten, von denen sich unter den türkischsprachigen Muslimen die Gruppe der Aleviten zunehmend abgrenzt und als eigene Religionsgemeinschaft organisiert. Schiiten iranischer Herkunft bilden ebenfalls eine größere Gruppe. Eine aktive Rolle, auch unter den deutschsprachigen Muslimen, spielen die beiden Zweige der Aḥmadîya-Bewegung indo-pakistanischer Herkunft, die von den übrigen Muslimen meist als nicht-islamisch angesehen werden. Insgesamt läßt sich feststellen, daß wohl keine andere Religionsgruppe in Deutschland sprachlich, kulturell und religiös eine mit den Muslimen vergleichbare Vielfalt aufweist.

Wie in anderen Ländern Europas geht die Präsenz großer muslimischer Gruppen auf die Arbeitsmigration seit den 1960er Jahren zurück, auch wenn eine kleine islamische Diaspora von Migranten, Flüchtlingen und Konvertiten bereits seit längerem bestand. Mit der Familienzusammenführung, die seit den 1970er Jahren in großem Stil erfolgte, bildeten sich große muslimische Gemeinschaften, deren Lebensschwerpunkt sich zunehmend nach Deutschland verlagerte, auch wenn sie die Nationalität des Heimatlandes und die sozialen Bindungen an die Heimat nach Kräften aufrechterhielten. In vielen deutschen Städten entwickelten sich kommunale Schwerpunktgebiete türkischer Bevölkerung mit einer eigenen Infrastruktur an Geschäften, Unternehmen und Vereinen.

Hierzu gehörte bereits sehr früh die Einrichtung von Moscheen und die Gründung religiöser Vereinigungen. Wie bei Migranten allgemein verstärkte sich das religiöse Leben in der Diaspora, und auch bei denjenigen, die ihre Religion nicht oder kaum praktizierten, blieb der Islam meist ein wichtiger Bestandteil ihrer sozialen und kulturellen Identität.

Für viele Muslime und Musliminnen in Deutschland ließ sich seit den 1980er Jahren eine wachsende Orientierung an den religiösen Normen von Gebet, Kleidung und Alltagsleben feststellen, was mit erheblichen Spannungen und Konflikten innerhalb der muslimischen Gemeinschaften einherging. Bei der Migration hatten etwaige religiöse Bedenken, etwa gegen einen dauerhaften Aufenthalt in nichtislamischen Staaten, noch keine erkennbare Rolle gespielt. In Deutschland selbst gewann gerade die religiöse Gemeindebildung für die Muslime zunehmend an Bedeutung. Neben der Rückwirkung der religiöspolitischen Entwicklungen im Nahen Osten (Iran, Türkei, arabische Länder) waren es die Bedürfnisse der sozialen Selbstbehauptung, Anerkennung und zugleich Abgrenzung, die zur verstärkten Betonung religiöser Normen bei Älteren wie Jüngeren, Männern wie Frauen beitrugen. Gerade die muslimischen Frauen und Mädchen wurden seitdem häufig als Träger und Symbole einer eigenständigen islamischen Existenz herausgestellt, die islamische Normen der Bekleidung und des Verhaltens speziell für Frauen besonders betont. Dies wurde von der übrigen Bevölkerung wie von den deutschen Behörden vielfach als Herausforderung empfunden und unterwarf die muslimischen Frauen und Mädchen besonderen Spannungen im öffentlichen wie im privaten Leben.

Die verbreiteten Einstellungen zum Islam und zu den Muslimen sind in Deutschland immer noch zum guten Teil von älteren Stereotypen geprägt, in denen der Islam als exotische Chiffre für Mystik, Macht und Leidenschaft, aber auch als Bedrohung für Religion und Gesellschaft in Erscheinung tritt. Zwischen den doch sehr unterschiedlichen islamischen Staaten und Gesellschaften wird dabei kaum unterschieden. Die politischen Konflikte mit den Ländern des Nahen Ostens haben diese Stereotypen überlagert und immer wieder aktualisiert.

Nicht zu unterschätzen ist allerdings die gewandelte Einstellung zum Islam, die sich in den christlichen Kirchen in Deutschland seit den 1960er Jahren entwickelte und die über den interreligiösen Dialog die institutionelle Integration der Muslime ins öffentliche Leben stark gefördert hat. Mit dem Anwachsen esoterischer Strömungen fand auch die islamische Mystik wachsende Beachtung, und nicht wenige deutsche Konvertiten sind mit Ṣûfî-Bewegungen verbunden. Der öffentliche intellektuelle Diskurs über den Islam wird jedoch seit der Iranischen Revolution und der Rushdie-Affäre weithin von Diskussionen um Meinungsfreiheit, Menschenrechte und wiederum besonders um die Stellung der Frau bestimmt. Der Islam wird in aktuellen politischen Debatten nicht selten zum negativen Kontrastbild für die eigenen politischen und kulturellen Wertvorstellungen. Erst allmählich tritt daneben das Faktum einer wachsenden islamischen Gemeinschaft in Deutschland selbst ins Bewußtsein.

Die Bemühungen der Muslime zielen insbesondere auf die rechtliche Anerkennung als Religionsgemeinschaft. Die Anerkennung des Status einer Körperschaft des Öffentlichen Rechtes, den die christlichen Kirchen und die jüdischen Gemeinden in Deutschland genießen, scheiterte für den Islam bisher an der Vielzahl der islamischen Organisationen und Verbände und an offiziellen Vorbehalten gegenüber ihrer Verfassungstreue. Diese Bedenken wurden insbesondere durch die militante Bewegung des türkischen Hoca Cemalettin Kaplan (gest. 1995) genährt, der seit Anfang der 1980er Jahre offen die Errichtung eines islamischen Staates in der Türkei anstrebte und sich schließlich 1992 zum Kalifen ausrief. Sein Sohn und Nachfolger wurde 1999 verhaftet und angeklagt, die Ermordung eines Dissidenten angestiftet zu haben. 2000 wurde er schließlich zu einer mehrjährigen Haftstrafe verurteilt. Die Bewegung zog zeitweilig viele türkische Jugendliche an, die bereits in Deutschland aufgewachsen waren, isolierte sich jedoch durch ihre rigiden Ansprüche und ihren zunehmend exklusiven Charakter. Gerade bei den religiös Engagierten markierte sie damit eine wichtige Wasserscheide zwischen islamistischer Abgrenzung und dem Streben nach einer wirksamen Organisation muslimischer Interessen innerhalb der deutschen Strukturen.

Mittlerweile bestehen zwei größere Dachverbände, der Zentralrat der Muslime in Deutschland (gegründet 1986, unter dem angegebenen Namen seit 1994) und der Islamrat der Bundesrepublik Deutschland (gegründet 1986), in denen jeweils eine Vielzahl von islamischer Vereinigungen unterschiedlicher Herkunft zusammengeschlossen sind und die neuerdings über ein gemeinsames Komitee in Fragen der religiösen Bildung und Erziehung eng miteinander kooperieren. Aktuelles Ziel ist dabei die Einführung eines islamischen Religionsunterrichtes an staatlichen Schulen, der aber auch eine juristische Anerkennung als Religionsgemeinschaft voraussetzt. Als Reaktion auf die Kaplan-Bewegung gründete die türkischen Regierung 1984 eine eigene Organisation für die Angelegenheiten der türkischen islamischen Gemeinden in Deutschland (DITIB, Diyanet Işleri Türk-Islam Birliği), die mittlerweile die Mehrzahl der türkischen Moscheen in Deutschland kontrolliert und mit eigenen, in der Türkei ausgebildeten Imamen versieht. Engere Beziehungen zu den deutschen Muslimen unterhält die zweitgrößte türkische islamische Organisation, die Islamische Gemeinschaft Milli Görüş (IGMG, gegr. 1975), die im Umfeld des türkischen Politikers Necmettin Erbakan beheimatet ist und die auf der Grundlage einer islamischen politischen Orientierung den Dialog mit staatlichen und kirchlichen Institutionen sucht. Von seiner Bildungsarbeit am weitesten auf die deutschen Verhältnisse eingestellt erschien längere Zeit der Verband der Islamischen Kulturzentren (VIKZ, in Deutschland bereits seit den 1960er Jahren aktiv). Als erste türkische islamische Organisation gründete er 1998 eine eigene Akademie für die Erwachsenenbildung (Villa Hahneburg, Köln) mit einem umfangreichen deutschsprachigen Programm, das stark auf den interreligiösen Dialog ausgerichtet war. Diese wurde allerdings 2000 nach einem internen Richtungswechsel innerhalb der VIKZ wieder geschlossen, und der Verband verließ den Zentralrat, dessen Position dadurch empfindlich geschwächt wurde.

Außerhalb dieser und anderer türkischer Organisationen bestehen bedeutende islamische Zentren in Aachen und München, begründet von syrischen bzw. ägyptischen Exilanten der Muslimbruderschaft, sowie ein angesehenes schiitisches Zentrum in Hamburg, das seit seiner Gründung von einigen der prominentesten Gelehrten des Iran (u.a. dem derzeitigen Staatspräsidenten Khatami) geleitet wurde. Auch deutsche Konvertiten spielen in der Öffentlichkeit eine wachsende Rolle als Vermittler und Sprecher für die Interessen der Muslime. Nicht zu unterschätzen ist jedoch nicht nur im Fall der Türkei das Gewicht der Botschaften und Konsulate islamischer Länder, die intensiv darum bemüht sind, ihren Einfluß auf die religiösen Angelegenheiten ihrer Landsleute in Deutschland zu erhalten. Angesichts der nationalen und kulturellen Vielfalt der Muslime bleibt nach wie vor offen, inwieweit der Islam in Deutschland innerhalb bestimmter nationaler Minderheitengruppen organisiert bleiben wird und inwieweit sich daneben eine eigenständige deutsch-muslimische Gemeinschaft herausbilden kann.

Carmine Chiellino

Aras Ören – fast ein deutscher Dichter

In der Danksagung für den Chamisso-Preis, der Ihnen 1985 verliehen worden ist, haben Sie mit einem Zitat von Chamisso von sich gesagt: «Ich bin fast ein deutscher Dichter.» Bezieht sich dieses «fast» auf das Trennende der Sprache oder der Nationalität?

Ich möchte ein bißchen weiter vorn anfangen. Jeder Mensch hat das Recht, seine neue Umgebung neu zu gestalten, um zu leben. Das ist sein legitimes Recht. Wenn wir z.B. längere Zeit in einem Hotelzimmer leben, fangen wir an, diesen anonymen Raum nach unserem Geschmack zu verändern, damit wir uns wohler fühlen. Bei einem Ortswechsel ist es das gleiche. Wenn wir von einem Land ins andere gehen, sind wir dort fremd, und wir versuchen, uns dort einzurichten. Aber indem wir uns einrichten, verändern wir auch die andere Kultur, besonders wenn wir in so großer Zahl in der Bundesrepublik leben. Wir wollen nicht so wie die Deutschen werden, das paßt nicht zu uns, und das bringt auch den Deutschen nichts. Aber wir wollen uns hier einrichten und damit auch dieser Gesellschaft etwas geben. Unser Mitbringsel ist unsere Kultur, unsere Kunst, und mit ihr wollen wir auch diese Gesellschaft ein wenig ändern oder ihr einen Impuls geben, sich zu ändern. Dazu gäbe es auch andere, politische Mittel. Wenn wir hier das Wahlrecht hätten, könnten wir auf demokratische Weise die Politiker wählen, die für uns arbeiten wollen. – Kunst und Literatur der Ausländer haben für mich hier eine doppelte Funktion. Sie sollen unsere Umgebung hier so verändern, daß wir uns hier wohl fühlen, daß wir nicht unsere Identität zu verlieren brauchen. Unsere Kunst und Literatur sind insofern zu einem Problem von Sein oder Nicht-Sein geworden. Um unsere ethnische Identität nicht zu verlieren, müssen wir hier unsere Kultur schaffen. Das wäre auch für die Bundesrepublik ein Gewinn, denn es gibt keine Kultur, die aus sich selbst heraus eigene neue Impulse bekommt. Diese Chance hat diese Gesellschaft aus Blindheit bislang nicht richtig wahrgenommen. Das zweite ist, daß wir mit den gleichen Qualitätsmaßstäben gemessen werden wollen wie die anderen. Bei den Deutschen soll es nicht heißen: Was die schaffen, ist minderwertige Kultur, aber für die Ausländer ist das schon gut so. Und uns dabei wohlwollend auf die Schultern klopfen. […]

Aras Ören als zweisprachiger Wegweiser?

Wir sind in einem Übergang. Es könnten sich zwei Richtungen entwickeln. Ich habe meine erste Arbeit, obwohl ich türkisch schreibe, in Deutsch veröffentlicht und nicht in Türkisch. Das heißt, ich wollte betonen, daß das, was ich hier geschaffen hatte, zu diesem Sprachraum hier gehört, es ist Teil dieser Gesellschaft. Ich erzähle von dieser Gesellschaft, von fremden Menschen, die in dieser Gesellschaft leben und diese Gesellschaft verändern. Und da die hier herrschende Sprache

Deutsch ist, habe ich Wert darauf gelegt, daß mein Buch in Deutsch veröffentlicht wird. Das ist der erste Aspekt. Andererseits muß man bedenken, daß es hier mittlerweile eine große türkische Minderheit gibt, und es ist wünschenswert, daß diese ethnische Minderheit auch ihre eigene Sprache bewahrt. Aber dieses Türkisch wird in zwanzig Jahren nicht mehr die gleiche Sprache sein wie die im Mutterland. Es wird die Sprache einer Minderheit sein. Als Schriftsteller der ersten Generation ist es meine Pflicht und Verantwortung gegenüber den kommenden Generationen, daß diese Sprache weiterlebt. Das ist nichts Neues. In Rumänien z.B. gibt es eine deutsche Minderheit, die seit Jahrhunderten deutsch spricht, aber man sieht deutlich, daß sich ihre Sprache von der deutschen Sprache hier unterscheidet, sie haben einen anderen Dialekt, sie haben andere Ausdrucksformen, aber es ist eben deutsche Sprache, und die Deutschen sind stolz darauf. Und genauso wird das hier bei uns sein. Die italienischen, griechischen, türkischen Minderheiten werden ihre eigene Sprache behalten und durch sie zusammengehalten werden.

Yüksel Pazarkaya

deutsche sprache

die ich vorbehaltlos liebe –
die meine zweite heimat ist
die mir mehr zuversicht
die mir mehr geborgenheit
die mir mehr gab als die
die sie angeblich sprechen

sie gab mir lessing und heine
sie gab mir schiller und brecht
sie gab mir leibniz und feuerbach
sie gab mir hegel und marx

sie gab mir sehen und hören
sie gab mir hoffen und lieben
eine welt in der sich leben läßt

die in ihr verstummen sind nicht in ihr
die in ihr lauthals reden halten sind nicht in ihr
die in ihr ein werkzeug der erniedrigung
die in ihr ein werkzeug der ausbeutung sehn
sie sind nicht in ihr sie nicht
  meine behausung in der kälte der fremde
  meine behausung in der hitze des hasses
  meine behausung wenn mich verbiegt die
                                   bitterkeit
  in ihr genoß ich die hoffnung
  wie in meinem türkisch

Werner Herzog

Nordafrikanische Arbeiter im «kalten Frankreich»

Ali ist 40 Jahre und stammt aus Marrakesch. Zu Hause war er Friseur, in Paris fand er im Gastgewerbe als «Mädchen für alles» und als Koch Arbeit. Nach vier Jahren stieg er in den Handel ein und kaufte sich später ein Geschäft. Ali ist nicht sicher, ob er richtig gehandelt hat. Er kehrt jeden Sommer nach Marokko zurück und hat «einen Fuß in beiden Ländern». Er zählt sich zu der «verlorenen Generation», der man vorgegaukelt hatte, die Emigration bedeute Vergnügen und Reichtum. Die Einsamkeit, die Härte der Arbeit – Ali ist sich nicht sicher.

Mohammed stammt von Bizerta im Norden Tunesiens und ist ebenfalls rund 40 Jahre alt. 20 Jahre lebt er schon in Frankreich. Zu Hause war er Kellner in einem Strandhotel. Eines Tages erschienen einige «Patrons» aus Frankreich und warben ihn als Landarbeiter an. Mohammed arbeitete 12 Stunden am

Tag auf den Feldern. Nach der Ernte suchte er Arbeit in Paris: Hochbau, Tiefbau, Fabriken und Druckereien waren seine Stationen. Nach 19 Jahren konnte er ein Ladengeschäft kaufen. Ob er nach Tunesien heimkehren wird? Er würde schon gerne, aber für seine vier Kinder zwischen neun und fünfzehn Jahren würde die Rückkehr eine Entwurzelung bedeuten, und Mohammed hat deswegen aufgehört, von der Heimkehr zu träumen; er will, daß die Kinder eine gute Schulbildung erhalten. «Wissen Sie, ich bin nicht zur Schule gegangen», gesteht er. Rassismus? Mohammed spürt ihn «wie jedermann hier», er ist überzeugt, daß es 30 Prozent rassistische und 70 Prozent freundliche Franzosen gibt. Mohammed hat eine Frage: Warum sind es immer die Emigranten gewesen, wenn etwas Schlimmes geschehen ist?

Die Emigration beeinflußt das wirtschaftliche, soziale und auch kulturelle Leben der Heimatländer beträchtlich. Mit ihren Geldüberweisungen ergänzen die Auswanderer die Einkünfte ihrer zurückgelassenen Familien und Verwandten. Diese leben in abgelegenen Dörfern manchmal so arm, daß sie ohne die Unterstützung aus dem Ausland ebenfalls zur Abwanderung gezwungen wären. Viele Emigranten lassen sich auch Häuser bauen, kaufen Land und Geschäfte, um sich später auf höherer sozialer Stufe in ihrem Dorf niederlassen zu können. In vielen Ortschaften des Rifs, des Atlas und der Kabylei sind die meisten neuen Häuser mit Geld aus dem Ausland entstanden. Die Emigration ermöglicht demnach, was der Wirtschafts- und Sozialpolitik der Regierungen nicht gelingt: die Erhaltung und die Festigung der Dörfer und der Landbevölkerung. [...]

Die Emigration bindet die Maghreb-Länder 30 Jahre nach der Unabhängigkeit weiter stark an Westeuropa. In vielen Landesgegenden gibt es kaum eine Großfamilie, in der nicht ein Vater, Bruder, Cousin oder Onkel in Frankreich lebt. Sie sind das Tor zur Welt, bieten die Möglichkeit, Einblick in die westliche Lebensart zu erhalten, und sei es auch nur auf einer kurzen Reise. Diese Erfahrung ist nicht unbedingt positiv. Die größeren Konsummöglichkeiten und das ungewohnte Ausmaß an Individualismus und Toleranz verlocken zwar, denn die

Familienangehörigen kommen aus Frankreich mit Kassettengeräten, Radios und anderem zurück, manchmal aber auch mit einem Schock, dem Gefühl, einer «kalten» Gesellschaft ausgeliefert zu sein.

Der marokkanische Schriftsteller Tahar Ben Jelloun hat diesen Schock in mehreren Büchern, z.B. in «La réclusion solitaire» und «Hospitalité française», beschrieben. Während des Fastenmonats Ramadan finden sich die Maghrebiner in Europa zusammen; sie beten, fasten und essen miteinander und spüren besonders deutlich, daß sie einem anderen Kulturkreis angehören. Ihre Zerrissenheit zwischen finanzieller Notwendigkeit und dem Wunsch nach Geborgenheit wird ihnen bewußt. Mohammed aus Bizerta sagte es in seinem Spezereiladen in Paris so: «Sagt ihnen, sie sollen zu Hause bleiben und nicht hierherkommen.»

Khálid Durán

Gott ist schwarz, der Teufel weiß: Die Black Muslims

Elijah Muḥammad, ein Fabrikarbeiter aus Detroit, gelangte wahrscheinlich durch einen orientalischen Mystiker *(ṣūfī)* in Berührung mit dem Islam. Die neue Religion war ihm ein ideologisches Mittel zu ganz konkreten Zwecken. Ihm ging es um die Bekämpfung der Nöte, unter denen die schwarze Bevölkerung der USA besonders litt, nämlich Alkoholismus, der sich daraus ergebende Familienzerfall und die Kriminalität sowie die Vermarktung der Schwarzen im weißen Schaugeschäft.

Elijah Muḥammad nannte seine Anhänger die «im Westen verlorengegangene und wiedergefundene schwarze Nation des Islams». In dieser amerikanischen Version des Islams war Gott schwarz und der Teufel weiß. Elijah Muḥammad wurde als Prophet bezeichnet, eine Ungeheuerlichkeit für den orthodoxen Muslim; denn laut Koran ist der Araber Muḥammad das

«Siegel der Propheten». Die Gotteshäuser der Sekte hießen damals nicht Moscheen, sondern Tempel. Statt auf den Koran bezogen sie sich meist auf die Bibel. Sie verschanzten sich nicht nur gegen Weiße, sondern waren auch orientalischen Muslimen gegenüber abweisend. Der Begründer wollte die Regierung in Washington dazu veranlassen, den Afro-Amerikanern als Entschädigung für die Sklaverei ein unabhängiges Territorium in den USA abzutreten. Von diesem «Schwarzen Separatismus» hört man nach Elijah Muhammads Tod wenig. Seine Jünger fühlen sich mittlerweile doch wieder mehr als Amerikaner denn als Afrikaner oder Orientalen.

Die Bewegung der schwarzamerikanischen Islam-Konvertiten ist ein einzigartiges Unternehmen der sozialen Rehabilitierung, weil ein Großteil ihrer Anhänger in den Gefängnissen der USA für den Islam gewonnen wurde. Sie haben sich anerkanntermaßen um die gesellschaftliche Wiederaufnahme von Vorbestraften verdient gemacht und können für sich in Anspruch nehmen, mehr für die Genesung Rauschgiftsüchtiger getan zu haben als die staatlichen Stellen. Eine ihrer inzwischen legendären Führerfiguren, Al-Hajj Malik Shāhbāz (Malcolm X), einstmals selbst ein «Kleinhändler», richtete bisweilen Herausforderungen an die Behörden, es seiner Bewegung gleichzutun. Die Ermordung des Malcolm X wird denn auch meist der Rauschgiftmafia angelastet, obwohl es nach außen so schien, als sei er das Opfer einer Rivalität mit Elijah Muḥammad geworden.

1987 wurde die Zahl der schwarzamerikanischen Muslime auf mindestens drei Millionen geschätzt. Dazu kamen noch fast zwei Millionen Sympathisanten. Wie von Kennern islamischer Geschichte erwartet, hat die ursprünglich höchst eklektische Bewegung eine «Läuterung» erfahren und sich der Orthodoxie angenähert. Elijah Muḥammads Islam war orientalischen Muslimen als solcher kaum erkennbar, doch ließ er einen seiner Söhne orthodox erziehen. Unter dessen Leitung hat seit 1972 eine Angleichung an den Islam der arabischen Ursprünge stattgefunden. Warith Din (Wārith ad-Dīn) Muhammad ist ein gemäßigter «Kirchenführer», ein gebildeter Vertreter der amerikanischen Mittelklasse. Seine soziale Ausgangsposition ist grundlegend anders als die seines weniger privilegierten Vaters. Elijah Muḥammad hatte die Fabrikarbeiter Detroits und später Chicagos, des Zentrums der Bewegung, zum «Schwarzen Kapitalismus» aufgerufen, lange bevor Präsident Nixon seinerzeit mit diesem Schlagwort vor die Öffentlichkeit trat. Als Folge ihres wirtschaftlichen Aufschwungs schien die afro-amerikanische Islam-Bewegung Ende der achtziger Jahre in mancher Hinsicht konservativ. Die schwarzamerikanischen Konvertiten stehen heute exemplarisch für schwarzes Unternehmertum. In ihrer Presse liegt der Nachdruck auf Familie, Bildung und Busineß.

Verglichen mit der von W. Din Muḥammad geleiteten Mehrheit steht die kleine Anhängerschaft des Malcolm X in engerem Kontakt zu nichtmuslimischen Gruppen afro-amerikanischer Sozialrevolutionäre. Malcolm X wird heute von allen schwarzamerikanischen Muslimen in Ehren gehalten, sein engerer Anhängerkreis ist intellektuell und steht links von den übrigen Gruppen. Seine Autobiographie wurde seinerzeit zu einem Bestseller, und die Kassetten mit seinen feurigen Reden verkaufen sich noch immer gut. Die Abfassung des Buches wurde von Alex Haley vorgenommen, der später zum Autor des epochemachenden Werkes *Roots* wurde.

Autoren- und Quellenverzeichnis

Alle genannten Titel sind im Verlag C. H. Beck erschienen

STUART ATKINS, Literaturwissenschaftler und Universitätsprofessor für Germanistik in Harvard und California at Santa Barbara (em.); ehemaliger Präsident der Modern Language Association of America; Träger des Friedrich-Gundolf-Preises der Deutschen Akademie für Sprache und Dichtung. Bei C. H. Beck erschien: Heinrich Heine. Werke, herausgegeben und kommentiert von Stuart Atkins, Bd. 1: 1973; Bd. 2: 1978.

Aus: Heinrich Heine, Werke, Bd. 2, S. 737f.; Bd. 1, S. 710.

HANS-GEORG BECK, 1910–1999; 1960–1975 Ordinarius für Byzantinistik an der Universität München. Er war langjähriger federführender Herausgeber der Byzantinischen Zeitschrift, u. a. Mitglied der wissenschaftlichen Akademie von München, Wien, Athen und London.
Bei C. H. Beck erschienen: Das byzantinische Jahrtausend, 1978; Ferdinand Gregorovius, Geschichte der Stadt Athen im Mittelalter. Von der Zeit Justinians bis zur türkischen Eroberung, 1980.

Aus: Das byzantinische Jahrtausend, S. 319.

Aus: Geschichte der Stadt Athen im Mittelalter, S. 536f.

HEINRICH BERGSTRESSER, geb. 1949, Dipl.-Politologe und Afrikanist; Redakteur bei der Deutschen Welle; tätig für die Friedrich-Naumann-Stiftung in Nigeria.
Bei C. H. Beck erschien: Nigeria, 1991 (zusammen mit Sibylle Pohly-Bergstresser).

Aus: Nigeria, S. 24f., 86f.

KARL BERTAU, geb. 1927, ist emeritierter Professor der Deutschen Philologie an der Universität Erlangen.
Bei C. H. Beck erschien: Deutsche Literatur im europäischen Mittelalter. Band 1: 800–1197, 1972; Band 2: 1195–1220, 1973; Wolfram von Eschenbach: Neun Versuche über Subjektivität und Ursprünglichkeit in der Geschichte, 1983.

Aus: Deutsche Literatur im europäischen Mittelalter, Bd. 2, S. 857.

STEFANO BIANCA, geb. 1941 in Lissabon; Promotion und Gastprofessur an der ETH in Zürich; langjährige Tätigkeit als Architekt, Städteplaner und Forscher in der islamischen Welt; Direktor der Aga-Khan-Kulturstiftung in Genf (Aga Khan Trust for Culture).
Bei C.H.Beck erschien: Hofhaus und Paradiesgarten. Architektur und Lebensformen in der islamischen Welt, 1991.

Aus: Hofhaus und Paradiesgarten, S. 22–26, 126–130, 157–161.

HARTMUT BOBZIN, Professor für Islamwissenschaft und Semitische Philologie an der Universität Erlangen. Hauptarbeitsgebiet: Koranforschung.
Bei C.H.Beck erschienen: Mohammed, 2000; Der Koran. Eine Einführung, [4]2001.

Aus: Der Koran, S. 55–61.

Aus: Mohammed, S. 24–26.

THOMAS BREMER, geb. 1957, Professor für Ökumenik und Friedensforschung an der Westfälischen Wilhelms-Universität Münster.

Aus: Südosteuropa. Gesellschaft, Politik, Wirtschaft, Kultur. Ein Handbuch, herausgegeben von Magarditsch Hatschikjan und Stefan Troebst, 1999, S. 157ff.

JOHANN CHRISTOPH BÜRGEL, emeritierter Professor für Islamwissenschaften an der Universität Bern; Hauptarbeitsgebiete: arabische und persische Literatur, islamische Kulturgeschichte.
Bei C.H.Beck erschienen: Allmacht und Mächtigkeit. Religion und Welt im Islam, 1991; Nizami, Die Abenteuer des Königs Bahram und seiner sieben Prinzessinnen. Aus dem Persischen übersetzt und herausgegeben von Johann Christoph Bürgel, 1997.

Aus: Allmacht und Mächtigkeit, S. 302–304, 81–84, 280–282.

FRIEDEMANN BÜTTNER, geb. 1938, Professor für Politik und Zeitgeschichte des Vorderen Orients an der Freien Universität Berlin.
Bei C.H.Beck erschienen: Ägypten, 1991 (zusammen mit Inge Klostermeier).

Aus: Ägypten, S. 51–54, 181–183.

JACOB BURCKHARDT, 1818–1897, Kulturhistoriker.
Bei C.H. Beck erscheint in Zusammenarbeit mit dem Verlag Schwabe & Co. AG, Basel: Jacob Burckhardt Werke. Kritische Gesamtausgabe. Herausgegeben von der Jacob Burckhardt Stiftung, Basel
Gedanken über den Islam 222
Aus: Jacob Burckhardt. Über das Studium der Geschichte. Aus dem Nachlaß herausgegeben von Peter Ganz, in: Jacob Burckhardt Werke, Band 10, 2000, 206–208.

HERIBERT BUSSE, geb. 1926, 1973–1991 Professor und Direktor des Seminars für Orientalistik in Kiel.
Der Schauplatz 14
Aus: Der Islam in der Gegenwart, herausgegeben von Werner Ende und Udo Steinbach, ^{3}1991, S. 17–18.

FRANCO CARDINI, geb. 1940, Professor für Mittelalterliche Geschichte an der Universität Florenz.
Bei C.H. Beck erschien: Europa und der Islam. Geschichte eines Mißverständnisses, 2000.
Kaffee und Kipferln 185
Der Mythos von Poitiers 210
Aus: Europa und der Islam, S. 13 ff., 251 f.

CARMINE CHIELLINO, geb. 1946 in Carlopoli, Süditalien. Studium der Italianistik und der Soziologie in Rom; seit 1970 in der Bundesrepublik. Studium der Germanistik in Gießen, Dozent für Komparatistik an der Universität Augsburg. Chamisso-Preisträger 1987 mit Franco Biondi.
Bei C.H. Beck erschienen: Die Reise hält an. Ausländische Künstler in der Bundesrepublik, 1988; Italien, ^{3}1995 (zusammen mit Fernando Marchio und Giocondo Rongoni); Kleines Italien-Lexikon. Wissenswertes über Land und Leute, 1989.
Aras Ören – fast ein deutscher Dichter 288
Aus: Die Reise hält an, S. 167–169.
deutsche sprache 290
Aus: Die Reise hält an, S. 101.

NIKETAS CHONIATES, gest. 1213, byzantinischer Historiker.
Kaiser Manuel verteidigt den Gott Muhammeds 178
Aus: Hans-Georg Beck, Das byzantinische Jahrtausend, 1978, S. 31.

ALAIN DEMURGER, lehrt an der Université de Paris; Forschungsschwerpunkt: Spätmittelalter.
Bei C.H. Beck erschienen: Die Templer. Aufstieg und Untergang 1118–1314, 1991.
Deus non vult – Zweifel am Sinn der Kreuzzüge 200
Aus: Die Templer, S. 219–223.

KHÁLID DURAN, geb. 1944, seit 1987 Inhaber des Lehrstuhls für Islamische Sprache und Kultur an der Universität Utrecht.

Aus: Der Islam in der Gegenwart, herausgegeben von Werner Ende und Udo Steinbach, [3]1991, S. 467–469.

EINHARD, um 770–840, Chronist und Biograph Karls des Großen.

Aus: Dokumente zur Geschichte der europäischen Expansion, herausgegeben von Eberhard Schmitt, Band 1, 1986, S. 82–84.

WERNER ENDE, geb. 1937, seit 1981 Professor für Islamkunde in Hamburg, seit 1983 Professor am Orientalischen Seminar an der Universität Freiburg.
Bei C.H.Beck erschienen: Der Islam in der Gegenwart, herausgegeben von Werner Ende und Udo Steinbach, [3]1991.

Aus: Der Islam in der Gegenwart, S. 71–74, 82–84, 85–87.

GERHARD ENDRESS, geb. 1939, ist Professor für Arabistik und Islamwissenschaft an der Ruhr-Universität Bochum.
Bei C. H. Beck erschien: Der Islam. Eine Einführung in seine Geschichte, [2]1991.

Aus: Der Islam, S. 37–43, 67–69, 20–22.

JÜRGEN WASIM FREMBGEN, seit 1987 Leiter der Orient-Abteilung am Staatlichen Museum für Völkerkunde in München. Zahlreiche Veröffentlichungen zu Volksislam, Religions- und Sozialethnologie, Kunst- und Kulturgeschichte des islamischen Orients.
Bei C.H.Beck erschien: Reise zu Gott. Sufis und Derwische im Islam, 2000.

Aus: Reise zu Gott. Sufis und Derwische im Islam, S. 25.

JOHANN WOLFGANG VON GOETHE, 1749–1832.
Bei C.H.Beck erschienen: Werke. Hamburger Ausgabe in 14 Bänden, herausgegeben von Erich Trunz, 1982f.; Goethes Briefe und Briefe an Goethe. Hamburger Ausgabe in 6 Bänden, 1988; Maximen und Reflexionen, 1989; Corpus der Goethezeichnungen, herausgegeben von den nationalen

Forschungs- und Gedenkstätten der Klassischen Literatur in Weimar, 7 Bände in 10 Teilbänden.
Islam 36
Lob des Ostens 183
Das Große im Kleinen 218
Aus: Werke, Band 2, S. 56, 57, 101.

GUNTHER VON PAIRIS, um 1150 – nach 1210, Erzieher des Barbarossasohnes Konrad von Schwaben; über Literaturgeschichte. Höfische Epik um 1200, 1983.
Aufruf zum Kreuzzug 192
Aus: Karl Bertau, Deutsche Literatur im europäischen Mittelalter, Band 2, 1973, S. 857.

ULRICH HAARMANN, 1942–1999, war zuletzt Direktor des Zentrums Moderner Orient in Berlin und Professor für Islamwissenschaft an der Freien Universität Berlin.
Bei C. H. Beck erschien: Geschichte der arabischen Welt, begründet von Ulrich Haarmann, herausgegeben von Heinz Halm ^{4}2001.
Ein Gelehrtenschicksal im mamlukischen Kairo 107
Aus: Der Aquädukt. 1763–1988. Ein Almanach aus dem Verlag C. H. Beck im 225. Jahr seines Bestehens, 1988, S. 207–216.

ḤĀLĪ, ALṬĀF ḤUSAIN, 1837–1914. Erneuerer der Urdudichtung in Indien.
Die Schwäche der indischen Muslime 236
Aus: Johann Christoph Bürgel, Der Islam im Spiegel zeitgenössischer Literatur islamischer Völker, in: Der Islam in der Gegenwart, herausgegeben von Werner Ende und Udo Steinbach, ^{3}1991, S. 600.

HEINZ HALM, geb. 1942, seit 1980 Professor für islamische Geschichte an der Universität Tübingen, lehrte als Gastprofessor an der Pariser Sorbonne und in Leiden.
Bei C. H. Beck erschienen: Das Reich des Mahdi. Der Aufstieg der Fatimiden (875–973), 1991; Der schiitische Islam. Von der Religion zur Revolution, 1994; Die Kalifen von Kairo. Die Fatimiden in Ägypten, 2000; Der Islam. Geschichte und Gegenwart, ^{3}2001; Geschichte der arabischen Welt, begründet von Ulrich Haarmann, herausgegeben von Heinz Halm ^{4}2001.
Glaubensbekenntnis und Ritualgebet 39
«Der Islam ist die Lösung!» 240
Ǧihād 248
Aus: Der Islam, S. 60–64, 84–87, 87 f.
Die Wissenschaften der Alten 128
Aus: Das Reich des Mahdi, S. 205 f., 262 f.

Leonhard Harding, geb. 1936; Studium der Theologie und Geschichte in Leuven, Saarbrücken, Köln und Berlin; Dr. phil. und Privatdozent.
Sokoto – ein islamisches Staatswesen im Sahel 112
Aus: Franz Nuscheler/Klaus Ziemer: Politische Herrschaft in Schwarzafrika. Geschichte und Gegenwart, 1980, S. 25–28.

Alfred Haverkamp, geb. 1937, seit 1970 Professor für mittelalterliche Geschichte an der Universität Trier.
Bei C.H.Beck erschien: Aufbruch und Gestaltung. Deutschland 1056 bis 1273, 1984 (Band 2 der Neuen Deutschen Geschichte, herausgegeben von Peter Moraw, Volker Press und Wolfgang Schieder).
Die Araber als Vermittler antiker Wissenschaft 181
Aus: Aufbruch und Gestaltung, S. 71–73.

Heinrich Heine, 1797–1856.
Der Asra 83
Nach dem Fall Granadas 205
Aus: Heinrich Heine. Werke, herausgegeben und kommentiert von Stuart Atkins, Bd. 1: 1973; Bd. 2: 1978, Bd. 2, S. 737f.; Bd. 1, S. 710.

Dietmar Herz, geb. 1958, ist Ordinarius für Vergleichende Regierungslehre an der Universität Erfurt. Zuvor war er Professor für Politikwissenschaft an der Universität Bonn (1997–2000), Gastdozent am Helmut Kohl Institute for European Studies in Jerusalem und Gastprofessor an der Vanderbilt University in Nashville, Tennessee.
Bei C.H.Beck erschienen: Palästina. Gaza und Westbank. Geschichte, Politik und Kultur (zusammen mit Julia Steets), ^{3}2001; Die Europäische Union, 2002.
Hamas 252
Nahostkonflikt: Siedlungen, Grenzen, Wasser 255
Aus: Palästina, S. 157ff., 115–120.

Werner Herzog, geb. 1942 in Zürich: Dr. phil., Korrespondent der Frankfurter Rundschau und anderer Tageszeitungen in Madrid. Bereist von dort aus seit vielen Jahren die Länder des Maghreb und berichtet über politische und gesellschaftliche Probleme.
Bei C.H.Beck erschienen: Der Maghreb. Marokko, Algerien, Tunesien, 1990; Spanien, ^{4}1998; Algerien. Zwischen Demokratie und Gottesstaat, 1995.
Islamische Feste im Maghreb 149
Nordafrikanische Arbeiter im «kalten Frankreich» 291
Aus: Der Maghreb, S. 80–82, 31-33.

IBN BAṬṬŪṬA, 1304–1368/69 oder 1377, bereiste zwischen 1325 und 1353 Afrika, Asien und Europa. Seine Reiseerlebnisse ließ er nach der Heimkehr niederschreiben.

Aus: Dokumente zur Geschichte der europäischen Expansion, herausgegeben von Eberhard Schmitt, Bd. 1, 1986, S. 296–299.

KARL LEBRECHT IMMERMANN, 1796–1840. Jurist und Schriftsteller.

Aus: Die deutsche Literatur. Texte und Zeugnisse, herausgegeben von Walter Killy, Bd. 6, ²1984, S. 996.

OTTO JASTROW, geb. 1942, Professor an der Universität Erlangen.

Aus: Der Islam in der Gegenwart, herausgegeben von Werner Ende und Udo Steinbach, ³1991, S. 582–584.

NAVID KERMANI, Islamwissenschaftler und Publizist. Er gilt als einer der führenden Islamwissenschaftler in Deutschland und forscht seit 2000 am Berliner Wissenschaftskolleg.

Bei C. H. Beck erschienen: Gott ist schön. Das ästhetische Erleben des Koran, 2000; Iran. Die Revolution der Kinder, 2001.

Aus: Iran. Die Revolution der Kinder, S. 95 ff., 216 f.

INGE KLOSTERMEIER, Mitarbeiterin des Deutschen Entwicklungsdienstes in Berlin; ägyptenerfahrene Studienreiseleiterin und Reiseautorin.

Bei C. H. Beck erschien: Ägypten, 1991 (zusammen mit Friedemann Büttner).

Aus: Ägypten, S. 51–54, 181–183.

BERNARD LEWIS, geb. 1916 in London; Professor für Geschichte des Vorderen Orients an der Princeton University (em.).

Bei C. H. Beck erschien: Die Juden in der islamischen Welt. Vom frühen Mittelalter bis ins 20. Jahrhundert, 1987.

Aus: Die Juden in der islamischen Welt, S. 13 f., 19–26.

HEATH LOWRY hat einen Forschungsauftrag in Dumbarton Oaks, Washington D.C. Er war Direktor des American Research Center in Istanbul und lehrte osmanische Geschichte an der Bosporus-Universität.

Kalligraphie als religiöse Kunst 135
Aus: Kunst und Kunsthandwerk unter den Osmanen, herausgegeben von Yanni Petsopoulos, 1982, S. 169f.

JEAN MARTEILHE, 1684–1740, französischer Hugenotte, der auf der Flucht nach Deutschland gefaßt und zur Sklavenarbeit auf einer Galeere verurteilt wurde.
Bei C.H.Beck erschien: Galeerensträfling unter dem Sonnenkönig. Memoiren, herausgegeben sowie mit Erläuterungen und einem Nachwort von Eberhard Wesemann, 1989.
Türkische Leidensgenossen auf der Galeere 186
Aus: Galeerensträfling unter dem Sonnenkönig, S. 156–160.

ROY MOTTAHEDEH, geb. 1940 in New York City; lehrt an der Harvard University Orientalistik und gilt international als Spezialist für islamische Geschichte.
Bei C.H.Beck erschien: Der Mantel des Propheten oder Das Leben eines persischen Mullahs zwischen Religion und Politik, [2]1988.
«Du wirst das Licht sehen» 63
Jugend eines Mullah 151
Aus: Der Mantel des Propheten, S. 122–125, 17f., 27f., 62–64, 67, 99–101, 101–103.

TILMAN NAGEL, geb. 1942; Studium der Islamwissenschaft in Bonn; Promotion 1967, Habilitation 1971; seit 1981 o. Professor der Arabistik in Göttingen.
Bei C.H.Beck erschienen: Der Koran. Einführung – Texte – Erläuterungen, 1983; Die Festung des Glaubens. Triumph und Scheitern des islamischen Rationalismus im 11. Jahrhundert, 1988; Geschichte der islamischen Theologie. Von Mohammed bis zur Gegenwart, 1994; Timur der Eroberer und die islamische Welt des späten Mittelalters, 1993.
Der Koran – das Wort Gottes 24
Aus: Der Koran, S. 15–18, 20f., 30f.
Ein gesetzesstrenges Elternhaus 48
Aus: Die Festung des Glaubens, S. 83f.
Bagdad und die Kultur des Islams 78
Aus: Geschichte der arabischen Welt, herausgegeben von Ulrich Haarmann, [2]1991, S. 136–140.

ANNEGRET NIPPA, Ethnologin.
Bei C.H.Beck erschien: Haus und Familie in arabischen Ländern. Vom Mittelalter bis zur Gegenwart, 1991.
Mekkanische Hochzeit im 19. Jahrhundert 155
Ein Muslim stirbt 162
Aus: Haus und Familie in arabischen Ländern, S. 204–214, 219–221.

ALBRECHT NOTH, 1937–1999, war Professor für Kultur und Geschichte der islamischen Welt an der Universität Hamburg. Hauptarbeitsgebiet: Geschichte und Geschichtsschreibung der islamischen Welt im frühen und hohen Mittelalter.

Aus: Geschichte der arabischen Welt, herausgegeben von Ulrich Haarmann, [2]1991, S. 11f., 51f., 59–65.

ADAM OLEARIUS, um 1599–1671; Mathematiker und Astronom, nahm an Handelsexpeditionen nach Persien teil.

Aus: Die Deutsche Literatur. Texte und Zeugnisse, herausgegeben von Walther Killy, Bd. 3, S. 734–737.

NABIL OSMAN, geb. 1934, studierte Deutsche Philologie in München; er ist heute Leiter des Usrati-Instituts für Arabisch in München.
Bei C.H.Beck erschienen: Kleines Lexikon deutscher Wörter arabischer Herkunft, herausgegeben von Nabil Osman, [3]1991; Kleines Lexikon untergegangener Wörter. Wortuntergang seit dem Ende des 18. Jahrhunderts, herausgegeben von Nabil Osman. Mit einer Vorbemerkung von Werner Ross, [6]1992.

Aus: Kleines Lexikon deutscher Wörter arabischer Herkunft, S. 22, 71, 73.

YÜKSEL PAZARKAYA, geb. 1940 in Izmir (Türkei), seit 1958 in der Bundesrepublik, Studium der Chemie, Literaturwissenschaft und Philosophie.

Aus: Carmine Chiellino, Die Reise hält an. Ausländische Künstler in der Bundesrepublik, 1988, S. 101.

SIBYLLE POHLY-BERGSTRESSER, Dipl.-Pädagogin und Ethnologin; freie Journalistin mit Schwerpunkt Afrika.
Bei C.H.Beck erschien: Nigeria, 1991 (zusammen mit Heinrich Bergstresser).

Aus: Nigeria, S. 24f., 86f.

FRIEDRICH PRINZ, geb. 1928; emeritierter Professor für mittelalterliche Geschichte und Vergleichende Landesgeschichte an der Universität München.
Bei C.H.Beck erschienen: Böhmen im mittelalterlichen Europa. Frühzeit, Hochmittelalter, Kolonisationsepoche, 1984; Grundlagen und Anfänge.

Deutschland bis 1056, 1985 (Band 1 der Neuen Deutschen Geschichte, herausgegeben von Peter Moraw, Volker Press und Wolfgang Schieder); Gründungsmythen und Sagenchronologie, 1979; Szenenwechsel. Eine Jugend in Böhmen und Bayern, 1995.
Wer trat das Erbe der Antike an? 126
Aus: Grundlagen und Anfänge, S. 28–30.

BERND RADTKE, geb. 1944, Islamwissenschaftler, lehrt seit 1992 an der Rijksuniversiteit Utrecht.
Islamische Rechtsquellen 46
Aus: Der Islam in der Gegenwart, herausgegeben von Werner Ende und Udo Steinbach, ^{3}1991, S. 63–66.

STEFAN REICHMUTH, Professor für Islamwissenschaft an der Universität Bochum.
Muslime in Deutschland 284
Aus: Kleines Islam-Lexikon, herausgegeben von Ralf Elger unter Mitarbeit von Friederike Stolleis, S. 76–80.

JOHANNES REISSNER, geb. 1947, Islamwissenschaftler, seit 1982 Wissenschaftlicher Mitarbeiter am Nahostreferat Stiftung Wissenschaft und Politik, Ebenhausen, mit dem Arbeitsschwerpunkt politische, kulturelle und soziale Entwicklungen in der islamischen Welt, besonders im Iran und in Zentralasien.
Zinsverbot und Armensteuer 94
Aus: Der Islam in der Gegenwart, herausgegeben von Werner Ende und Udo Steinbach, ^{3}1991, S. 163–165.

MAXIME RODINSON, geb. 1915, französischer Orientalist.
Bei C.H.Beck erschienen: Die Faszination des Islam, ^{2}1991.
Der Orientale als exotisches Wesen 218
Aus: Die Faszination des Islam, S. 71–80.

SIR STEVEN RUNCIMAN, 1903–2000, war Fellow am Trinity College Cambridge von 1927 bis 1938. Er trat dann in den diplomatischen Dienst seines Landes ein. Später übernahm er zunächst in Kairo, anschließend wieder in Cambridge eine Professur für byzantinische Kunst und Geschichte.
Bei C.H.Beck erschienen: Die Eroberung von Konstantinopel 1453, ^{3}1977; Geschichte der Kreuzzüge, 1995.
Der Patriarch und der Kalif 75
Saladins Triumph 194
Aus: Geschichte der Kreuzzüge, S. 3, 4, 5, 756–767.

MUŠARRIF AD-DIN IBN MUṢLIḤ SA'DI, um 1215–1292; persischer Dichter, berühmtestes Werk: Gulistan («Rosengarten»).
Lobgedicht auf Mohammad 16
Aus: Johann Christoph Bürgel, Allmacht und Allmächtigkeit. Religion und Welt im Islam, 1991, S. 330.

ANNEMARIE SCHIMMEL, geb. 1922, lehrte als Professorin in Marburg, Bonn und Harvard. Zahlreiche Auszeichnungen und Ehrendoktorwürden, Friedenspreis des Deutschen Buchhandels (1995), Reuchlin-Preis der Stadt Pforzheim (2001).
Bei C.H.Beck erschienen u.a.: Berge, Wüsten, Heiligtümer. Meine Reisen in Pakistan und Indien, ^{2}1995; Die Zeichen Gottes. Die religiöse Welt des Islam, ^{2}1995; Die Träume des Kalifen. Träume und ihre Deutung in der islamischen Kultur, 1998; Im Reich der Großmoguln. Geschichte, Kunst, Kultur, 2000; Sufismus. Eine Einführung in die islamische Mystik, 2000; Das islamische Jahr. Zeiten und Feste, ^{2}2002.
Der Fastenmonat Ramadan 42
Aus: Das islamische Jahr, S. 95, 99.

HEINRICH SCHIPPERGES, geb. 1918; Dr. med., Dr. phil., Dr. med. h. c.; von 1961–1986 Direktor des Instituts für Geschichte der Medizin der Universität Heidelberg.
Bei C.H.Beck erschienen: Die Kranken im Mittelalter, ^{2}1990; Hildegard von Bingen, ^{4}2001.
Das chirurgische Lehrbuch des Abulcasis 132
Der Kranke als Glied der Gemeinde Muḥammads 159
Aus: Die Kranken im Mittelalter, S. 159–162, 27–29.

EBERHARD SCHMITT, geb. 1939, ist Inhaber des Lehrstuhls für neuere Geschichte unter besonderer Berücksichtigung der Geschichte der europäischen Expansion sowie Leiter eines entsprechenden Forschungszentrums an der Universität Bamberg.
Bei C.H.Beck erschienen: Einführung in die Geschichte der Französischen Revolution, ^{2}1980; Dokumente zur Geschichte der europäischen Expansion, 7 Bde., herausgegeben von Eberhard Schmitt, Bde. 1–4, 1986–1988.
Reise nach Mālī 91
Im Goldland al-Tibr 115
Die Gesandtschaft Hārūn ar-Rašīds zu Karl dem Großen 179
Aus: Dokumente zur Geschichte der europäischen Expansion, herausgegeben von Eberhard Schmitt, Band 1, 1986, S. 296–299, 306–308, 82–84.

ALEXANDER SCHÖLCH, 1943–1986, war Professor für Geschichte und Politik des Vorderen Orients an der Universität Erlangen. Hauptarbeitsgebiet: Geschichte und Geschichtsschreibung der islamischen Welt im frühen und hohen Mittelalter.

In der Euphorie des Fortschritts 226
Aus: Geschichte der arabischen Welt, herausgegeben von Ulrich Haarmann, ^{2}1991, S. 387–390.

GERHARD SCHULZ, geb. 1928 in Löbau/Sachsen, ist emeritierter Professor für Deutsche Sprache und Literatur an der University of Melbourne.
Bei C.H.Beck erschienen: Geschichte der deutschen Literatur. Von den Anfängen bis zur Gegenwart, begründet von Helmut de Boor und Richard Newald, Bd. 7: Die deutsche Literatur zwischen Französischer Revolution und Restauration (1789–1830), 1983; Zweiter Teil: Das Zeitalter der Napoleonischen Kriege und der Restauration (1806–1830), 1989; Novalis. Werke, herausgegeben und kommentiert von Gerhard Schulz, ^{3}1987; Arno Holz, 1974; Exotik der Gefühle. Goethe und seine Deutschen, 1998, Romantik. Geschichte und Begriff, 1996.
Goethes West-östlicher Divan im Urteil der Zeitgenossen. 214
Aus: Die deutsche Literatur zwischen Französischer Revolution und Restauration (1789–1830), 2. Teil, S. 725–728, 737.

REINHARD SCHULZE, geb. 1953, ist Professor für Islamwissenschaft und Neuere Orientalische Philologien an der Universität Bern.
Bei C.H.Beck erschienen: Geschichte der islamischen Welt im 20.Jahrhundert, 2002.
Postislamismus? 278
Aus: Geschichte der arabischen Welt, herausgegeben von Heinz Halm ^{4}2001, S. 622f., 632ff.

WINFRIED SCHULZE, geb. 1942, ist Professor für frühneuzeitliche Geschichte an der Universität München.
Bei C.H.Beck erschien: Reich und Türkengefahr im späten 16.Jahrhundert. Studien zu den politischen und gesellschaftlichen Auswirkungen einer äußeren Bedrohung, 1978.
Türkenfurcht im 16.Jahrhundert 206
Aus: Reich und Türkengefahr im späten 16. Jahrhundert, S. 54–57.

SALOMON SCHWEIGGER, 1551–1622, von 1577–1580 Gesandtschaftsprediger in Konstantinopel.
Türkische Pantoffelhelden 122
Aus: Die deutsche Literatur. Texte und Zeugnisse, herausgegeben von Walther Killy, Bd. 2/2, S. 810f.

KERRIN GRÄFIN VON SCHWERIN, geb. 1941, 1977–1987 sowie 1990–1995 Lehrtätigkeit als Privatdozentin in Heidelberg, Stuttgart und Berlin mit Schwerpunkt Neuere Geschichte Südasiens und indischer Islam.
Bei C.H.Beck erschienen: Indien, 1988.

FARUK ŞEN, geb. 1948, ist Wirtschafts- und Sozialwissenschaftler, lebt seit 1971 in der Bundesrepublik und ist Leiter des Zentrums für Türkeistudien in Essen.
Bei C.H.Beck erschienen: Türkei. Land und Leute, [3]1991; Islam in Deutschland, 2002; Türken in Deutschland. Leben zwischen zwei Kulturen (zusammen mit Andreas Goldberg), 1994.

GÜNTER SEUFERT ist wissenschaftlicher Mitarbeiter am Institut der Deutschen Morgenländischen Gesellschaft in Istanbul.
Bei C.H.Beck erschienen: Café Istanbul. Alltag, Religion und Politik in der modernen Türkei, [2]1999.

HEINRICH SIMON, geb. 1921 in Berlin; o. Professor (em.) für Hebraistik und arabische Philosophie an der Humboldt-Universität zu Berlin.
Bei C.H.Beck erschien: Geschichte der jüdischen Philosophie (zusammen mit Maria Simon), 1984.

MARIA SIMON, geb. 1922 in Berlin; o. Professorin (em.) für griechische Literatur- und Kulturgeschichte an der Humboldt-Universität zu Berlin.
Bei C.H.Beck erschien: Geschichte der jüdischen Philosophie (zusammen mit Heinrich Simon), 1984.

HANS-RUDOLF SINGER, 1925–1999, war bis 1993 Professor für arabische Sprache und Kultur an der Universität Mainz. Hauptarbeitsgebiet: Arabische Sprachwissenschaft und Dialektologie, Geschichte des islamischen Nordafrikas und Spaniens.

PETER VON SIVERS, geb. 1940, ist Professor für islamische Geschichte an der University of Utah in Salt Lake City. Hauptarbeitsgebiet: Sozialgeschichte der islamischen Welt, insbesondere Nordafrikas.

Aus: Geschichte der arabischen Welt, herausgegeben von Ulrich Haarmann, [2]1991, S. 546–549.

Aus: Geschichte der arabischen Welt, herausgegeben von Heinz Halm, [4]2001, S. 600–603.

GEORG STAUTH, tätig am Forschungsschwerpunkt Entwicklungssoziologie der Universität Bielefeld. Arbeitsschwerpunkte: Wahrnehmung Südostasiens in Europa, Modernisierungsprozesse.

Aus: Südostasien-Handbuch, herausgegeben von Bernhard Dahm und Roderich Ptak, 1999, S. 279–283.

JULIA STEETS, geb. 1975, studierte Politikwissenschaften, Soziologie und Rechtswissenschaften in München und London und ist seit 1999 McCloy Scholar an der John F. Kennedy School of Government der Harvard University in Cambridge, Mass.
Bei C.H. Beck erschien: Palästina. Gaza und Westbank. Geschichte, Politik und Kultur (zusammen mit Dietmar Herz), [2]2001.

Aus: Palästina, S. 157ff., 115–120.

UDO STEINBACH, geb. 1943, Professor an der Universität Hamburg, ist seit 1976 Direktor des Deutschen Orient-Instituts, Hamburg.
Bei C.H. Beck erschienen: Der Islam in der Gegenwart, herausgegeben von Werner Ende und Udo Steinbach, [3]1991; Politisches Lexikon Nahost, herausgegeben von Udo Steinbach, Rolf Hofmeier und Mathias Schönborn, [3]1994; Geschichte der Türkei, [2]2001.

Aus: Geschichte der Türkei, S. 81–83.

GÜNTER STEMBERGER, geb. 1940, ist Professor für Judaistik an der Universität Wien.
Bei C.H. Beck erschienen: Das klassische Judentum. Kultur und Geschichte der rabbinischen Zeit (70 n. Chr. Bis 1040 n. Chr.), 1979; Der Talmud. Einführung – Texte – Erläuterungen, [3]1994; Die Juden. Ein historisches Lesebuch, [3]1991; Geschichte der jüdischen Literatur. Eine Einführung, 1977; Juden und Christen im Heiligen Land. Palästina unter Konstantin und Theodosius, 1987; Midrasch. Vom Umgang der Rabbinen mit der Bibel. Einführung – Texte – Erläuterungen, 1989; Einleitung in

Talmud und Midrasch (zusammen mit Hermann L. Strack), ^{8}1992; Jüdische Religion, ^{3}1999
Jüdisches Erbe im Islam 174
Aus: Das klassische Judentum, S. 234–238.

FRIEDERIKE STOLLEIS, lehrt Arabistik und Islamkunde an der Universität Bamberg.
Bei C. H. Beck erschien: Kleines Islam-Lexikon, Geschichte, Alltag, Kultur, herausgegeben von Ralf Elger unter Mitarbeit von Friederike Stolleis, ^{3}2001
Was ist islamische Kleidung? 146
Aus: Kleines Islam-Lexikon, S. 164 f.

MARTIN STROHMEIER, Professor für Türkische Sprache, Geschichte und Kultur an der University of Cyprus in Nikosia/Republik Zypern.
Bei C. H. Beck erschien: Die Kurden. Geschichte, Politik, Kultur (zusammen mit Lale Yalçın-Heckmann), 2000.
Öcalans Niederlage – Ende des Kurdenkonflikts? 260
Aus: Die Kurden, S. 110–115.

CHRISTIAN SZYSKA lehrt Orientalistik an der Universität Bonn.
Menschenrechte im Islam 50
Aus: Kleines Islam-Lexikon, Geschichte, Alltag, Kultur, herausgegeben von Ralf Elger unter Mitarbeit von Friederike Stolleis, S. 198 f.

RIFĀ'A AL-ṮAHṬĀWĪ, 1801–1873, Schriftsteller und Reformer des Bildungswesens in Ägypten; begleitete 1826 als geistlicher Betreuer die erste große ägyptische Studienmission nach Paris.
Bei C. H. Beck erschien: Ein Muslim entdeckt Europa. Die Reise eines Ägypters im 19. Jahrhundert nach Paris, herausgegeben von Karl Stowasser, 1989.
Arabische Tugenden 76
Der Arabist Silvestre de Sacy 213
Die Überlegenheit der Franken 229
Aus: Ein Muslim entdeckt Europa, S. 12–16, 87, 275 f.

USĀMA IBN MUNQIḎ, 1095–1188, syrischer Ritter und Schriftsteller der Kreuzzugszeit.
Bei C. H. Beck erschien: Die Erlebnisse des syrischen Ritters Usāma ibn Munqid. Unterhaltsames und Belehrendes aus der Zeit der Kreuzzüge. Aus dem Arabischen übersetzt und herausgegeben von Holger Preißler, 1985.
Altersklage 162
Fränkische und syrische Ritter 192
Aus: Die Erlebnisse des syrischen Ritters Usāma ibn Munqid, S. 186, 76 f.

Oskar Weggel, geb. 1935, ist seit 1968 Wissenschaftlicher Referent am Institut für Asienkunde in Hamburg mit Forschungsschwerpunkt Vietnam, Laos und Kambodscha.
Bei C.H.Beck erschienen: China. Zwischen Marx und Konfuzius, [5]2002; Die Asiaten, [2]1990; Indochina. Vietnam – Kambodscha – Laos, [2]1990; China im Aufbruch. Konfuzianismus und politische Zukunft, 1997; Taiwan, Hongkong, 1992; Wie mächtig wird Asien? Der Weg ins 21. Jahrhundert, 1999.
Dorfislam in Pakistan 66
Aus: Die Asiaten, S. 135 f.

Lale Yalçin-Heckmann ist Ethnologin und lehrt an der Universität Erlangen-Nürnberg.
Bei C.H.Beck erschien: Die Kurden. Geschichte, Politik, Kultur (zusammen mit Martin Strohmeier), 2000.
Öcalans Niederlage – Ende des Kurdenkonflikts? 260
Aus: Die Kurden, S. 110–115.

Yāqūt ar-Rūmī, gest. 1229, arabischer Geograph, Verfasser des geographischen Lexikons Mu'ǧam al-buldān.
Im Goldland al-Tibr 115
Aus: Dokumente zur Geschichte der europäischen Expansion, herausgegeben von Eberhard Schmitt, Bd. 1, 1986, S. 306–308.

Abbildungsverzeichnis